国家自然科学基金重点项目
"中国教育资源配置理论与重大现实问题研究"
项目号：71133002

京师教育经济研究丛书

农村义务教育经费保障新机制的监测与评价：理论、方法与经验研究

Monitoring and Evaluation of New Rural Compulsory Education Finance System: Theory, Method and Empirical Research

主　编　杜育红
副主编　胡咏梅　梁文艳

北京师范大学出版集团
BEIJING NORMAL UNIVERSITY PUBLISHING GROUP
北京师范大学出版社

目 录

第1章 引论 …………………………………………………… 1
  1.1 农村义务教育经费保障新机制的背景与实施内容………… 2
  1.2 农村义务教育经费保障新机制的监测与评价……………… 7
第2章 农村义务教育经费保障体制改革：历史与现状………… 13
  2.1 改革开放以来农村义务教育经费投入体制的变迁………… 14
  2.2 农村义务教育的重大工程及其成效………………………… 19
第3章 "新机制"的实施：步骤、总体成效与问题……………… 26
  3.1 农村义务教育经费保障新机制的实施步骤………………… 26
  3.2 农村义务教育经费保障新机制的总体成效………………… 30
  3.3 农村义务教育经费保障新机制所面临的突出问题………… 37
第4章 "新机制"的监测与评价体系：理论、实践与改进……… 46
  4.1 教育政策监测与评价体系的理论研究……………………… 46
  4.2 农村义务教育经费保障新机制监测体系的现状分析……… 62
  4.3 农村义务教育经费保障新机制评价的现状分析…………… 68
  4.4 "新机制"监测与评价的指标体系建构……………………… 71
  4.5 本研究所构建"新机制"实施效果的评价指标体系………… 81
第5章 "新机制"实施效果：全国财政性教育经费保障水平和均衡性
    分析
    ………………………………………………………………… 85
  5.1 全国农村义务教育经费投入总量评价……………………… 85
  5.2 全国农村义务教育阶段经费保障状况的生均指标评价 … 99
  5.3 义务教育阶段经费支出的城乡差异分析………………… 114
  5.4 总结与讨论………………………………………………… 142

第6章 "新机制"实施效果：三省六县义务教育经费投入状况的评价 ······ 146
6.1 样本县社会经济发展状况 ······ 146
6.2 样本县义务教育发展状况 ······ 148
6.3 样本县义务教育投入整体状况 ······ 163
6.4 样本县义务教育政府投入努力程度分析 ······ 171
6.5 本章小结 ······ 175

第7章 "新机制"实施效果：三省六县义务教育办学条件的评价 ······ 177
7.1 样本县办学条件基本状况描述 ······ 178
7.2 样本县办学条件达标状况评价 ······ 184
7.3 抽样学校办学条件评价 ······ 190
7.4 本章小结 ······ 194

第8章 "新机制"实施效果：三省六县农村家庭义务教育负担状况的评价 ······ 196
8.1 农村家庭义务教育负担文献综述 ······ 196
8.2 入户调研样本的分布情况 ······ 198
8.3 样本学生家庭义务教育支出及负担状况分析 ······ 200
8.4 本章小结 ······ 221

第9章 "新机制"实施效果：黑龙江省县级面板数据的双重差分模型评价 ······ 223
9.1 黑龙江省"新机制"实施情况梳理 ······ 223
9.2 评估的研究设计与数据描述 ······ 228
9.3 "新机制"政策对黑龙江省义务教育经费支出的影响 ······ 234
9.4 "新机制"政策对黑龙江省办学条件的影响 ······ 245
9.5 本章小结 ······ 250

第10章 结论与政策建议 ······ 252
10.1 "新机制"实施成效总结 ······ 252
10.2 "新机制"改进方向分析 ······ 254
10.3 完善义务教育财政保障机制的对策思路 ······ 258

参考文献 ······ 262
后　记 ······ 266

第1章 引论

为切实减轻农民负担,推进农村义务教育均衡发展,国务院于2005年12月颁布了《关于深化农村义务教育经费保障机制改革的通知》(国发〔2005〕43号),启动了在中国农村义务教育发展中具有里程碑意义的重大改革。这项改革的核心内容是按照"明确各级责任、中央地方共担、加大财政投入、提高保障水平、分步组织实施"的基本原则,逐步将农村义务教育全面纳入公共财政保障范围,建立中央和地方分项目、按比例分担的农村义务教育经费保障新机制(以下简称"新机制")。

自2006年西部农村中小学率先实施"新机制"以来,中央和省级政府公共教育投入持续向农村倾斜,农村义务教育总投入以年均32.6%的速度持续快速增长,其中财政性教育经费占农村教育投入的比例从2005年的85.3%提升到2010年的97%,而这一比例在2000—2005年的提升总幅度仅为5个百分点。以上数据一定程度上说明,"新机制"促进了农村义务教育经费稳步快速增长,有力推动了义务教育发展。尽管如此,不少研究者指出,在"新机制"的实施过程中,仍然存在不少问题[1][2]。在公共政策监测与评价成为现代管理重要工具的发展趋势下,对"新机制"政策的实施效果进行评价不仅必要,而且评估的时机业已成熟。

"新机制"的实施过程是相当复杂的,既受到来自不同地区经济社

---

[1] 邬志辉. 农村义务教育经费保障新机制[M]. 北京:北京大学出版社,2008.

[2] 孙志军,杜育红. 中国义务教育财政制度改革:进展、问题与建议[J]. 华中师范大学学报(人文社会科学版),2010,49(1):113-119.

会发展差距的影响,又受到历史形成的体制、机制等方面的影响。对其实施效果必须进行系统的研究,方能得出有效的结论。受教育部财务司委托,由北京师范大学教育经济研究所杜育红教授牵头组织团队,以"农村义务教育经费保障机制的监测与评价"为题立项,对该问题进行了专门研究。课题组对"新机制"实施以来相关情况进行了系统总结,基于公共政策监测与评价的相关理论和工具,综合利用了宏观公共数据库和基线调查数据、融合了定量研究方法和质性研究方法,评价了"新机制"的实施效果和所面临的挑战。作为该课题的研究成果,本书旨在服务于义务教育财政政策的制定与执行,同时为未来评价和监督义务教育财政政策提供了一个基准和参考。

作为全书的导论,本章首先将对"新机制"提出的背景及政策目标进行介绍;其次介绍本书实施"新机制"监测与评价拟解决的关键问题和所采用的研究方法;最后介绍全书的结构与安排。

1.1 农村义务教育经费保障新机制的背景与实施内容

1.1.1 农村义务教育经费保障新机制的实施背景

"新机制"改革的实施,是我国教育财政体制的又一次重大的调整和改变,是在一定的历史时期和社会背景下为推动农村义务教育发展应运而生的。

我国是一个农业大国,一直以来,党和政府都高度关注农村发展问题。21世纪初,为了促进农业的健康发展和农村的可持续发展,减轻农民的生活负担,我国从2000年开始实行农村税费体制改革,到2003年该项改革已经覆盖全国所有省份(除西藏以外)。农村税费改革的主要内容有:取消面向农民征收的行政事业性收费和政府性集资或基金;取消农村教育费附加和教育集资。这些收费项目被取消,使农村义务教育失去了两条最主要的收入来源,导致农村义务教育资金严重不足。

为了解决税费改革给农村义务教育带来的问题,2001年国务院颁布了《关于基础教育改革与发展的决定》(国发〔2001〕21号),提出了农村义务教育要实行"由地方负责、分级管理、以县为主"的管理体制。"以县为主"的管理体制使以往散布在乡村级政府的教育责任和工作都上收到了县级层面,县级财政要负责对农村义务教育的投入。同时,国务院还提出中央和地方财政应该补足农村税费改革带来的教育经费缺口,确保农村义务教育投入不低于税费改革前乡统筹中的农村教育费附加、农村教育集资及正常财政投入的总体水平,并使教育投入水平逐年增长。但是,"以县为主"的体制并没有完全使农村义务教育完全走出困境,农村义务教育依然存在很多问题。

第一,政府投入不足,经费缺口大。对于教育经费,1993年《中国教育改革和发展纲要》提出,到20世纪末要实现国家财政性教育支出占国内生产总值(GDP)的4%。但直到2012年这一目标才首次达成,国家财政性教育支出占GDP的比重为4.28%。尽管如此,此后两年持续下降,2013年和2014年该比例分别为4.16%和4.15%。而根据联合国教科文组织提供的资料,21世纪初OECD国家公共教育经费占GDP的比例平均值为5%,发展中国家公共教育经费占GDP的比例平均值为4.5%。直至今日,我国的公共教育经费占GDP的比例甚至在发展中国家中都处于低水平的位置。

具体到农村义务教育,在农村税费改革前,农村义务教育经费的来源主要有预算内拨款、农村教育费附加、农村教育集资和学杂费收入,其中向农民征收的农村义务教育费附加和农村教育集资是仅次于国家预算内财政拨款的第二大经费来源。实行"以县为主"的管理体制后,农村义务教育所需的资金主要依靠财政拨款,虽然中央和省级政府加大了转移支付力度,但难以弥补由于改革带来的义务教育经费硬性缺口。按农村义务教育经费保障基本线(初中生均1 500元,小学生均1 200元)测算,2003年全国农村小学财政拨款缺口总量为448.4亿元,初中达652.7亿元,合计缺口在1 100亿元以上[1]。

农村义务教育经费缺口集中体现在以下三个方面。一是农村义务

---

[1] 沈百福,李芙蓉.我国部分省(区)义务教育财政投入缺口分析[J].教育发展研究,2004,24(z1):1—5.

教育阶段中小学公用经费的严重不足。公用经费是保证学校正常运转的经费，这一经费的到位和使用情况在发达和贫困的地区差异很大，发达地区生均预算内公用经费平均可达 500 元以上，而中西部地区还有上千个县区的生均财政预算内公用经费标准仅有几十元①。二是用于改善办学条件的资金缺口大。农村税费改革后，教育收费和集资均被取消，农村中小学办学条件无法得到改善，危房改造和校舍的建设等都失去了经费来源。2004 年全国小学的校舍危房比例为 5.6%，初中 3.7%；农村小学的危房比例为 7.2%，初中 5.1%②。三是"普九"债务缺乏偿还的资金来源。农村税费改革中取消了一系列的收费项目，造成了为了达到"普九"目标而欠下的巨额债务失去了偿还的资金来源，农村"普九"债务几乎沦为一摊死债。黑龙江省"普九"期间债务达到 24.6 亿元，从"普九"完成至 2007 年完全化解债务，这一时期内还增加了 20 多亿元债务，总体达到将近 50 亿元③。

第二，财权和事权不对称，地方政府负担过重。农村税费改革以来，全国地方财政自给率都比较低，2001—2004 年依次为 41.28%、55.72%、57.17%及 57.75%④。据财政部统计，2002 年在中国 2 800 多个县政府中，有财政赤字问题县的比例高达 73%。全国县辖乡、村的债务总规模高达 5 355 亿元，相当于平均每个县欠债 2.55 亿元之多⑤。掌握主要财力的中央和省级政府并没有承担主要的教育责任，而承担了大部分责任的县级政府却在财政上捉襟见肘。特别是在取消农村教育费附加和教育集资以后，县级政府和财政更是面临着无法承

---

① 杜育红，孙志军．中国义务教育财政研究[M]．北京：北京师范大学出版社，2009．

② 杜育红，孙志军．中国义务教育财政研究[M]．北京：北京师范大学出版社，2009．

③ 张宝文．进一步完善农村义务教育经费保障机制浅探——基于黑龙江省实施情况的思考[J]．经济研究导刊，2011(20)：24－26．

④ 王文宏．农村义务教育公共财政转移支付模式研究——基于公共财政理念对县级财政的审视[J]．大连大学学报，2007，28(1)：123－128．

⑤ 范先佐，付卫东．农村义务教育新机制：成效、问题及对策[J]．华中师范大学学报(人文社会科学版)，2009，48(4)：110－120．

担的重负。这种财权和事权的不对称、权力和责任的不统一,是造成我国农村义务教育发展迟缓的重要原因。

第三,政府间投入责任不清,分担比例不明确。"以县为主"的管理体制减轻了农民的负担,使从前的"义务教育农民办"转变为"义务教育政府办"[①]。但是,这种管理体制主要强调了县级政府要在农村义务教育管理和投入中履行责任,既没有明确地划分各级政府在农村义务教育经费保障上的责任(尤其是中央和省级政府的责任),也没有明确各级政府分担义务教育投入的比例。无论在法律上还是规章制度上,都没有对这一机制做出明确的划分,政府间的关系模糊、责任不清,更加削弱了农村义务教育投入力度。

1.1.2 农村义务教育经费保障新机制的主要实施内容

"以县为主"的行政和财政管理体制在县际经济差别巨大的情况下难以确保县域之间义务教育发展水平的均衡性,亟待中央建立新的经费保障机制,以推动农村教育改革向前发展,"新机制"正是在这样的背景下实施。2005年年底,国务院正式印发《关于深化农村义务教育经费保障机制改革的通知》(国发〔2005〕43号),决定将农村义务教育全面纳入公共财政的保障范围,建立中央和地方分项目、按比例分担的农村义务教育经费保障新机制。2007年年底,根据新机制的运行情况,国务院又决定进一步提高保障的范围和水平,加快推动农村地区教育发展。"新机制"改革主要有以下六大内容(如表1-1所示)。

第一,免除农村义务教育阶段中小学学生的学杂费。这部分资金由中央和地方共同、按比例承担,西部地区的分担比例是8∶2,中部地区为6∶4,东部地区除直辖市外,按财力状况确定。

第二,为农村中小学生提供免费的教科书。这部分资金,中西部地区由中央全额承担,东部地区由地方自行解决。

第三,补助寄宿生的生活费。这部分资金由地方独自承担,补助的标准和补助对象由地方政府自行决定。

---

① 范先佐,付卫东. 农村义务教育新机制:成效、问题及对策[J]. 华中师范大学学报(人文社会科学版),2009,48(4):110—120.

第四，提高公用经费的保障水平。这部分所需资金由中央和地方政府按比例承担，分担比例与免除学杂费相同。

第五，建立中小学校舍维修改造的长效机制。对中西部地区，中央根据学校的在校生数和校舍生均面积、使用年限、造价等因素核算所需的资金，由中央和地方按照5∶5比例共同承担。东部地区由地方政府自行承担，中央给予适当奖励。

第六，对农村中小学教师工资建立一定的保障机制。中央继续按照现行体制，对中西部及东部部分地区农村中小学教师工资经费给予支持。省级人民政府加大对财力薄弱地区的转移支付力度。

表1-1 "新机制"政策内容

项目	分担机制	分担比例
免除学杂费	中央和地方	西部8∶2；中部6∶4；东部地区除直辖市外，按财力状况确定
免费提供教科书	中西部由中央全额承担 东部地区由地方自行解决	
补助寄宿生生活费	地方自行承担	
中小学公用经费	中央和地方	西部8∶2；中部6∶4；东部地区除直辖市外，按财力状况确定
中小学校舍维修改造	中西部地区由中央和地方共同承担，东部地区自行承担（中央给予适当奖励）	中央和地方按照5∶5比例共同承担
中小学教师工资	中央对西部及东部部分地区给予支持，省级政府加大对财力薄弱地区的转移支付力度	

资料来源：根据2005年12月24日国务院颁布的《深化农村义务教育经费保障机制改革的通知》和陈至立《分步免除农村义务教育学费，提高经费保障水平——在全国农村义务教育经费保障机制改革工作会议上的讲话（摘要）》（人民日报，2005年12月27日）等相关文件整理而成。

分析"新机制"的实施内容，整体来看，"新机制"表现出以下三方面内涵和特点。

首先,将农村义务教育全面纳入公共财政保障范围。农村教育牵涉面广、关系复杂,不仅有学校公用经费的拨付问题,还有学校建设、教师工资保障、贫困家庭学生补助等一系列问题。以前公共财政主要覆盖教师工资和公用经费,提供一些针对校舍改造的专项,对贫困生、寄宿生的补助基本上没有。"新机制"要求,不仅要继续巩固和完善教职工工资保障机制,还要把资助贫困家庭学生经费、学校公用经费、校舍维修经费全面纳入财政保障范围。

其次,明确农村义务教育经费保障中中央和地方共担的原则。与以往的经费保障机制不同是,"新机制"改革所需资金由中央与地方分项目、按比例分担,在以中央财政为主的同时,重点向中西部地区倾斜。在免除学杂费和提高公用经费保障水平上,西部地区中央和地方的分担比例为8:2;中部地区为6:4;东部地区除直辖市外,分省确定。在提供免费教科书上,国家课程教科书由中央财政承担;地方课程教科书则由地方财政承担。在家庭经济困难寄宿生生活费的补助上,国家出台基本补助标准(小学每人每天2元,初中3元,每年按250天计算);中央对中西部地区承担50%,对东部地区予以奖励性补助。在校舍维修改造上,中西部地区中央和地方分担的比例为5:5;东部地区则主要由地方承担,中央予以适当奖励。

最后,经费省级统筹,管理以县为主。"以县为主"的管理体制使得教育经费中心过低,不利于县际均衡,造成了农村义务教育发展的不平衡问题。因此,"新机制"提出,义务教育经费主要在省级层面进行统筹,实际管理的权限放在县级层面。具体来说,"省级统筹"是指省主要负责落实中央转移支付资金,确定省级及省级以下各级政府的经费分担责任,制定辖区内经费保障机制改革的各项具体政策措施;"以县为主"是指县级政府要将农村中小学各项经费全部纳入预算,建立健全科学规范、高效快捷的资金拨付制度;建立健全农村中小学各项财务管理制度。

1.2 农村义务教育经费保障新机制的监测与评价

由于中央高度重视,"新机制"的落实工作进展较为顺利,原本

5年的实施计划提前完成。但是，在新机制的实施过程中，监管缺位的现象仍然存在。一方面，虽然已经建立有义务教育经费保障办公室（简称"义保办"）等机构，并且形成了"月报"制度，但是由于监督机制不健全、监督指标不完善、监督方法不科学等多方面原因，"新机制"仍然存在一些问题。另一方面，作为一项国家级的系统工程，"新机制"调动了数千亿元的资金，但是尚没有研究从资金的使用效益上来考察"新机制"的成效，一些现有的指标显得过于粗略、缺乏严谨性和科学性。本研究致力于建立一套完整的监测和评价指标体系，为增加农村教育经费投入、保证政策目标达成提供可资参考的政策建议。

1.2.1 本书的研究设计

在国际上，大型教育发展项目的监测与评价工作日益受到重视。无论是世界银行，还是亚洲银行，在实施教育相关资助项目的同时，大多会开展项目影响力评价。如受教育部财务司委托，由北京师范大学教育经济研究所完成的世界银行贷款、英国国际发展部赠款的"西部基础教育发展项目影响力评价研究"（以下简称"西发"项目）就属于此类监测与评价项目。在我国，项目监测与评价工作在教育领域开展相对较晚，手段和方法上都有待完善。本研究就是在借鉴"西发"项目影响力评价及其他国际组织项目评价的基础上开展的。

所谓监测，是指在项目的实施过程中，系统地、连续地收集、分析有关项目投入、实施、产出和结果等方面的信息，以监督项目是否按照预期开展和实施，项目的预期目标是否实现[1]。所谓评价，则是指对项目的整个过程，包括设计、实施和结果进行客观、系统的分析，目的是要确定项目是否带来预期的影响，具体是如何产生这样影响的，实施的效率如何，以及项目的可持续性如何[2]。一般认为，监测侧重过程，是一个以事实为依据，不包含价值判断的工作；而评价则侧重

---

[1] 杜育红主编. 教育政策的监测与评价研究——以"西部地区基础教育发展"项目影响力评价为例[M]. 北京：人民教育出版社，2011.

[2] 杜育红主编. 教育政策的监测与评价研究——以"西部地区基础教育发展"项目影响力评价为例[M]. 北京：人民教育出版社，2011.

结果，注重对政策实施效果的分析，最终必须形成一个价值判断。值得注意的是，简单地将监测和评价从过程和结果的角度来区分是不够全面的，应该说两者是相互渗透、相互协调的。没有监测，就难以为评价提供可靠的数据来源，特别是现在的评价越来越看重过程性指标，使得监测对于评价越发重要。同样，没有评价，监测就缺乏价值导向，就难以在监测过程中发现问题和解决问题。特别是对于政策执行部门来说，监测的指标体系和评价的指标体系必须能够在统一的框架下得到协调，这样才有利于对项目实施全过程及后期影响的整体把握。如果监测指标和评价指标存在较大分歧，或者权重设置不一，必然会加大项目监控和评定的难度。正是基于此种观点，本书更多地将监测和评价结合起来考察"新机制"的实施成效问题，仅在必要的时候对监测和评价分别加以说明。

"新机制"是一项浩大的工程，不仅耗资巨大，而且调动了从中央到地方各级政府的人力、物力和财力。因此，对"新机制"进行评价，在对象、内容、方法、技术和指标体系构建等各方面，都面临着前所未有的理论困难。总体来看，需要解决的问题大致有以下几个：

(1) 如何构建较为全面并具有可操作性的监测指标体系？

(2) 如何在全国范围内构建三级监测网络？

(3) 如何利用监测结果对"新机制"的实施进行调整和干预？

(4) 如何建立一套较为客观的以"新机制"目标为指向的评价指标体系？

(5) 能否创新经费管理机制，为进一步改革提出合理建议？

为了解决这些问题，不仅需要研究者在理论上对监测评价工作有足够的理解，更需要通过大规模调查获得第一手数据来加深对"新机制"实施情况的把握。为此，课题组在我国东部、中部和西部地区各选取了一个代表省份，并在该省选取经济发展水平较高、中等或较低的两个样本县进行抽样调查。具体地，我们在东部选择了经济和教育都较为发达的山东省，并选取了经济较好的寿光市和经济一般的齐河县；在中部选择了经济和教育都处于中等发达程度的河北省，并选取了经济较好的涿州市和经济一般的定兴县；在西部选择了经济和教育都相对较为落后的广西,并选择了经济较好的鹿寨县和经济较困难的融水县。为了保证样本代表性,课题组对三个省六个样本县进行了分层随机抽样,选取了一个城关镇,和高、中、低三个经济水平的乡。对于每个样本县入选的乡镇,我们随机抽取若干所小学和初中,对所有校长和教师发放调查问卷。对于入样小学,我们在 5 年级随机抽取了一个班,向该班的所有学生及其家长发放调查问卷。对于入样初中,我们在八年级随机抽取一个班,并向该班所有学生及其家长发放调查问卷。为了调查寄宿生情况,我们要求抽取的班必须包含寄宿生。

此外,为了保证调查质量,项目组还成立了由教师带头的调研团队,经过严格的调研培训后,于 2011 年年底前往六个样本县。在实地调研过程中,调研团队不仅与当地县教育局的领导和相关科室负责人进行座谈,而且还下到学校对校长、财务人员和教师进行访谈,深入了解情况。为了切实了解农民负担状况,部分调研团队还组织了入户调研,通过与农民交谈,亲自收集第一手资料。经过将近 1 年的准备和 3 个月的实地调研,项目组掌握了包括县教育局统计数据、地方教育志、地方经济社会发展统计报表、地方教育经费数据报表在内的大量官方统计资料,以及包括校长问卷、教师问卷、家长问卷和学生问卷在内的调研数据,初步建立了一个较为全面的"新机制"监测与评价数据库。正是在这些数据和资料的基础上,项目组成员进行报告撰写工作,并在专家顾问的指导下,进行了进一步的修改,最终形成了本书。本书不仅是对农村义务教育财政中一些重要问题的回应和分析,更是公共教育政策监测与评价方法体系的一次综合应用。

1.2.2 本书的结构

本书一共包含如下十章。

第 1 章"引论",概述"新机制"的背景与实施内容,同时阐述本书的写作目的、主要内容与研究意义,以及对全书内容进行概括性介绍。

第 2 章"农村义务教育经费保障体制改革:历史与现状",主要采用文献法对我国历史上的农村义务教育经费保障体制变迁路径进行分析和梳理。按照通行的观点,第 2 章将我国 20 世纪 80 年代以来的农村义务教育经费保障体制分为四个阶段：分灶吃饭(1980—1993年)、分税制改革(1994—2000年)、农村税费改革(2001—2004年)、新机制(2005年至今)。在此基础上，第2章还整理了近十年来国家启动的农村义务教育重大工程，并分析其对农村义务教育发展产生的重大影响。

第3章"'新机制'的实施：步骤、总体成效与问题"，仍然以文献法为主，在第2章的基础上对"新机制"进行更为深入的分析。这一章将"新机制"的实施分为三个阶段：启动尝试阶段(2005—2006年)、全面推行阶段(2006—2010年)、完善深化阶段(2010年至今)。在介绍这三个阶段的政策重点的同时，该章还尝试从减轻农民负担、提高公用经费水平、缓解教育乱收费等多个方面来剖析新机制的成效。最后，这一章提出了"新机制"实施中遇到的突出困难。

第4章"'新机制'的监测与评价体系：理论、实践与改进"，主要是从理论上探讨对"新机制"进行监测和评价的必要性和可操作性，并建立一个统一的监测和评价指标体系。这一章首先对监测和评价的概念进行理论辨析，其次从监测和评价两个角度来分析目前"新机制"的现状，再次通过对政策文本和既有研究的深入分析探讨"新机制"的政策诉求与目标，最后将监测与评价理论运用到"新机制"上，构建了一个综合考虑背景、投入、产出、结果和影响的监测与评价指标体系。

第5章"'新机制'实施效果：全国财政性教育经费保障水平和均衡性分析"，主要利用《中国教育统计年鉴》《中国教育经费统计年鉴》等官方公布的数据，以财政性保障经费为切入点，对"新机制"实施以来全国农村义务教育经费的投入总量和生均量进行分析。在此基础上，这一章还利用城乡教育经费投入数据，分析了城乡之间在经费投入总量与生均量上的差异。

第6章"'新机制'实施效果：三省六县义务教育经费投入状况的评价"，主要利用项目组调研数据库，在概述样本县的社会经济及教育事业发展状况的基础上，从县级层面对"新机制"实施以后样本县农村教育投入状况和努力程度进行了评价和比较。

第7章"'新机制'实施效果：三省六县义务教育办学条件的评价"，主要利用项目组调研数据库，从县、学校和教师层面对样本县义务教育学校办学条件的改善情况进行了评价和比较。

第 8 章"'新机制'实施效果：三省六县农村家庭义务教育负担状况的评价"，主要利用项目组调研数据库，对样本县家庭教育负担状况进行评价和比较。

第 9 章"'新机制'实施效果：黑龙江省县级面板数据的双重差分模型评价"，主要按照黑龙江省推行义务教育时间节点先后，在"准实验设计"框架下，利用 2005—2009 年黑龙江省的教育经费基层报表数据，以较先实施"新机制"的县作为处理组，以较晚实施"新机制"的县作为对照组，采用双重差分的方法，评价"新机制"改革产生的增量效果。

第 10 章"结论与政策建议"，总结了项目研究的主要发现，对"新机制"未来的实施提出了一些政策建议。

第 2 章　农村义务教育经费保障体制改革：历史与现状

义务教育作为公共产品，具有很强的外部性，只有政府公共财政的支持才能将其维持在合理的供给水平上。对于发展中国家来说，普及义务教育是一项意义重大但又异常艰难的事业，需要投入大量的人力、物力和财力。联合国曾经于 1990 年在泰国的宗迪恩（Jomtien）召开"全民教育大会"，力争到 2000 年在世界范围内普及小学教育，但是这个愿望到今天也没有完全实现。

在中央和地方政府的共同努力下，我国于 20 世纪末就在 85％以上的人口地区完成了"两基"任务，国民平均受教育年限达到 8 年，超过世界平均水平，得到了国际社会的高度认可。尽管我国义务教育发展取得了巨大成就，但农村义务教育仍然处于较低的水平，集中体现在义务教育发展质量还不高，体制还不够完善，投入依然不足，地区间、城乡间的差距仍然较大。

2005 年，为了进一步巩固和保障农村地区义务教育学生的受教育权利，提高农村义务教育投入水平，将义务教育所需经费全面纳入财政保障范围，国务院发布了《关于深化农村义务教育经费保障机制改革的通知》，建立中央和地方分项目、按比例分担的农村义务教育经费保障机制。与此同时，国家为了全方位提升义务教育质量、促进义务教育均衡发展，还通过设立各种专项资金的方式，为农村地区义务教育学校、教师和学生提供各种支持，包括农村中小学危房改造工程、农村中小学现代化远程教育工程、教师周转房、学生营养改善计划等。

本书认为，改革开放政策的推行和《义务教育法》的颁布是我国农村义务教育经费体制改革的巨大转折点。而每次教育经费体制改革，又和整个国家的财政体制改革之间有着不可分割的联系。本章首先以财政体制改革和教育管理体制变迁为背景，简要梳理改革开放以来我国农村义务教育经费投入体制的变化及其特点；然后，以近年来中央重大专项工程为重点，描述目前我国农村义务教育经费保障的现状，总结已经取得的成就。

2.1 改革开放以来农村义务教育经费投入体制的变迁

改革开放以前，我国一直实行高度的计划经济体制，财政上也高度集中。从1949年新中国成立到1980年财政管理体制改革这段时间内，我国教育事业总体上都是走计划路线，由政府包办，教育经费主要由国家财政承担，适当依靠地方政府和各类企业。这一时期，农村基础教育办学经费以地方财政负担为主、社会及群众负担为辅，因此，农村教育财政非常匮乏，各种欠账和乱收税费的现象普遍存在。

1978年改革开放以后，全国经济逐渐向双轨制过渡，呈现出计划经济与市场经济并举的现象。而在此之后，教育财政也随着财政体制的变迁而发生改变。本节就以国家税收制度几次重大改革为重点，梳理我国农村义务教育经费投入体制的变迁（参见表2-1）。

表2-1 我国财政体制、教育管理体制及农村教育经费投入体制的变迁

时间	财政体制	农村教育管理体制	农村义务教育经费投入体制
1980—1983年	分灶吃饭	分级办学分级管理	以县乡财政拨款为主，其他多种渠道筹措教育经费为辅
1994—2000年	分税制	分级办学分级管理	以县乡财政拨款为主，农村教育事业附加费和教育集资成为主要筹措渠道
2001—2004年	农村税费改革	地方负责分级管理以县为主	以县财政拨款为主，中央和省级政府要加大对县级政府的转移支付
2005年至今		以县为主	农村义务教育全面纳入公共财政的保障范畴，建立中央和地方分项目、按比例分担的农村义务教育经费保障新机制

2.1.1 "分灶吃饭"财政背景下的农村教育经费投入体制（1980—1993 年）

在中国经济体制改革初期，为进一步调动地方的积极性，遵循"放权让利"的思路，从 20 世纪 80 年代初开始实行财政大包干的过渡体制。1980 年，国务院发布了《关于实行"划分收支、分级包干"的财政管理体制的通知》，决定从当年起开始实行"划分收支、分级包干"（也称"分灶吃饭"）的财政管理体制。但由于税制体系不完善，国有企业利改税等变化，直到 1988 年才开始全方位实行财政承包制，使地方政府成为相对独立的利益主体，形成了"分灶吃饭"的财政体制。

为了适应"分灶吃饭"的财政体制，基础教育财政开始实行"分级办学、分级管理"的体制。1985 年《中共中央关于教育体制改革的决定》确立"基础教育地方负责，分级管理的原则"。1986 年颁布《中华人民共和国义务教育法》，再次重申义务教育事业由地方负责，分级管理的模式。地方政府成为筹措义务教育经费的主要责任者，农村义务教育则基本形成了县、乡、村三级办学，县乡两级管理的格局，财政性教育经费主要由县、乡财政承担。

多渠道筹措教育经费是 20 世纪 80 年代以来教育财政改革另一项主要内容，以政府投入作为义务教育的主要经费来源，以其他的非政府投入为辅。开辟的主要筹资渠道有：征收教育费附加（1984 年《关于筹措农村学校办学经费的通知》、1986 年《征收教育附加费的暂行规定》）、农村集资办学、鼓励学校创收、动员社会资金发展民办教育等。1993 年《中国教育改革和发展纲要》对此进一步予以明确："国家建立以财政拨款为主、其他多种渠道筹措教育经费为辅的体制。"

总体来说，在"分灶吃饭"的财政体制下，中央一级财政收入和支出都较为平稳，保持在全国财政总收支的 30% 左右。不过在这一时期，农村义务教育的负担还主要是在县、乡政府，重心过低，使得农村教育发展十分缓慢。

2.1.2 分税制改革背景下的农村义务教育经费投入体制（1994—2000年）

为了进一步理顺中央与地方的财政分配关系，增强中央政府的宏观调控能力，1994年分税制改革正式实施。分税制改革使中央拥有消费税、关税、中央企业所得税等较好的税种，而地方则以营业税、个人所得税和地方企业所得税为主。因此，"分灶吃饭"实际上是加强地方财政实力，而分税制则在很大程度上将优质税源收归到了中央财政之下，增强了中央财政的实力。

分税制在财政收入分配中扩大了中央政府的收入，却没有对支出结构进行相应的调整。其结果是，中央政府的财政状况越来越好，而地方政府，尤其是贫困地区县级财政能力进一步弱化，一定程度上，无法承担起实施义务教育的责任。在20世纪90年代中后期出现了全国范围的拖欠农村教师工资问题是矛盾的集中体现。在这种体制下农村义务教育经费的多少及经费的分配差异越来越依赖于学校所在地区政府的财政能力和家庭的富裕程度，结果是在当时地区之间经费差异已经开始逐渐增大，许多贫困家庭无力负担教育经费成为其孩子辍学的重要原因。

这一时期，农村教育事业附加费和农村教育集资成为农村教育经费筹措的两条重要渠道①。以1998年为例，该年度全国义务教育阶段的总经费投入为812亿元，国家预算内拨款仅占57.68%，而农村事业教育费附加和农村教育集资占到26.18%。尽管同一时期，为了能在2000年实现"两基"目标，中央加大了对地方的财政转移支付，增加了一些重大的教育工程项目，如国家贫困地区义务教育工程，但农村义务教育财政陷入困境的基本格局没有改变。

---

① 邬志辉.农村义务教育经费保障新机制[M].北京：北京大学出版社，2008：23—34.

2.1.3 农村税费改革背景下的农村义务教育经费投入体制（2001—2004 年）

为了解决"三农问题"，缩小城乡差距，中央在 21 世纪开始逐步推行农村税费改革，如取消统筹费、农村教育集资等专门面向农民征收的行政事业性收费和政府性集资。

农村税费改革给农民带来了实惠，有效提升了农民的收入水平，但是由于这项改革取消了农村教育费附加和教育集资这两项重要的农村教育投资来源渠道，对农村教育投资带来了重大的影响。以 2002 年为例，农村教育费附加比 1998 年减少了 98 亿元，农村教育集资比 1998 年减少了 35 亿元。

在税费改革的初期，农民的税收负担是减轻了，但是由于政策时滞，中央和省级政府的转移支付并没有相应到位，使得农村教育经费出现了 25%～30% 的亏空。在这种情况下，不少地方只能"专款专用，一事一议"：教师工资由县政府统筹；学校的运营经费则由通过向农民收取学杂费来保证，不足的部分由县、乡负责；危房改造则通过省级的专项资金支持，市县适当配套。不过，在教育经费紧缺的情况下，上述做法根本无法保证农村义务教育的顺利实施。

为了解决农村教育经费的保障问题，2001 年国务院发布了《关于基础教育改革和发展的决定》，提出"在国务院领导下，地方政府负责、分级管理、以县为主"的体制，标志着我国农村义务教育"以县为主"新体制的确立。新体制与原来的体制相比有两个显著的特点：一是中央和省级政府要加大对县级政府的转移支付；二是明确规定县级政府是农村义务教育的主要管理者和提供者（以县为主），教师工资直接由县级财政部门发放给教师个人，乡镇级政府在教育上的作用就是作为县级政府的辅助者。新体制的主要目的在于弥补由于税费改革所带来的财政缺口并确保了教师工资的按时发放[①]。

2001 年的农村义务教育财政改革虽然确立了"以县为主"的体制，

---

① 杜育红，孙志军．中国义务教育财政研究[M]．北京：北京师范大学出版社，2009．

但是，在经费投入上并没有发生明显的变革。首先，教育经费由县级政府负责只不过是把乡镇政府乃至村的教育投入责任上移至县级政府，对中央和省级政府的责任只是做出了加大转移支付力度的原则性规定，并没有提出在义务教育经费负担的具体责任。2005年以前，从体制上看，构成义务教育经费来源主体的是政府财政拨款和家庭负担的学杂费。从支出来看，人员经费财政负担了财政性工资部分，其他工资补助由学校自筹。公用经费政府仅给予少量的补助，在落后地区，政府财政基本上没有补助。2003年又颁布了《关于在全国义务教育阶段学校推行"一费制"收费的办法的意见》，造成了学校经费收入的减少，加上一些地方县和乡镇财政状况不佳，使得已经存在的财政投入问题进一步延续与深化，直接导致了2005年的农村义务教育财政体制的变革。

2.1.4 现阶段农村义务教育经费投入体制（2005年至今）

2005年以来，国家财政体制改革的重点是减轻农民负担。作为减轻农民负担的重要举措，中央推出一系列减轻农民子女教育负担的政策（如对农村义务教育阶段的贫困家庭学生实行"两免一补"政策），并在建立公共财政的框架下，提出了农村义务教育经费保障新机制。2005年12月24日，国务院发布了《关于深化农村义务教育经费保障机制改革的通知》，提出"明确各级责任、中央地方共担、加大财政投入、提高保障水平、分步组织实施"的基本原则，建立中央和地方分项目、按比例分担的农村义务教育经费保障机制。中央重点支持中西部地区，适当兼顾东部部分贫困地区。

2006年，教育部、财政部联合下发《农村义务教育经费保障机制改革中央专项资金支付管理暂行办法》，规定中央财政负担免费教科书资金、免杂费补助资金、公用经费补助资金、校舍维修改造资金等。这标志着农村义务教育中央专项资金管理制度的确立。

"新机制"建立以来，我国农村义务教育经费投入的主体得到了明确，重心再次上移。虽然仍是"以县为主"，但是中央财政和省级财政的转移支付力度比以前大大加强，有力地填补了税费改革留下的经费缺口,大幅减轻了县级财政的负担。

总结"新机制"建立至今,我国农村义务教育财政体制改革大致呈现出以下几个特点①。

(1)农村义务教育经费投入责任在各级政府之间进一步明确,同时一些弱势地区和群体成为政策倾斜的主要对象,这些对象主要是贫困家庭的学生、农村学校、贫困地区、少数民族地区等。

(2)以县为主、多级政府负担的义务教育财政责任体制不断强化,中央和省级政府的转移支付由主要采取各种工程性的专项转移支付,向主要采取定向于正常经费性质的转移支付过渡。

(3)政府负担比例的上升和个人负担比例的降低,学杂费的逐步免除,使得我国义务教育真正实现了由"人民教育人民办"向"人民教育政府办"的转变。

(4)农村义务教育经费投入明显增长。农村学校生均教育经费的增长率快于城镇学校的增长率。在生均教育事业费的增长率方面,农村小学和初中均比城镇学校高出了4个百分点,而生均预算内的教育事业费增长率更是高出近7个百分点。此外,政府预算内生均教育经费不论在小学还是初中,其增长率都要高于总生均教育事业费的增长率,在农村学校高出4%左右,在城镇高出2%以上。

2.2 农村义务教育的重大工程及其成效

中国农村义务教育阶段在校生有将近1.5亿人。我国政府为推进农村地区的"两基"工作,投入了大量的人力、物力和财力。前文概述了改革开放以来,我国农村义务教育经费投入体制的变迁。实际上,在这些常规的投入之外,中央政府为了照顾农村地区教育的特殊需求,还有针对性地设置了许多专项基金,通过一些重大工程,有效保障农村义务教育的可持续发展,缩小城乡义务教育的差距。

从1995年实施的"国家贫困地区义务教育工程"开始,进入21世

---

① 孙志军,杜育红. 中国义务教育财政制度改革:进展、问题与建议[J]. 华中师范大学学报(人文社会科学版),2010,49(1):113-119.

纪,中央又陆续出台了"全国中小学危房改造工程""农村寄宿制学校建设工程"和"农村中小学现代远程教育工程"等全国性的重大工程,进一步改善了农村地区中小学的基础设施。2010年,农村地区教师住房困难的问题受到了中央的高度重视,同年启动了"农村边远艰苦地区学校教师周转宿舍建设试点项目",为农村教师提供保障性的周转宿舍,极大地改善了农村教师的生活条件。2011年秋季,为了落实《国家中长期教育改革和发展规划纲要(2010—2020年)》精神,国务院决定正式启动"农村义务教育学生营养改善计划",以保障贫困地区中小学生的健康和营养状况。

2.2.1 国家贫困地区义务教育工程

"国家贫困地区义务教育工程"已经实施了两期,第一期从1995年到2000年,由教育部(原国家教委)、财政部联合组织实施。在一期工程中,各级政府共计投入129亿元,中央财政投入39亿元,地方财政配套87亿元。第二期在"十五"期间进行,各级政府共计投入73.6亿元,中央政府投入50亿元,地方财政配套23.6亿元。

"一期工程"在2000年年底圆满完成,实施范围包括了全国22个省、自治区、直辖市及新疆建设兵团的852个贫困县,其中"八七"扶贫攻坚计划确定的国家级贫困县就有568个。作为第一个全国性的义务教育重大工程,"一期工程"总体上收到非常好的效果,主要体现在如下几个方面。

(1)"一期工程"加快了中西部地区"两基"进程。在"一期工程"结束时,852个项目县中有428个顺利通过国家"两基"验收,占总体的50.2%。

(2)"一期工程"极大地改善了贫困地区义务教育办学条件。在实施期间,全国共新建项目中小学3 842所,改、扩建项目中小学28 478所,校舍面积从13 000万 m^2 增加到18 800万 m^2,增幅达44.6%,而校舍的危房比例更是从10%下降到3%。此外,新购置课桌凳653万套,添置图书1亿多册,配备教学仪器设备将近40万台。

(3)"一期工程"有效提高了教师队伍和师资水平。在实施期间,分别有中小学教师 46.6 万人次和中小学校长 7.22 万人次接受了教育培训,使项目县中小学教师学历合格率达到了 94%,初中教师学历合格率达到了 87.7%,而校长更是全部达标。

(4)"一期工程"有力地推动了中小学布局调整的落实。在实施期间,项目县学校共减少 1.67 万所,增加小学生 320 万人,校均规模达到 168 人,师生比为 22.7∶1;增加初中生 153 万人,校均规模到 660 人,生师比为 18.2∶1.

在短短的五年时间内,"一期工程"所取得的成绩是值得肯定的。但是我国土地广袤、人口众多,到"一期工程"结束时,仍有 522 个县(49.8%)没有达标。因此,党中央、国务院做出决定,在"十五"期间继续实施"二期工程",并重点向西部倾斜,中央转款的 90% 以上都投到了西部贫困县。"二期工程"在对校舍和基建持续投入的同时,也加大了师资培训的力度,并增加了免费教科书、信息技术教育设备等项目。按照规划,522 个项目县共新建中小学 4 062 所,改、扩建 6 601 所;培训中小学校长和教师 46.7 万人次;添置仪器设备 1.6 万台;购置课桌凳 205 万套;新增图书资料 2 300 万册;向 110 万人次的中小学生提供免费教科书;为近 2 万所农村中小学配置信息技术教育和远程教育接收设备。

2.2.2 农村中小学危房改造工程

为了加快中小学危房改造步伐,国务院决定从 2001 年开始在农村地区实施中小学危房改造工程。目前已经实施了两期,第一期从 2001 年到 2002 年,由教育部、国家发展计划委员会、财政部和地方各级人民政府共同组织实施,共投入危房改造资金 120 亿元,总计改造 2 万多所中小学的 3 000 万 m^2 D 级危房。其中,中央专款 30 亿元,地方各级政府配套资金 38 亿元,改造农村中小学 D 级危房 1 700 万 m^2[①]。第二期从 2003 年到 2005 年,中央共投入 60 亿元专款对农村地区中小学危房进行改造。2003 年,发改委提供了 20 亿元,地方各级政府配套

---

① 邬志辉.农村义务教育经费保障新机制[M].北京:北京大学出版社,2008:144-145.

31亿元,共计改造危房980万 m²。2004年,财政部和教育部共同投入20亿元,地方政府配套54亿元,改造D级危房面积1 855万 m²。2005年仍然是财政部和教育部共同投入20亿元,地方政府配套超过50亿元,共同改造危房超过1 600万 m²。

中小学危房改造工程总共实施了5年,中央投入90亿元,带动各级各类资金340亿元,共计430亿元,累计改造了农村地区中小学危房7 800万 m²。在改造过程中,新建校舍6 100万 m²,改、扩建1 700万 m²,使全国农村3 400多万师生搬进新校舍[①]。

2.2.3 农村寄宿制学校建设工程

为保证到2007年西部地区实现"两基"普九工作,解决制约西部农村地区普及义务教育的"瓶颈"问题,中央和地方政府共同实施了"农村寄宿制学校建设工程"。该工程的主要目标是,从2004年起,用4年左右的时间,新建、改扩建一批以农村初中为主的寄宿制学校;同时在合理布局、科学规划的条件下,加快对现有条件较差的寄宿制学校和不具备寄宿条件但有必要实行寄宿制的学校的改扩建步伐,基本上满足有寄宿需要学生的需求。

在"农村寄宿制学校建设工程"实施的4年中,中央共投入专项资金100亿元,其中发改委和财政部各承担50亿元。截至2007年,全国410个"两基"攻坚县已经有317个县成功实现了目标,占总数的77.3%;西部地区"两基"人口覆盖率从2003年的77%提高到2007年的96%;在各民族自治地区,699个县中已有614个县实现了"两基"目标,占总数的87.8%。

2.2.4 农村中小学现代化远程教育工程

为提高农村基础教育质量,国家决定实施农村中小学现代远程教育工程,通过教学光盘播放点、卫星教学收视点和计算机教室三种模式,把优质教育教学资源和教学方法送到农村中小学。

---

① 邬志辉.农村义务教育经费保障新机制[M].北京:北京大学出版社,2008:150.

2003年，国务院下发了《关于进一步加强农村教育工作的决定》（国发〔2003〕19号），并在第7条中明确表示，"实施农村中小学现代远程教育工程，促进城乡优质教育资源共享，提高农村教育质量和效益"。同年，中央从本级财政和国债资金中安排了13.44亿元用于中西部农村中小学现代远程教育（以下简称"农远工程"）试点工作，采取地方负责、中央根据地区情况适当补助的方法推进"农远工程"实施。在西部试点地区，以中央投入为主（三分之二），地方投入为辅。

"农远工程"从2003年开始实施，到2007年已经取得了阶段性的成果。工程总计投入资金111亿元（中央投入53.2亿元），在中西部地区的23个省、自治区、直辖市以及新疆建设兵团配备了教学光盘播放设备440 142套，卫星教学收视设备264 905套，计算机设备40 858套，覆盖了全国95%以上的农村中小学校，发放教育光盘资源已经超过6 500万张，参加国家级、省、市县级培训的教师和技术人员达80多万人，占农村义务教育教师的1/5，超额完成了工程培训规划目标[①]。

2.2.5 农村边远艰苦地区学校教师周转宿舍建设试点项目

一直以来，农村教师的工资待遇问题都受到中央的高度关注。"国家中长期教育改革与发展规划纲要"中更是明确提出，"建设农村艰苦边远地区学校教师周转宿舍"的任务。2010年9月，教育部办公厅、国家发展改革委办公厅联合印发《关于实施农村边远艰苦地区学校教师周转宿舍建设试点项目的指导意见》（教发厅〔2010〕7号）。

在2010年的试点建设阶段，中央在河北等8省区投资5亿元，建设近38万 m^2 的周转宿舍，共涉及项目学校497个，满足了1万多名教师的住宿需求。2011年，中央又安排了15亿元专项资金，加大了周转房的建设力度。而在2012年，中央财政投资进一步扩大到36亿元，

---

① 全国农村中小学现代远程教育办公室．架起通向未来的桥梁[M]．北京：人民教育出版社，2008：45．

项目学校 3 254 所，建设规模 228 万 m²，可增加入住教师 8 万人[①]。

2.2.6 农村义务教育学生营养改善计划

为提高农村学生尤其是贫困地区和家庭经济困难学生健康水平，2011 年国务院发布了《国务院办公厅关于实施农村义务教育学生营养改善计划的意见》(国办发〔2011〕54 号)，决定从同年秋季学期开始，由中央财政专项支持，启动"农村义务教育学生营养改善计划"。计划主要包括以下四个方面内容[②]。

(1)在集中连片特殊困难地区开展试点，中央财政按照每生每天 3 元的标准为试点地区农村义务教育阶段学生提供营养膳食补助。试点范围包括 680 个县(市)、约 2 600 万在校生。

(2)鼓励各地以贫困地区、民族和边疆地区、革命老区等为重点，因地制宜开展营养改善试点。中央财政给予奖补。

(3)统筹农村中小学校舍改造，将学生食堂列为重点建设内容，切实改善学生就餐条件。

(4)将家庭经济困难寄宿学生生活费补助标准每生每天提高 1 元，达到小学生每天 4 元、初中生每天 5 元。中央财政按一定比例奖补。

据估计，为保障计划的顺利实施，中央财政每年需安排将近 160 多亿元专项资金。2012 年春季学期，中央财政下拨补助资金 76.27 亿元，专项用于集中连片特困地区 2 542 万名农村义务教育学生营养膳食补助。在中央资金的带动下，不少省份也加大了投入力度。江西省投资投入 9 亿元支持本省 17 个集中连片特困地区和 25 个享受西部政策县(市)的农村义务教育阶段学校新建或改建 4 130 个食堂，并添置厨具、餐桌椅、消毒设备等设施设备。全省受益学生近 97 万人，学校

---

① 筑巢关爱辛勤园丁．新华教育［EB/OL］http://news.xinhuanet.com/edu/2012-09/25/c_113202729.htm［检索日期：2012-10-13］．

② 刘新芳．农村义务教育学生营养改善计划实施问题分析［J］．基础教育研究，2012(14)：3-4．

开餐率和学生覆盖面均达到100%①。

上述重大工程实质上是针对解决农村义务教育发展过程中存在的各种困难而设立的,是以专项转移支付形式进行的农村教育财政性投入。可以说,中央财政对于农村义务教育发展的支持力度在不断扩大。上面介绍的还只是一部分,此外还有不少中央专项义务教育工程(参见表2-2)。农村义务教育经费保障新机制的建立及这些重大专项工程设立都表明了中央财政在义务教育阶段所起的主导作用。我们有理由相信,随着《国家中长期教育改革与发展规划纲要(2010—2020年)》的进一步落实,这种主导作用在今后会继续增强。

表2-2 1995—2011年中央实施的义务教育专项工程

项目名称	中央投入资金（亿元）	起止时间（年份）
国家贫困地区义务教育工程(一期)	39	1995—2000
国家贫困地区义务教育工程(二期)	50	2001—2005
农村现代远程教育工程	53.2	2002—2007
农村寄宿制学校建设工程	100	2004—2007
新农村卫生新校园工程	18	2006—2008
中西部农村初中校舍改造工程	170	2007—2011
特岗教师计划	105	2007—2011
中西部特殊教育学校建设项目	47	2008—2009
中小学校舍安全工程	280	2009—2011
中小学薄弱学校改造计划	170	2010—2011
农村边远艰苦地区学校教师周转宿舍建设试点项目	20	2010—2011
校园安全保卫专项资金	39	2010
中小学教师国家级培训计划	12	2010—2011
合计	1 103.2	

---

① 全国农村义务教育学生营养改善计划. 教育部网站专题[EB/OL]. http://www.moe.edu.cn/publicfiles/business/htmlfiles/moe/s6329/list.html[检索日期:2012-10-13]

第 3 章 "新机制"的实施：
步骤、总体成效与问题

农村义务教育经费保障新机制是我国全面实施免费义务教育的一个重要标志，"新机制"从 2005 年年底启动到全面推行经过了一个相当长的时间。"新机制"在全国农村地区推行至今，取得了良好的成效。那么，"新机制"实施成效具体体现在哪些方面？同时，"新机制"在实施过程中遇到了哪些困难与问题？本章将系统梳理"新机制"的实施步骤、总体成效以及所面临的突出问题，并提出一些解决问题的构想。

3.1 农村义务教育经费保障新机制的实施步骤

3.1.1 农村义务教育经费保障新机制的启动尝试阶段（2005—2006 年）

农村义务教育在全面建设小康社会、构建社会主义和谐社会中具有基础性、先导性和全局性的重要作用。党中央、国务院历来高度重视农村义务教育事业发展，特别是农村税费改革以来，先后发布了《国务院关于基础教育改革与发展的决定》《国务院关于进一步加强农村教育工作的决定》等一系列重要文件，确立了"在国务院领导下，由地方政府负责，分级管理，以县为主"的农村义务教育管理体制，逐步将农村义务教育纳入公共财政保障范围。各级人民政府按照新增教育经费主要用于农村的要求，进一步加大了对农村义务教育的投入力度，实施了国家贫困地区义务教育工程、农村中小学危房改造工程、国家西部地区"两基"攻坚计划、农村中小学现代远程教育工程、农村贫困家庭中小学生"两免一补"政策等，农村义务教育事业发展取得了显著成绩。

但是,我国农村义务教育经费保障机制仍然存在各级政府投入责任不明确、经费供需矛盾比较突出、教育资源配置不尽合理、农民教育负担较重等突出问题,在一定程度上影响了"普九"成果的巩固,不利于农村义务教育事业健康发展,必须深化改革。[①] 在此背景下,为扩大公共财政覆盖农村范围,强化政府对农村义务教育的投入责任,2005年12月下旬,国务院召开了全国农村义务教育经费保障机制改革工作会议,印发了《关于深化农村义务教育经费保障机制改革的通知》(以下简称《通知》),对建立农村义务教育经费保障新机制进行了全面部署,计划用5年时间,逐步将农村义务教育全面纳入公共财政保障范围。《通知》规定,农村义务教育经费保障机制改革,从2006年农村中小学春季学期开学起,分年度、分地区逐步实施。

2005年、2006年两年是义务教育经费保障机制的启动阶段,期间主要的工作内容是明确未来五年内的经费保障机制的政策目标,为未来五年政策的实施做好工作计划,为完成经费保障机制的目标提供良好的财政保障。2006年,教育部、财政部联合下发《农村义务教育经费保障机制改革中央专项资金支付管理暂行办法》,规定中央财政负担免费教科书资金、免杂费补助资金、公用经费补助资金、校舍维修改造资金等,这标志着农村义务教育中央专项资金管理制度的确立。

3.1.2 农村义务教育经费保障新机制的全面推行阶段(2006—2010年)

2006年是农村义务教育经费保障新机制在西部各省全面实施的第一年,也是最为关键的一年。农村义务教育经费保障机制改革将农村义务教育经费全面纳入公共财政保障范围,建立中央和地方分项目、按比例分担的农村义务教育经费保障新机制。从2006年起,西部农村义务教育阶段学生全部免除学杂费;同时中央财政对西部地区农村义

[①] 国务院关于深化农村义务教育经费保障机制改革的通知(国发〔2005〕43号). http://www.gov.cn/zwgk/2006-02/07/content_181267.htm [EB/OL] 2006-2-7/2013-1-24.

务教育阶段学校补助公用经费资金，提高公用经费保障水平，启动全国农村义务教育阶段中小学校舍维修改造长效保障机制，确立义务教育教育经费由国家财政予以全面保障。

2007年，中部地区和东部地区农村义务教育阶段学生全部免除学杂费；并且向所有农村中小学生免费提供国家课程教科书，同时中央对中部地区农村义务教育段补助公用经费，对东部部分（贫困、落后）地区补助公用经费，完善农村义务教育保障机制相关政策，实施"中西部农村初中校舍改造工程"，提高校舍维修改造补助标准，加大对农村初中校舍的改造力度。实施特殊教育学校建设项目，在中西部地区建设一批特殊教育学校。进一步提高经费保障水平。

2008年，全部免除城市义务教育学杂费，基本在全国城乡实现免费义务教育。首先落实《义务教育法》的要求，解决免除学杂费问题。同时重点解决好进城务工人员随迁子女就学问题。在此基础上，逐步完善城市义务教育经费保障机制，促进义务教育均衡发展。同年出台规定，各省（区、市）制定的生均公用经费基本标准低于基准定额的差额部分，当年安排50%，所需资金由中央和地方按照免学杂费的分担比例共同承担，并且提高北方省份公用经费标准，帮助解决农村中小学冬季取暖问题。

2009年，中央正式出台农村义务教育阶段中小学公用经费基准定额，公用经费基准定额全部执行到位，并且要求生均公用经费基准定额提前一年到位，农村义务教育经费保障机制初步建立。

通过中央和地方政府的不断努力，2006年到2010年，全国财政已累计安排农村义务教育经费保障机制改革资金4 588亿元，其中，中央财政2 510亿元，地方财政2 078亿元。全国预算内农村义务教育经费占农村义务教育总投入的比重由1999年的67%提高到2009年的93%，全国近1.3亿名农村学生全部享受免除学杂费和免费教科书政策，中西部地区1 228万名家庭经济困难寄宿生获得生活费补助，实现了义务教育纳入公共财政保障范围的历史性转变。

3.1.3 农村义务教育经费保障新机制的完善深化阶段(2010年至今)

自 2010 年始,农村义务教育经费保障机制的运作进入了一个新的历史时期,这一阶段的工作重点由过去五年的政策推广转向了新阶段的机制保障与巩固。主要的工作内容则是在过去五年农村义务教育经费保障机制合理推广的基础上,进一步提高生均公用经费标准、公用经费基准定额,达到小学每生每年 400 元,初中每生每年 600 元;进一步提高"一补"标准,达到小学 750 元,初中 1 000 元;对于义务教育阶段教师进行有计划、有针对性的培训。此外,实施了农村义务教育薄弱学校改造计划、中小学教师国家级培训计划,以及启动了农村边远艰苦地区学校教师周转宿舍建设试点项目。

在 2011 年,中央及地方政府继续完善保障机制,提高生均拨款标准,达到西部小学 500 元,初中 700 元;东部小学 550 元,初中 750 元。在此基础上,中央政府将启动民族地区、贫困地区农村小学生营养改善计划,具体措施为在集中连片特殊困难地区开展试点,中央财政按照每生每天 3 元的标准为试点地区农村义务教育阶段学生提供营养膳食补助。试点范围包括 680 个县(市)约 2 600 万在校生。初步测算,国家试点每年需资金 160 多亿元,由中央财政负担。鼓励各地以贫困地区、民族和边疆地区、革命老区等为重点,因地制宜开展营养改善试点。中央财政给予奖补。统筹农村中小学校舍改造,将学生食堂列为重点建设内容,切实改善学生就餐条件。将家庭经济困难寄宿学生生活费补助标准每生每天提高 1 元,达到小学生每天 4 元、初中生每天 5 元。中央财政按一定比例奖补。

可以预见,未来中央及地方的义务教育阶段的工作内容与重点仍将是不断加大财政投入,加强农村中小学财务管理,建立健全农村中小学预算制度,提高生均公用经费标准,以及改善农村义务教育阶段学校的办学条件、巩固和提高农村义务教育的普及水平、缩小城乡之间义务教育的发展差距、促进区域内义务教育的均衡发展、推动农村义务教育向更高水平迈进。

3.2　农村义务教育经费保障新机制的总体成效

自 2006 年新义务教育法颁布实施以来，义务教育完全进入政府公共财政的保障范围。义务教育的总投入持续增加，从 2000 年的 1 887 亿元增加到 2010 年的 8 372 亿元，年平均增幅 14.5%，其中农村义务教育经费总量从 2000 年的 920 亿元增加到 2010 年的 5 018 亿元，年平均增幅为 16.67%[①]；同时各地积极采取措施，全面贯彻落实，给农村中小学学生及家庭带来了巨大的福祉。具体表现为以下五个方面。

第一，农民负担切实减轻。

"新机制"实施后，仅在免除学杂费和免费提供教科书两项上，全国农村每个小学生平均每年减少支出 230~270 元；每个初中生平均每年减少 360~410 元；如果该学生是同时享受生活费补助的家庭经济困难的寄宿生，那么每个小学生平均每年的支出将减少 980~1 020 元；每个初中生平均每年的支出将减少 1 360~1 410 元(参见表 3-1)。2010 年，全国 1.3 亿名农村义务教育阶段学生全部免除了学杂费、教科书费，3 000 多万寄宿生免除了寄宿费，1 228 万中西部家庭经济困难学生享受了"一补"政策。

表 3-1　"新机制"减轻农民负担情况

每个学生	免除学杂费和免费提供教科书	同时享受生活费补助的家庭经济困难寄宿生
小学	230~270 元/年	980~1 020 元/年
初中	360~410 元/年	1 360~1 410 元/年

(数据来源：教育部财务司，义务教育经费保障内部资料，2011 年)

一些学者对"两免一补"政策及"新机制"的实施情况进行了调查研究。例如，孙百才、常宝宁(2008)基于西部六省的调查结果发现，"两免一补"政策实施使得家庭经济困难的学生，以及残疾和少数民族儿童受益较大，这与"新机制"政策的预期目标相吻合。"新机制"的实施惠

---

① 数据来源：《中国教育经费统计年鉴》(2001—2011).

及全国约40万所农村中小学校近1.5亿学生,切实减轻了农民家庭的负担,同时扫除了经济困难家庭子女上学的最大障碍。①

范先佐、付卫东(2009)通过对中西部部分县的多次调研,较全面地分析了"新机制"实施以来所取得的成效。调查结果显示,"新机制"实施后,我国中西部农村仅免除杂费一项,平均每年每名小学生减负140~180元,初中生减负180~230元;享受免费教科书平均每年每名小学生减负210~250元,初中生减负320~370元;同时享受寄宿生生活费补助的,平均每年每名小学生减负510~550元,初中生减负620~670元。②

根据教育部财务司的统计数据及学者们的相关调查研究结果,"新机制"实施以来,农村家庭减轻了不小的负担,也扫除了经济困难家庭孩子上学的最大障碍。对农村义务教育实行免费,相当于通过减少农民支出而增加收入。据此,实施"新机制",进一步减轻了农村义务教育阶段学生家庭的负担。

第二,义务教育阶段的普及率与完成率不断提升。

"新机制"免除了农村义务教育阶段学生的学杂费并免费提供教科

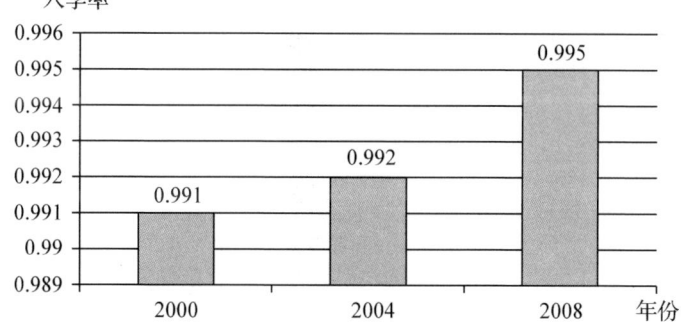

图3-1 全国小学适龄人口入学率

[数据来源:《中国教育年鉴》(2001—2009)]

---

① 孙百才,常宝宁. 西部农村义务教育实施"两免一补"的政策效应分析[J]. 教育与经济,2008(3):14-18.

② 范先佐,付卫东. 农村义务教育新机制:成效、问题及对策[J]. 华中师范大学学报(人文社会科学版),2009(4):110-120.

书，对贫困寄宿生还提供生活补助，"两免一补"政策保证了在校农村学生不会"因贫辍学"，这大大地提高了我国适龄儿童的入学率及升学率。我国小学适龄人口入学率生由 2000 年的 99.1% 上升至 2010 年的 99.5%；而我国小学升学率则由 2000 年的 94.9% 上升至 99.7%，小升初比例得到了较大增长。

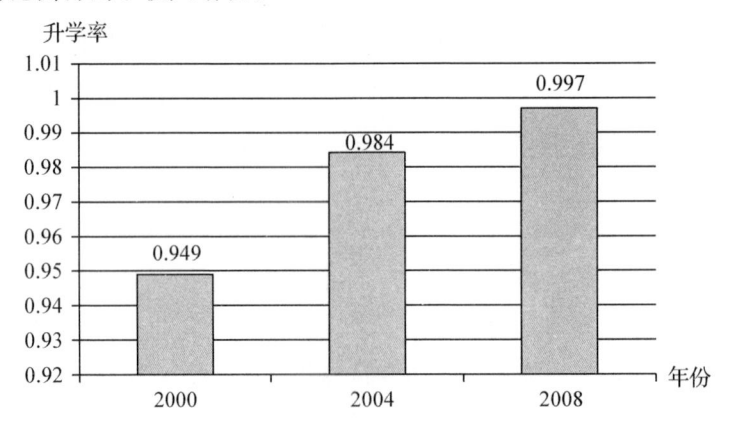

图 3-2　全国小学升学率

[数据来源：《中国教育年鉴》(2001—2009)]

同时"两免一补"还促使已经辍学的农村学生重返校园，农村学生辍学现象得到有效遏制，有些地区甚至出现了"回流"的现象。王嘉毅、常宝宁(2008)对西部地区 6 个省 18 个县的部分校长、教师、学生和家长就西部地区农村学校"新机制"的实施效果进行的调查研究显示，"新机制"让农民感受到了实惠，降低了农村家庭教育投资的直接成本，引发了辍学儿童的"回流"现象。该调查中，有辍学儿童重新返校的学校 32 所，占调查样本学校的 60.4%。"回流"总人数 133 人，占当地在校生人数的 1.56%；同样据广西壮族自治区的统计，仅 2006 年春季开学，全区接受的回流学生即有 20.6 万人[①]；胡咏梅、卢珂(2010)考察"新机制"对于西部义务教育普及影响的增值性评价研究发现，"新机制"实施后，西部五省区农村义务教育普及率得到明显提升，但五省适

---

① 王嘉毅，常宝宁. 西部农村义务教育实施"新机制"的成效、问题与对策[J]. 教育与经济，2008(2)：11—15.

龄儿童义务教育普及率相对落后于全国平均水平，毛入学率略高于全国平均水平，这些地区出现超龄学生返学现象。①

第三，农村中小学公用经费保障水平有所提高。

实施"新机制"之前，农村中小学运转经费主要靠收取杂费，财政拨款很少，全国有近三分之一的县农村中小学公用经费是"零拨款"。实施"新机制"之后，西部所有的农村学校都拿到了政府拨付的公用经费，保障了学校的正常运转。同时，一些贫困地区农村学校的经费成倍增加。

图3-3和图3-4显示，2000年农村中小学生均公用经费支出处于很低的水平，分别为253元和148元。自2006年"新机制"实施后，农村中小学生均公用经费支出逐年迅速增长，2010年农村中小学生均公用经费支出分别已达1 744元和1 084元，是2000年的7.18倍和7.32倍。尽管农村中、小学公用经费增长速度明显高于城镇中、小学，但

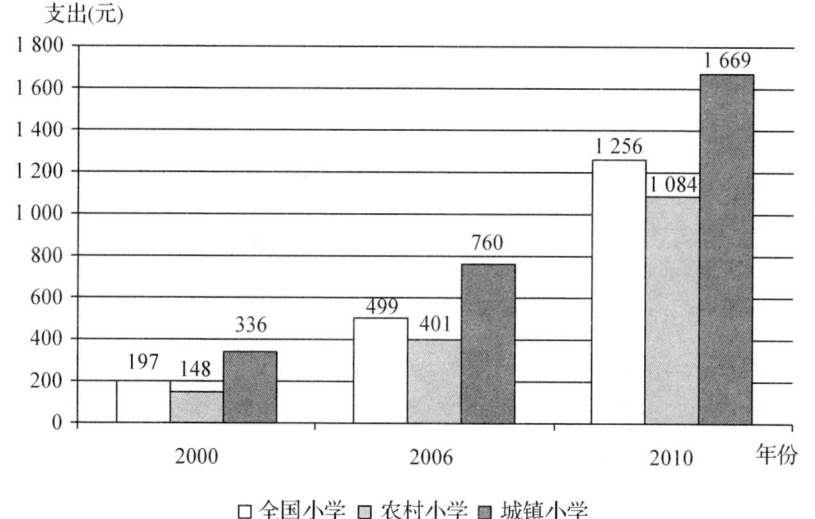

图3-3 2000年、2006年、2010年普通小学生均公用经费支出情况

［数据来源：《中国教育经费统计年鉴》(2001—2011)］

---

① 胡咏梅，卢珂."新机制"对义务教育普及影响的增值性评价——基于西部五省区县级入学率的分析[J]. 北京大学教育评论，2010(4)：131－146，191.

至今农村中小学生均公用经费支出水平依然低于城镇和全国平均水平。为缩小城乡教育投入差距,中央和地方政府仍需不断加大对农村中小学公用经费的投入力度。

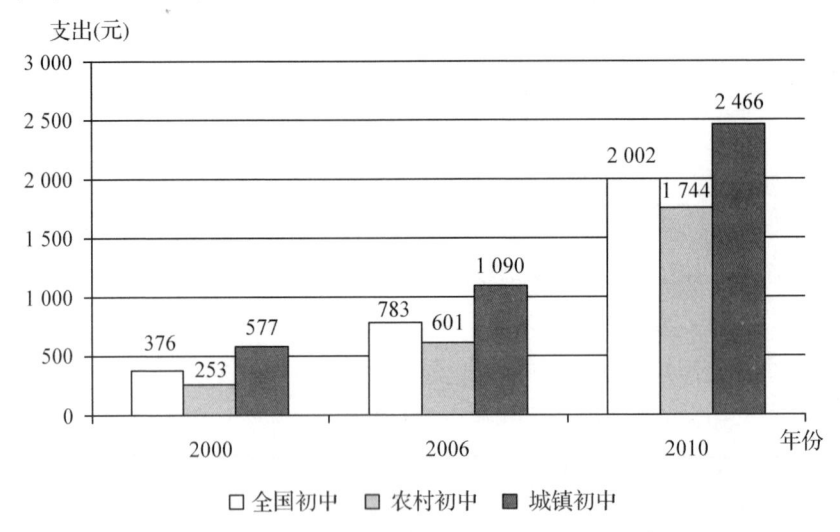

图 3-4 2000 年、2006 年、2010 年普通初中生均公用经费支出情况

[数据来源:《中国教育经费统计年鉴》(2001—2011)]

第四,促进政府行为和学校管理的规范化,教育乱收费行为得到有效遏制。

"新机制"从制度层面强化了政府对义务教育的责任,提高了农村义务教育保障程度,将学校的一切收支纳入预算管理,保证了经费来源,完善了公共财政体系,推动了政府部门职能的转变,促进了学校科学管理、民主理财。"省级统筹"之下的义务教育经费保障机制,与高度分散的经费供给体制相比,能够提高义务教育经费管理和使用的规范程度。

丁延庆、薛海平和王莉红(2008)对中、东、西部的调研结果显示,"新机制"实行后,县级预算内义务教育经费投入在个案调查进行的地区均有增加,预算编制的科目健全,并开始规范化。一些地区在"新机制"实施之前,没有或者只有很低的预算内生均公用经费拨款,但是"新机制"实施以后,县级用于配套省里补助的公用经费大大提高了该地区的生均公用经费水平。[①]

范先佐、付卫东(2009)对湖北省各县进行的"新机制"实施成效的调查结果也得出类似的结论。在"新机制"实施之前，农村的义务教育学校管理尤其是财务管理是粗放式的，没有良好的预算制度，存在着大量的先开支后还账的情况。在"新机制"实施之后，学校财务做到了"四个直达"：一是预算直达学校，由学校根据实际情况向编制部门提出预算建议，经由教育局审核汇总后，报财政局按程序下达；二是财务核算直达学校，将所有农村中小学归为各个核算点，每个核算点设立会计和出纳，学校作为独立的核算主体，校长对学校财务核算负责；三是资金直接拨付直达学校；四是财务监控直达学校。全县农村中小学财务核算和国库支付网络已经建立起来，各学校利用网络进行日常财务处理，申报资金用款计划，财政和教育主管部门可以通过网络对学校用款计划进行适时监控。学校财务管理已经规范化，"校财局管"已经取得了初步成效。问卷调查结果显示，在回收的200份校长有效问卷中，96%的校长认为，"新机制"的实施有利于促进学校财务管理的规范化、预算编制的科学化。[②]

实行"新机制"不仅规范了农村义务教育经费管理和使用，也有效地遏制了教育乱收费行为。2007年10月教育部下发的《关于进一步做好农村义务教育经费保障机制改革有关工作的通知》明确规定，农村中小学除收取教科书费、作业本费和寄宿生住宿费以外，严禁再向学生收取其他任何费用。严禁通过举办各类提高班、补习班的方式变相收费。加强学校收费管理，学校按规定向学生收取费用时，必须向学生开具合法收据。各级教育行政部门加大对各类乱收费行为的查处力度。对乱收费行为，要严肃查处和纠正；对情节严重、影响恶劣的，要追究直接当事人和有关负责人责任。

"新机制"建立之后，农村义务教育阶段学校的教职工工资、公用

---

① 丁延庆，薛海平，王莉红."农村义务教育经验保障新机制"改革效果初探[J].教育与经济，2008(4)：46—78.

② 范先佐，付卫东.农村义务教育新机制：成效、问题及对策[J].华中师范大学学报(人文社会科学版)，2009(7)：59—71.

经费、校舍维修改造经费、资助贫困学生经费等必要经费都有了稳定的保障,学校不存在任何乱收费的理由。同时,"新机制"规定的对经费保障机制改革中出现的乱收费行为,严肃追究校长和直接主管领导的责任等严厉的惩戒措施使乱收费行为"望而却步"。一些农村教育官员称乱收费是"高压线中高压线",第一个高压线是指禁止挪用农村义务办学公用经费;第二个高压线就是禁止教育乱收费。因而,改革以来,各地严格规范收费行为,乱收费明显减少。绝大部分学校除了代收作业本费和寄宿生住宿费外,其他方面都是"零收费",不少地方出现了教育收费"零投诉"。

第五,建立了长效的农村中小学校舍维修改造机制,农村办学条件得到明显改善。

"新机制"中明确提出要建立农村校舍维修改造长效机制,中央和地方政府按比例分担农村校舍维修改造经费。对于中部、西部地区,中央和地方政府分担比例是各50%,这在一定程度上保障了中、西部地区农村中小学校舍维修改造资金的稳定性。此项改革加之国家先后实施的"国家贫困地区义务教育工程""国家西部地区'两基'攻坚计划""农村中小学危房改造工程"等一系列重大工程项目,使得农村地区中小学校校舍面积稳步增长,生均校舍面积大幅增加(参见表3-2、表3-3)。2001—2010年,农村义务教育阶段学校校舍总面积增加1亿 m^2,而且西部地区增速(23.8%)显著高于东部(9.1%)和中部(9.7%),中部地区的增速也高于东部。这十年间农村义务教育阶段学校生均校舍面积增加2.3 m^2,与总量增长情况相反,东部地区生均校舍面积增加的速度(55.1%)高于西部(48.8%)和中部(46.7%),西部地区高于中部。而且由表3-3可以发现,2001—2010年,农村义务教育阶段学校生活用房增加更快。农村小学生均校舍面积增长了0.3倍,而生均生活用房增长了0.8倍;农村初中生均校舍面积增长了0.8倍,而生均生活用房增长了1.2倍。近十年来,农村义务教育阶段学校的办学条件得到明显改善,有利于推动农村义务教育快速地、有质量地发展。

表 3-2　全国农村义务教育校舍面积情况　　　单位：m²

	2001 年				2006 年				2010 年			
	校舍面积	其中：教学及辅助用房	其中：行政办公用房	其中：生活用房	校舍面积	其中：教学及辅助用房	其中：行政办公用房	其中：生活用房	校舍面积	其中：教学及辅助用房	其中：行政办公用房	其中：生活用房
全国	7.4	4.2	0.8	1.8	8.2	4.4	0.8	2.3	8.4	4.3	0.8	2.7
西部	2.1	1.2	0.2	0.6	2.4	1.3	0.2	0.8	2.6	1.3	0.2	0.9
中部	3.1	1.8	0.4	0.7	3.3	1.8	0.4	0.9	3.4	1.7	0.3	1.1
东部	2.2	1.3	0.2	0.5	2.5	1.3	0.2	0.7	2.4	1.2	0.2	0.7

（数据来源：教育部财务司，义务教育经费保障内部资料，2011 年）

表 3-3　全国农村义务教育生均校舍面积情况　　　单位：m²

	2001 年				2006 年				2010 年			
	生均校舍面积	其中：生均教学及辅助用房	其中：生均行政办公用房	其中：生均生活用房	生均校舍面积	其中：生均教学及辅助用房	其中：生均行政办公用房	其中：生均生活用房	生均校舍面积	其中：生均教学及辅助用房	其中：生均行政办公用房	其中：生均生活用房
全国	4.5	2.6	0.5	1.1	5.8	3.1	0.6	1.6	6.8	3.5	0.6	2.2
西部	4.3	2.4	0.4	1.2	5.2	2.8	0.5	1.6	6.4	3.3	0.5	2.3
中部	4.5	2.6	0.6	1	5.9	3.2	0.6	1.6	6.6	3.4	0.7	2.1
东部	4.9	2.8	0.5	1.1	6.5	3.4	0.6	1.7	7.6	3.9	0.7	2.2

（数据来源：教育部财务司，义务教育经费保障内部资料，2011 年）

3.3　农村义务教育经费保障新机制所面临的突出问题

通过对"新机制"实施前后农村义务教育阶段学校教育经费及办学条件方面的统计数据的对比分析，我们认为，"新机制"的启动与全面推行初步实现了减轻农民负担、强化各级政府对于农村义务教育的投入责任、提高农村义务教育的投入水平、促进教育资源均衡配置等政策目标。不过，应当看到，农村义务教育经费保障新机制的推行与巩固仍然在一些方面存在问题。这些问题可以概括为以下几个方面：政策设计还不够完善；投入总量还不足；"新机制"的监测与评价尚未全面开展。

第一，中央与省级政府在农村义务教育经费保障方面的负担比例的设计不甚合理，未充分考虑区域内部省级政府的财政能力差异。

表 3-4　各地区中央与地方分担农村义务教育经费情况

	政府投入责任		
	东部地区	中部地区	西部地区
学杂费	除直辖市外，按财力分省确定	中央和地方 6：4	中央和地方 8：2
教科书费	地方全额承担	中央全额承担	
寄宿生生活费补助	地方承担资金，补助对象、标准及方式由地方人民政府确定		
公用经费	除直辖市外，按财力分省确定	中央和地方 6：4	中央和地方 8：2
校舍维修	主要由地方承担，中央适当奖励	中央和地方 5：5	
教师工资	中央和省补助困难县教职工工资，县统发教职工工资		

"新机制"依据东、中、西三片地区来确定中央和地方政府对农村义务教育经费承担的项目和比例(参见表3-4)，各省按照中央与地方间农村义务教育经费投入责任分担原则，结合本省的具体情况，制定出省级政府与各市、县级政府的经费分担规则。但是这种方式忽略了地区间经济发展存在的不平衡，例如西部地区虽然整体经济发展较为落后，但仍然有诸如重庆、成都等经济较发达的地区。而中部的河南、江西、湖北、湖南等地仍有较多的国家级贫困县，在东部地区中，辽宁、福建及江苏较其他几个省的经济发展也存在着较大的差距。所以按照东中西部划分中央与省级政府的农村义务教育经费投入比例缺乏公平性。根据三大区域划分来制定经费分担比例并没有真正地考虑各省份经济发展水平，这可能会带来部分经济水平较低省份的财政负担过重，难以保障"新机制"各项经费全面落实。因而，我们建议根据各

省近三年来的经济发展水平和财政收入情况,重新划分三类区域(财政投入能力高、中、低三类区域),并结合各区域教育发展水平和办学条件,设立中央与地方各项经费投入比例,以保障"新机制"各项经费全面落实,以及不断提高各项经费投入水平。

第二,省级及以下政府的负担责任与方式有待完善,地方政府对农村义务教育投入的努力程度有待提高。

新义务教育法及"新机制"政策明确了农村义务教育的管理体制是"以县为主",投入体制是实行中央、省和县(市)的财政分担体制,以求缓解农村义务教育负担,并确保中央的教育经费投入向贫困地区倾斜。但是在目前的义务教育各级政府分担体制下,仍有不少县因财力不足难以完成省级规定的投入比例。这主要在于省以下的投入体制尚未规范和理顺。相关学者的研究也验证了这一点,刘亚荣(2008)针对地方政府在教育财政和教育管理方面的履行情况,对国家教育行政学院2008年第23期地市教育局长、第14期县教育局长培训班的成员200余人进行了问卷调查。调查结果显示,上级政府、本级政府及社会筹资三种经费来源渠道中,上级财政转移支付的专项经费到位率最高,但仍有50%没有完全到位;本级财政落实省级规定比例的仅占30%左右;本地政府总体的经费水平,对于保证"两个比例"和"三个增长"实现率较低,落实的地级政府占18.9%,县级政府为9.8%。[①] 薛海平、丁延庆(2009)在2007年对中东部地区2个省10个县农村义务教育阶段学校的调研也发现,"新机制"各项经费不到位的情况值得关注。被调查的江苏和湖北两省农村中小学样本中,超过一半的学校在不同程度上存在免杂费拨款和公用经费拨款不到位情况,也有近1/5的学校的贫困寄宿生生活补助经费不到位。[②]

由于各级政府负担的责任与方式不健全,一些地区还出现了"挤出

---

① 刘亚荣. 对当前新义务教育财政体制实施的制度困境研究[A]. 中国教育学会教育经济学分会.2008年中国教育经济学年会会议论文集[C]. 中国教育学会教育经济学分会,2008:6.

② 薛海平,丁延庆. 我国农村义务教育经费保障机制改革的成效、问题与对策[J]. 教育科学,2009(4):6—14.

效应"。孙志军等(2010)对中、东、西部地区的三个省的县级教育经费数据统计分析发现,"新机制"实施之后那些经济水平更高的、财政能力更强的及教育投入努力程度更高的地区,政策效果更好;而那些经济水平原本比较低的、财政能力比较弱的地区,由于有了中央财政的转移支付反而削弱了当地政府的投入努力程度。① 可见在加大中央政府转移支付力度之后,如何提高地方政府本级财政对农村义务教育的投入努力程度,使各级政府明确自己所担负的责任及如何增加教育投入的方式是目前"新机制"改革亟待解决的一个重要问题。

我们认为,要真正落实义务教育经费投入政策,首先必须明确省级政府的统筹责任,合理设计省以下各级政府在"新机制"各项经费上的投入比例,按照省级政府确定的经费项目和分担比例落实分担责任,并加大对财力比较薄弱的县区农村义务教育的转移支付力度,保证财政能力弱的县域地区义务教育经费充足到位,不能将义务教育的财政责任与管理责任都由县来承担。省、市和县财政部门都要开设农村义务教育经费保障资金专户,用于中央、省级、市和县农村义务教育专项资金的支付管理,防止资金被截留、滞留、挤占和挪用,确保免收学杂费、补助资金和公用经费补助资金按时直接拨入财政专户。

第三,城乡间教育经费支出的绝对差异仍然较大,农村学校办学条件达标情况不容乐观,对农村义务教育的投入水平仍需不断提高。

前文提到"新机制"实施之后,农村和城镇无论是生均教育经费、办学条件方面都得到了极大的提升,但是我们也发现从绝对差异上看,农村学校实际生均教育经费及办学条件与城镇学校还是存在较大的差距。主要表现在以下两个方面。一是生均教育经费的绝对差异仍然较大。如图 3-5 和图 3-6 所示,2000—2010 年,我国城乡间小学及初中生均教育经费支出都得到了长足的增长,但是同时城乡间的支出差距也随之增大,小学、初中生均教育经费支出差距由 2000 年 559 元与 861 元增加到 2010 年的 1 269 元与 1 832 元。图 3-7 和图 3-8 所示,2000—2010 年,我国城乡间小学及初中预算内生均事业费支出也得到

---

① 孙志军,杜育红,李婷婷. 义务教育财政改革:增量效果与分配效果[J]. 北京大学教育评论,2010(1):83—100,190—191.

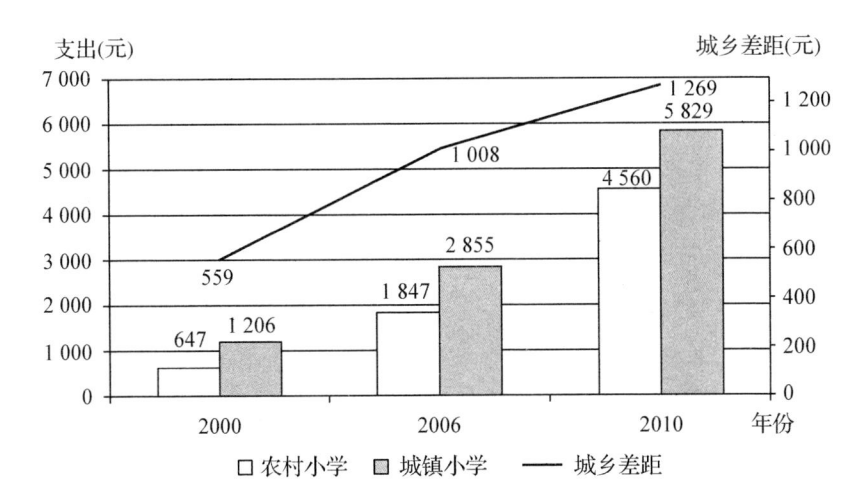

图 3-5　全国城乡小学生均支出情况

[数据来源：《中国教育经费统计年鉴》(2001—2011)]

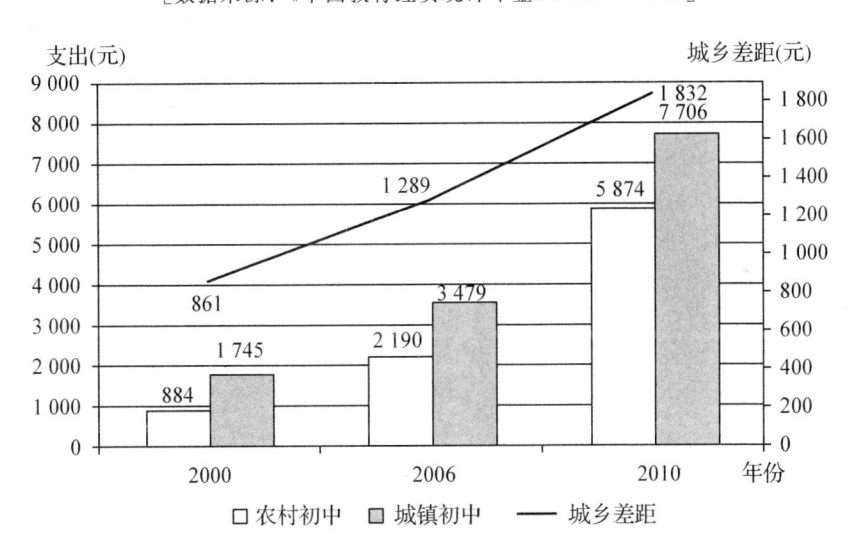

图 3-6　全国城乡初中生均支出情况

[数据来源：《中国教育经费统计年鉴》(2001—2011)]

了长足的增长，但是同时城乡间的预算内教育事业费支出差距也随之增大，小学、初中预算内生均教育事业费支出差距由 2000 年的 302 元与 384 元增加到 2010 年的 714 元与 889 元。二是城乡间小学和初中的办学条件差异仍然存在，农村学校办学条件的达标情况不容乐观。尽

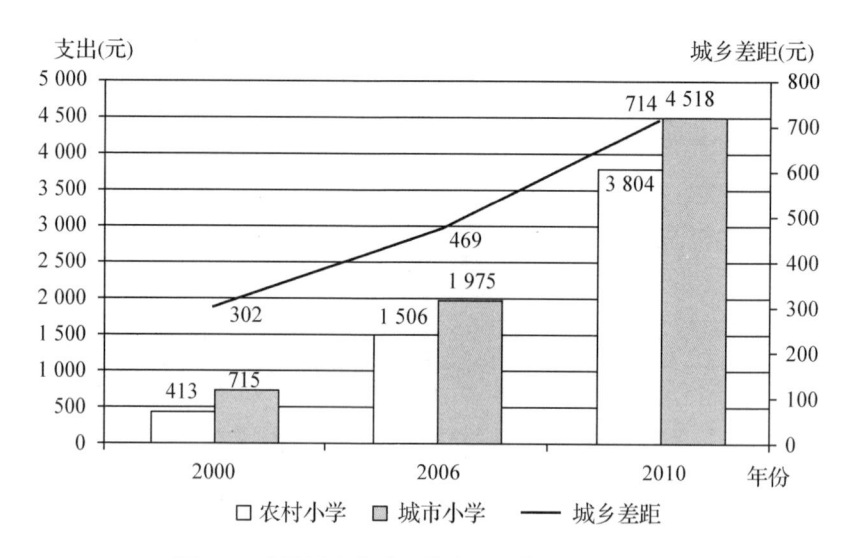

图 3-7　全国城乡小学预算内生均事业费支出情况

［数据来源：《中国教育经费统计年鉴》(2001—2011)］

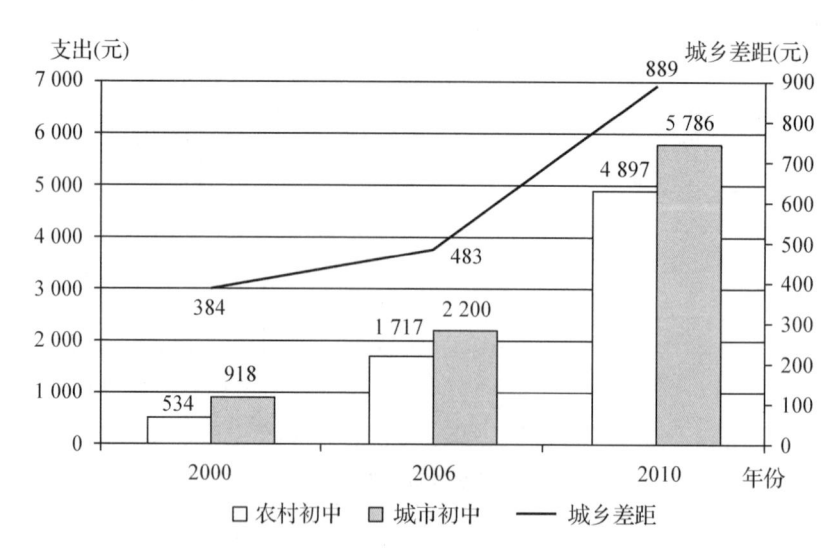

图 3-8　全国城乡初中预算内生均事业费支出情况

［数据来源：《中国教育经费统计年鉴》(2001—2011)］

管 2001—2010 年，农村中小学校生均校舍面积增长幅度很大，且明显高于城市(参见图 3-9)，但是农村学校生均校舍面积与国家标准还有差距。小学生均校舍面积低于国家标准(8.25 m²)2.27 m²；生均食堂面积低于国家标准(2.5 m²)1.8 m²。初中生均校舍面积低于国家标准(10 m²)1.64 m²；生均食堂面积低于国家标准(2 m²)0.9 m²(参见图3-10)。

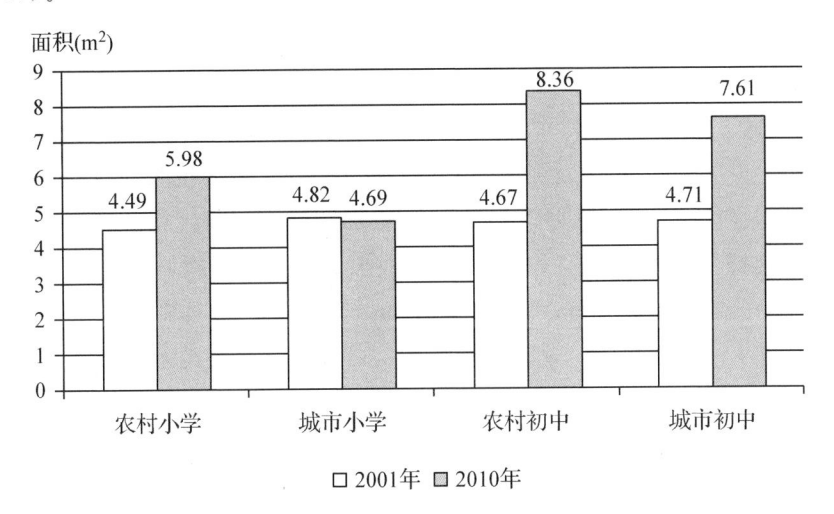

图 3-9　2001—2010 年农村学校与城市学校生均校舍面积变化情况

[数据来源：教育部财务司义务教育经费保障内部资料(2011 年)]

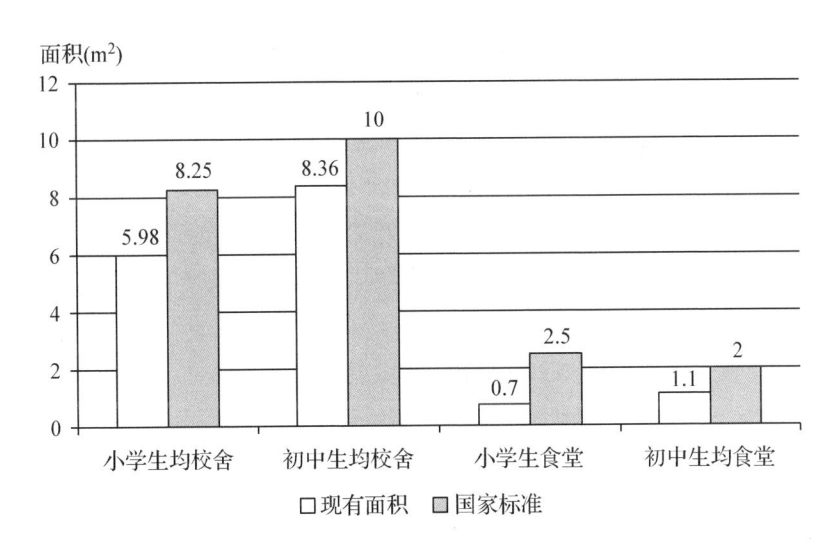

图 3-10　2010 年农村学校生均校舍面积与标准差距情况

[数据来源：教育部财务司义务教育经费保障内部资料(2011 年)]

目前城乡义务教育经费支出差异和办学条件差异仍然较大，主要有以下几个方面原因：一是农村教育长期投入不足，底子薄，历史形成的差距难以在短期内转变；二是我国幅员辽阔，东、中、西部地区经济、教育发展差异很大，中、西部地区农村办学条件相对较差，一般性转移支付不足，造成该地区农村中小学校教育投入水平低；三是"新机制"对农村义务教育各项经费的保障水平不高。前文已述，尽管"新机制"实施后，农村中、小学公用经费增长速度明显高于城镇中、小学，但至今农村中、小学生均公用经费支出水平依然低于城镇和全国平均水平。有调查表明，现阶段中东部农村中小学生均公用经费财政拨款标准仍然偏低，不能满足学校发展要求。[1] 薛海平、丁延庆（2009）的调查研究发现，"新机制"改革后，农村中、小学教师工资的保障水平并没有提高，农村中小学校舍维修改造长效保障机制实际并未完全确立。[2] 因而，为缩小城乡教育投入差距，中央和地方政府仍需不断加大对农村义务教育的投入力度，提高"新机制"各项经费的保障水平。

第四，"新机制"政策的监测与评价尚未全面开展。

"新机制"是关系到国计民生的一项重大政策，政策的论证、试行、推广和全面实施受到社会各界的广泛关注。另外，在政策实施过程中，政府也通过内部的监督和考察关注政策的实施，对政策本身进行了一定的调整，这充分体现了国家对于政策进行监测与评价的意识。不过，对于这一政策更加精细化的监测与评价目前还是缺乏的。唯有严谨、科学、细致的监测与评价，才能够为政府部门的决策提供服务，为政策的调整和完善积累经验，进而提高政策实施的责任意识，促进政策效果的最大化。

"新机制"是在县乡财政匮乏、城乡差异显著的背景下提出的，其

---

[1] 财政部驻安徽专员办课题组. 惠民政策成效初显 存在问题仍需完善——对安徽省部分地区农村义务教育经费保障机制运行情况的调研报告[J]. 财政监督，2007(17)：75—77.

[2] 薛海平，丁延庆. 我国农村义务教育经费保障机制改革的成效、问题与对策[J]. 教育科学，2009，25(4)：6—14.

政策目标明确。本章根据教育部财务司提供的数据和中国教育经费统计年鉴和教育年鉴的数据从宏观层面揭示了该政策实施的总体成效，但进行更加精细化的、全面的监测与评价对于政策的完善、效果提升等方面仍具有举足轻重的作用。

"新机制"已经在我国实施了十年的时间，但学术界还没有对该政策进行过较为全面的评价，建议教育部门委托第三方开展专业性的外部评价，全面、客观、系统地评估"新机制"政策的实施效果及所产生的社会效益，为政策深入推行与完善提供决策依据。本研究将使用国际组织和发达国家政策评估领域常用的监测与评价方法对"新机制"政策进行监测与评价，后续章节将在此方面做出有益探索，以期为正式的监测与评估提供参考性设计。

第 4 章 "新机制"的监测与评价体系：理论、实践与改进

农村义务教育经费保障新机制通过分年度、分地区推进的方式逐步在全国范围内实施，至今已实现义务教育阶段学校的全覆盖。在政策逐步推进、全面铺开的过程中，中央与地方政府是否各尽其责？各类专项资金是否足额、及时拨付？经费是否拨付到了政策的特定目标群体？政策的实施对覆盖人群的具体贡献（影响）是什么？怎样才能提高政策的实效？这些问题对于全面了解政策执行情况、进一步完善政策方案至关重要，需要通过建立科学、完善的监测与评价体系对"新机制"进行系统、全面的监测与评价。本部分将首先概述教育政策监测与评价体系的理论研究，其次简要评述"新机制"月报制度的实践及国内现有的"新机制"评价文献，最后结合理论和实践，尝试构建科学性、系统性、操作性较强的农村义务教育经费保障监测与评价指标体系。

4.1 教育政策监测与评价体系的理论研究

4.1.1 监测与评价的概念解析及功能比较

纵观西方发达国家及国际组织的实践，监测与评价成为政策管理最重要的工具之一，它覆盖了从政策提出到完成的全部环节。通过引入监测与评价，政策的推行与完善并行，不仅能保证政策目标最大程度得以实现，还能从已有政策制定与推行中总结经验和教训，提高未来教育政策的成效。尽管监测与评价往往同时提及，但它们在概念和功能上有着本质区别，因此有必要厘清这两个概念的区别和联系，这也是正确使用监测与评价的基础。

4.1.1.1 监测

监测(monitoring)是由政策实施机构所主导的内部管理活动,是一个收集和分析有关政策进展、政策预期目标达成度等方面信息的动态持续过程。通常借助连续性的、关键性产出指标对政策覆盖对象进行连续性的数据收集,比较实际产出和预期产出,考察政策覆盖对象的发展变化,以监督政策是否按照预期开展和实施,政策的预期目标是否实现。

监测主要回答以下五个关键问题[1]:(1)政策是否按照计划推行与实施?(2)政策的投入是否很好地指向了目标人群?(3)预期产出是否有效完成?(4)在实现政策结果的过程中,我们面对哪些问题、风险及挑战?(5)针对政策执行过程中发生的变化,需要做出什么调整?

通过回答以上问题,管理者可以及时发现并改正不足,并做出调整方案或出台配套措施。一方面,可以有效地干预政策实施;另一方面,还能促进政策制定者、实施者之间达成一致意见,明确政策实施的工作重心,强化各方责任,提高政策资源配置的合理程度。同时,高质量监测所获得的信息也是政策评价重要的信息来源[2]。

4.1.1.2 评价

评价通常由独立的第三方评价机构实施,是对计划中的、正在实施的或已经完成的政策的系统地、客观地评价,包括对它们的设计、实施及结果的评价。其目的在于确定政策预期结果与实际结果的关联度和达成度,评估政策的效率、效益及影响力和可持续性。

评价主要回答以下四个关键问题:(1)结果实现或不能实现的原因是什么?(2)政策的实施对覆盖人群的具体贡献(影响)是什么?(3)我们怎样才能改进政策的结果?(4)从该项政策中,我们获得哪些经验和教训?

---

① UNDP. Handbook On Planning, Monitoring And Evaluating For Development Results[M]. UNDP Evaluation Office, New York, NY, 2009.

② Development Assistance Committee. Glossary of key terms in evaluation and results-based management[J]. Organisation for Economic Co-operation and Development, Paris, 2002.

高质量的评价能给政策受益者和资金提供者提供可靠和有用的信息，使双方获得政策实施教训和经验，以改进行为决策，更进一步，评价是对政策执行实施问责、合理性论证的重要基础[1]。

4.1.1.3 监测和评价的互补性

表 4-1 呈现了监测与评价互补的特点，从表中可以看到，为保证政策取得最大成功，监测与评价应与政策的筹划同步进行，二者缺一不可：(1)监测能及时提供政策执行过程中的相关信息及管理者执行政策所需的信息，同时也提供政策预期效果及其成因方面的信息，因此评价中的大部分信息来源于监测；(2)监测给评价提供了必要的信息，但这些信息并不充分，评价还需要利用其他数据收集工具及系统的分析框架对政策进行评价；(3)监测的设计和实施必须充分考虑评价的需要，因为清晰的政策目标、监测指标等是评价能否获得成功的前提[2]。

表 4-1　监测和评价的角色

监测	评价
明确政策的目标	对已实现和未实现的预期结果进行分析
建立各项活动资源投入与目标之间的联系	分析预期以外结果出现的原因
将资源投入目标转换成绩效指标，并设立具体的政策目标	检查实施过程
持续采集指标数据，以比较实际结果与政策目标间的差距	评价活动与结果间的因果关系
向管理者汇报项目、政策实施进程，指出可能存在的问题	总结政策实施教训、获得的显著成效或潜在价值，并提供改进建议

---

[1] Development Assistance Committee. Glossary of key terms in evaluation and results-based management[J]. Organisation for Economic Co-operation and Development，Paris，2002.

[2] UNDP. Handbook On Planning, Monitoring And Evaluating For Development Results[M]. UNDP Evaluation Office，New York，NY，2009.

4.1.2 教育政策的监测与评价系统

监测和评价是政策制定与推行过程的重要部分,从本质上而言,监测是评价的信息基础,如果忽略对政策过程的监测,评价的作用也会大打折扣。教育政策的监测系统是可以识别政策目标、监督政策实施过程及改进政策实施结果的信息管理系统,它用于评估政策的有效性和报告政策实施进展情况;教育政策的评价系统则是给政策受益者和资金提供者提供可靠和有用的信息,使双方获得政策实施教训和经验,以改进行为决策,是对政策执行实施问责、评估政策的效率、效益及影响力和可持续性的信息系统。建立一个有效的监测与评价系统需要政策制定者的支持和相关技术准备。监测与评价系统的构建通常包括五个方面:(1)监测与评价指标体系建构;(2)数据信息采集;(3)数据管理与分析;(4)信息公告和发布系统;(5)关键执行者间(数据采集者、数据分析者、政策制定者及政策实施者)的组织安排。

4.1.2.1 教育政策监测与评价的指标体系

1. 监测与评价指标的类型

建立良好的指标体系(indicator system)是实施政策监测与评价的基础与核心,一个良好的指标体系应当是富有逻辑的、具有针对性的完整体系,组成这一指标体系的指标应当具备针对性、可得性、可跟踪性和时效性四个特征[①]。根据指标测量的对象及用途不同,可以将监测与评价指标分为投入、产出、结果和影响指标四类(详见表4-2)。其中,监测主要关注政策的投入(input)、产出(output)及结果(outcome);评价既关注政策结果(outcome),同时更关注政策的影响(impact)。这里,投入是指获得产出所需要的人力、物力、财力及相关资源,通常用来分析政策的资源是否严格按照预期规划分配;产出是指实现预期结果的必要基础,设立产出指标的目的是测度政策干预给覆盖群体带来的直接变化——不受政策外因素影响;结果是指政策

---

① Operations Policy Department, World Bank, Performance Monitoring Indicators: A Handbook for task managers[M]. Washington D. C., 1996.

覆盖群体的实际结果达到预期结果的状况——受政策干预外因素影响，设立结果指标的目的是测度政策推行对目标群体产生的短期或中期效应(short-term and medium-term effects)；影响指标主要描述政策实施给目标群体生活、发展状况带来的正面或负面影响(如政策对目标群体教育公平等方面的影响)，它通常用来测度政策推行的长期效应(long-term effects)，包括预期或非预期的直接、间接效应，所选指标一般是就结果指标对政策目标群体所进行的横向、纵向比较。投入与产出指标属于中间指标(intermediate indicator)，结果和影响指标属于终极指标(final indicator)，终极指标与某一政策目标直接关联，是目标达成度的直接或间接测度；中间指标是对如何达到终极指标的测度，其测量的是政策干预情况及这种干预直接的产出。两者的根本区别是中间指标仅受政策单一因素影响，而终极指标受政策外其他因素影响。以"两免一补"政策为例，中小学的财政和资源投入指标及在校生数、校舍建筑面积等由投入产生的产品或服务指标都属于中间指标；而入学率、识字率、学业成绩等反映政策目标达成情况及政策目标对覆盖人群产生影响的指标属于终极指标。

表 4-2 教育政策监测与评价指标分类

指标类别		用途	内涵及功能	特征
中间指标	投入指标	监测&评价指标	为实现政策目标而进行的人、财、物投入，用来分析政策的资源是否严格按照预期规划分配	指向政策干预
	产出指标	监测指标	通过政策干预给覆盖群体带来的直接变化(不受政策外因素影响)	指向政策干预
终极指标	结果指标	监测&评价指标	政策覆盖群体的实际结果达到预期结果的状况，用于测度政策推行对目标群体产生的短期或中期效应	指向政策目标
	影响指标	评价指标	描述政策实施给目标群体生活、发展状况带来的正面或负面影响，通常用于测度政策推行的长期效应，包括预期或非预期的直接、间接效应	指向政策目标

2. 构建监测与评价指标体系的意义

构建监测与评价指标体系是为了后续监测与评价的顺利展开，获取政策实施、推进、目标达成情况的信息,是为政策监测与评价的研究设计、经验研究等方面服务的。总体来看,构建监测与评价指标体系意义主要体现在以下三个方面。

第一,有助于理清政策实施与政策效果之间的逻辑关系。良好的监测与评价指标体系能够体现政策实施过程中投入、产出、结果之间的逻辑关系,有助于政策管理者理清政策实施与效果之间的相关关系或因果关系,这对于政策评价来说至关重要。

第二,有助于政策监测与评价的顺利开展。指标体系的构建是监测与评价的核心,它引导着后续的研究设计、数据收集、分析及报告撰写等工作。因此,良好的监测与评价指标体系有利于政策监测与评价的顺利开展,决定着政策监测与评价的科学性、客观性。

第三,有助于政策决策科学化,提高政策实施的绩效和效率。监测与评价指标体系构建的过程也是深入认识政策本身、细化政策干预活动的过程,是对政策的重新审视。与此同时,通过监测与评价指标体系收集的数据也可以反映政策存在的问题。因此,监测与评价指标体系的构建,综合了政策文本分析和数据反馈的双重信息,有利于政策决策的科学化,从而提高政策实施的绩效和效率。

4.1.2.2 教育政策监测与评价的数据信息采集

完备、充足、有效的资料是进行监测与评价的前提。同时,监测与评价资料的收集必须紧扣政策监测与评价指标体系。目前,教育政策监测与评价的数据信息采集渠道主要有两种:调研资料及管理者现有的第二手资料。

1. 调研资料

通过调研采集资料是监测与评价资料获取的重要途径。通过调研,能够根据监测与评价的需要,有针对性地收集相关的资料信息,为政策监测与评价提供强有力的数据支持,是监测与评价资料收集最重要的途径之一。调研材料的收集一般来说是一项比较浩大的工程,需要耗费相当大的人力、物力和财力。

目前调研资料的获取可以通过实地调研、网络调研等方式进行。实地调研是最常用的一种方式,这种方式直观、易操作,但却耗时、耗力、耗财。近年来，随着电脑的普及和信息化的发展，网络也成为一种高效、低耗的调研方式，比如基于网络的舆情调查等。基于调研获取监测与评价信息时需要注意以下几个问题。

第一，使用科学的抽样方法，确保所选择的样本具有较好的代表性。根据监测与评价设计的需要，样本的选择有所不同，主要可分为三类。(1)全面调查。即将特定时间、特定范围的所有样本都列入调查范围。(2)抽样调查。在任何抽样调查中，抽样技术的选择与应用是不可避免的。一般而言，样本抽取的方法分为简单随机抽样、分层随机抽样、多阶段抽样、整群抽样、系统抽样、非概率抽样等。在实际的操作中，应当根据监测与评价设计和需要进行选择或结合使用。(3)个案调查。通过对一个或多个样本进行分析，从中收集各种信息，这是定性方法收集资料的重要途径。个案调查对于研究者的能力具有较高要求。

第二，量化方法与质性方法相结合，确保获得全面的监测与评价资料。量化方法和质性方法是社会科学领域从对立走向融合的两大重要研究方法，两种方法在方法论基础、目的、表现形式、抽样方法、数据收集方式、用途等方面都存在很大的差异。在实地调查中，应当坚持量化方法和质性方法相辅相成，相互结合的原则，最大程度地挖掘数据所蕴含的价值，通过量化研究方法获得关于政策实施情况的相关量化数据，客观、说服力强，辅之以质性方法可以挖掘更复杂的问题，比如调查对象产生某种行为结果的原因、过程及对政策的态度和观点。两种方法相结合才能确保监测与评价资料的全面和深入。

量化方法收集资料具有标准化的格式，研究者从整体的研究设计出发制定资料收集方法，主要通过问卷调查、访谈、观察等手段获得。每一个调查对象都采用统一格式记录信息，并将研究问题数量化，结论明确，更有说服力。量化方法的基本逻辑是调查样本对总体的代表性。量化方法收集资料的质量与抽样设计紧密相关，被认为是一种最常用的数据收集方式。定量方法收集资料需要丰富的统计知识支撑，可以在广泛的目标群体中进行，在量化分析中对影响力的规模和分布进行调整，进而使评价结果更具有说服力。其最大的不足在于，尽管能收集大量的数据,但收集、录入、统计、分析数据往往需要耗费很长的时间,这往往会影响监测中对于时效的要求;同时在这些环节中对于抽样技术、软件使用技术的要求往往较高。

质性方法主要包括观察法和访谈法等。采集资料的途径比较多元,主要有知情者访谈(key informant interview)、焦点小组讨论(focus group discussion)、直接观察(direct observation)等,在现场对研究对象进行直接或间接的观察,通过感知或记录获取有关感性资料。质性方法收集资料重点在于与相关群体的深入接触,对项目实施有广泛、细致的了解。通过质性的、参与式调查的方法可以研究比较复杂和富有争议的问题,而且可以同时研究问题的原因和结果,但其成本较高,难以进行大样本调查,代表性和外推性较小。

两种资料收集方法各有所长,将两类方法结合起来,扬长避短,可以起到相互补充和相互验证的作用,以保证研究结果的客观真实性。

此外,在调研资料收集过程中,应当尽可能地通过严格规范的监测过程,使用科学严谨的调研工具,收集相关的资料和信息,为全面把握政策实施情况、诊断政策问题、提出改进方案提供参考信息。

2. 二手资料

二手资料通常是相关部门或单位因为其他目的已经收集好的资料,资料是对原始调查信息处理后的内容,如统计年鉴、相关地区政府机构的报告、管理者的执行报告等。二手资料的收集相对比较容易和便捷,成本较小,并且有些资料并非实地调研能够获得的。相对于调研资料,其不足之处在于,针对性、时效性、全面性和客观性都有待评估。因此,有必要对二手资料信息进行相关评估。此外,二手资料也可以划分为定性资料和定量资料。

总之,每一个监测与评价指标都需要有清楚的、确定的数据来源。通常来说,数据信息采集是官方统计机构数据库、政策执行部门日常管理数据库及实地调查数据库的有机结合。但是,在具体的数据采集和使用过程中需要做出一定的调整。因此,最初的数据收集工具在某些情况下(尤其是在评价某项重要政策时)需要执行特殊的调查而做出相应的修改和补充。

4.1.2.3 教育政策监测与评价的数据管理与分析

数据的管理同样非常重要，必须以数据库的形式对数据进行管理，以方便和保证研究人员对数据进行相关的统计分析。数据的管理涉及四个步骤。

第一，数据录入软件的选择。数据录入软件的选择对于数据质量的保证非常重要。随着数据管理水平的不断提升，产生了专门的数据录入软件。如"西发"项目监测与评价调查数据录入采用的是 CSPro 软件。CSPro 是由美国普查局开发、中国国家统计局计算中心进行汉化移植的。它可以让用户在单一的集成开发环境中创建、修改和运行数据录入、批量编辑及交叉制表应用程序，它可按照每个观察单位（一个或多个调查问卷）来处理数据，其中每个观察单位可以由一个或多个数据记录组成。

第二，数据录入模板的建立。数据录入模板建立的关键在于编码，包括样本的编号、变量名的编写、变量的取值等方面。

第三，数据的录入。数据录入最重要的是培训数据录入人员，确保其熟悉数据编码和软件及相关要求。从保证数据录入质量的角度，双份录入校对及录入数值范围设定等措施非常重要。EpiData 软件具有双份输入校对的功能，可以打印出双份独立录入后的不一致部分，数据管理者可以较为容易地进行修改，从而有效地减少录入错误的发生。

第四，数据的清洗。大规模的数据调查中，调查者填写错误、数据录入错误等情况在所难免，数据错误对数据分析的准确性会产生很大的影响。因此，在数据管理中有必要对数据进行清洗。数据清洗主要是针对异常值、缺失值等进行处理，目前主要使用样本删除、均值替代、逻辑插补、回归分析插补等方法。

明确相关机构在数据分析中的责任非常重要，数据分析不仅包括对指标的简单描述性分析，还包括通过计量模型探究指标间的关联性及进一步挖掘其背后的深刻含义。

4.1.2.4 教育政策监测与评价的信息公告和发布系统

监测与评价报告应当恰当地发布。其中，最为重要的是确定发布的时间及发布的方式,进而确保关键信息能够有效地传递给政策管理者与决策者。此外,为应对公众问责,也要向公众及相关学术界发布政策执行效果方面的信息。

4.1.2.5 关键执行者间的组织安排

由于监测与评价系统包含不同的机构,确定关键执行者(参与者)之间的责任非常重要。同时,需要在不同执行者之间构建一个清晰的、高质量的、便捷的信息交流机制。

监测与评价系统的组织架构由三部分组成(见图 4-1),分别是负责政策制定的中央政府及相关部委(如教育部、财政部、科技部等)、省政府及市(县)政府;负责政策分析的监测和评价机构;负责数据采集工作的统计局及下属城调队、专项数据收集人员等。在这一组织系统中,各层级的监测与评价机构居于核心地位。这些机构设计监测和评价方案,对下要与统计部门沟通协调,帮助他们完成数据采集工作;对上要对上级主管部门负责,提交政策实施的监测报告和评价报告;同时,他们还需要回应社会各界、科研机构、媒体及捐赠者的问责,采纳各方的合理意见和建议。

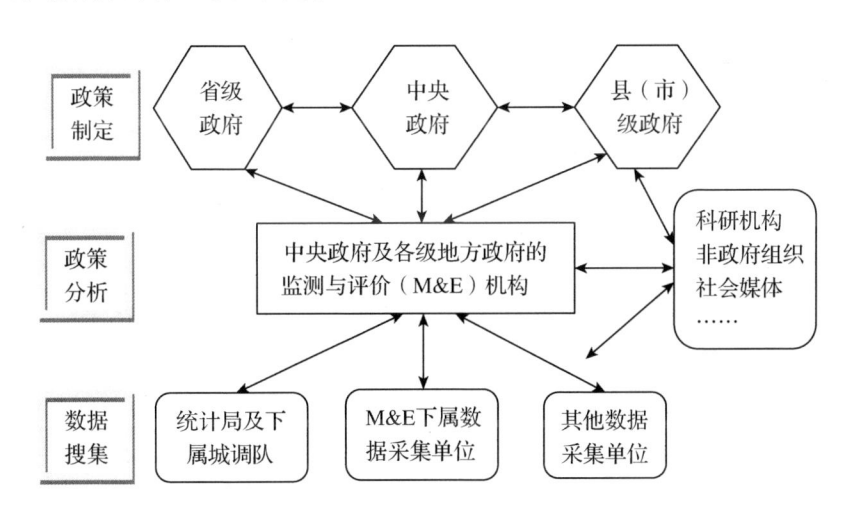

图 4-1 监测与评价系统的组织架构

4.1.3　教育政策监测与评价系统的建构

构建教育政策监测与评价系统并非一蹴而就,需要政策制定部门、政策分析部门及数据收集部门各司其职,同时,各部门还要保持沟通协调,才能按照如下步骤建立起一个结果导向的政策监测与评价系统。笔者参考国际组织政策监测与评价的工作经验,将教育政策的监测与评价系统的构建归纳为 10 个步骤。

(1)协商做好建构监测与评价系统的准备工作(人员配备,资金筹措,监测与评估方案设计等)。

(2)对监测与评价的目标达成一致意见。

(3)选择考察监测和评价目标的关键指标。根据政策目标设定背景指标、投入指标、产出指标、结果指标和影响指标果。研究者根据政策预期目标设立一级指标、二级指标……并用科学方法为各指标赋权重。

(4)进行基线调研,根据关键指标采集政策推行前、推行中和推行后的数据。

(5)基于现状数据分析,制订改进计划,设立政策实施后的结果目标值。

(6)监测政策实施过程,关注结果变化。

(7)政策实施某一阶段后对其效应进行评价。

(8)向上级政府相关部门汇报监测与评价结果。

(9)基于监测和评价发现的问题,提出下一轮政策实施的改进建议。

(10)保留监测与评价的三方组织机构,建立监测与评价的长效机制,为后续政策服务。

4.1.4　教育政策监测与评价的方法模式

教育政策的监测与评价涉及政策制定、试点、全面实施的全过程,根据其在政策制定和实施中所处的阶段,可以将政策监测分为过程监测和绩效监测两类,将政策评价分为政策前评价、政策中评价及政策后评价三类。以下将介绍在教育政策领域应用较为广泛的四类监测与评价方法模式，分别是逻辑框架方法、CIPP评价模式、受益归宿分析及影响力评价。

4.1.4.1 逻辑框架方法（Logical Framework Approach，LFA）

逻辑框架方法是美国国际发展署20世纪60年代后期用于项目规划的一种方法，主要用于公共政策或项目的规划、实施、监测和评估，它可以在政策或项目实施的各个阶段使用，但主要在政策或项目实施后评价中使用。逻辑框架方法是指利用逻辑关系分析公共政策或项目的一系列变化过程，进而评价政策或项目的效果、效益等。其前提假设是：当必要的外部条件得到满足时，项目活动的投入/活动、产出、目的、目标之间有着必然的因果关系，且都能通过一定的方法或手段进行度量。[1] 这种方法的关键在于对于政策或项目逻辑关系模型的建立，即使用简单的框架图清晰地呈现政策或项目的投入/活动、产出、目的和目标的内涵和相互关系，呈现政策或项目的因果关系链条。具体来看，逻辑框架方法中的投入/活动、产出、目的、目标的含义及测评方法如表4-3所示。

表4-3　逻辑框架方法的因果关系链条

层次	内涵	回答的问题
投入/活动	政策或项目的实施过程、实施内容，如"新机制"包括了"两免一补"等政策内容	政策或项目实施的主要内容是什么？或者主要项目活动有哪些
产出	政策或项目的直接产品或服务，如接受寄宿生生活补助的学生比例有多大	政策或项目的直接产品或提供的社会服务是什么
目的	直接指向政策或项目的意图，是政策直接的效果或作用，一般包括社会的和经济的目的。如接受"两免一补"的学生家庭的经济负担减少了多少	为什么实施政策

---

[1] World Bank. The Logframe Handbook—A Logical Framework Approach to Project Cycle Management [EB/OL]. http：//wbln1023/OCS/Quality.nsf/Main/MELFHandBook/＄File/LFhandbook.pdf，2008-11-12.

续表

层次	内涵	回答的问题
目标	宏观层面的目标，一般超越了政策或项目的范畴，包括了政策或项目可能产生的中、长期影响	政策对目标群体带来了哪些影响

对于"新机制"政策的监测与评价来说，理清各项内容、各个阶段的逻辑关系，剖析其是否存在因果关系是至关重要的一环。通过逻辑框架方法有利于清晰地认识"新机制"各项投入活动能够带来受益群体的哪些变化，进而达到什么样的目的，实现什么样的目标。逻辑框架方法的理念能够为"新机制"政策监测与评价指标体系的建立提供一个逻辑框架，通过"新机制"投入/活动、产出、目的、目标等方面逻辑关系的界定，可以为实施政策效果评价或影响力评价的实证分析提供基础和支撑。

4.1.4.2 CIPP 模式（Context-input-process-product，CIPP）

CIPP 评价模式是 20 世纪 60 年代美国教育改革运动中，在批判目标评价模式的基础上形成的政策或项目评价模式，它由美国学者斯塔弗尔比姆(Stufflebeam)于 1966 年创立。与目标评价模式主要关注政策或项目的目标达成情况不同，CIPP 模式同时也关注政策或项目目标的选定及其合理性问题，是对政策或项目的形成、实施及结果等方面的全面评价，为整个教育工作的改进服务。

CIPP 评价包括了四个步骤：背景评价(context evaluation)、投入评价(input evaluation)、过程评价(process evaluation)及产出评价(product evaluation)。这种评价模式常常是决策导向或改良导向的，认为评价为管理者进行决策提供信息服务。其中，背景评价是在特定的环境、背景下评定政策或项目的需求、问题、资源等方面，本质上是对政策或项目目标的合理性进行评价，是 CIPP 评价的开端和基础；投入评价是在背景评价的基础上，对达到目标所需的条件、资源及各备择方案的优缺点所做的评价，本质上是对政策/方案的可行性和效用性的评价；过程评价是对政策或项目实施过程的评价，通过对实施过程持续的监督、检查和反馈为政策制定者、管理人员等群体提供信息，以及时调整和改进实施过程，类似于对政策的过程性监测；产出评价则是对政策或项目的目标达成情况的评价，考察人们的需要满足程度。四个步骤环环相扣，从目标合理性评价出发，通过对政策或项目的可行性分析，确定政策或项目实施方案，继而在政策或项目的实施过程中进行长期地、持续地监测，及时反馈信息，为调整和改进政策或项目的实施提供信息，最后对政策或项目的实施结果进行目标达成评价、受益群体满意度评价等[①]。可见 CIPP 模式关注了政策或项目目标设定、方案选定、政策或项目实施、效果评价的全过程，全程性的评价模式提供了更为全面的信息和数据。

CIPP 方法蕴含的改进性评价、决策导向等思想无疑对政策或项目评价的科学性、全面性提供了很好的思路。这种方法从背景评价入手分析政策或项目目标设立的合理性，从投入评价方面分析可行性，从过程评价角度考察政策或项目的实施过程，从目标达成情况和满意度等方面评判政策或项目实施的结果。

对于"新机制"政策来说，该政策的实施和推广是以较为强大的财政实力为后盾的，政府也是在对国家财力的综合考虑下提出来的。然而，具体到各个地区，每个地区的发展情况千差万别，尤其是我国西部贫困地区。考虑到"新机制"政策本身对地区经济发展的依赖，本研究在构建监测与评价指标体系时，将借鉴 CIPP 评价的思想，将背景作为重要的评价内容，通过地区的人均 GDP、人均财政收入等指标考察各个地区"新机制"政策的背景。当然，本研究也将投入、产出及结果指标作为"新机制"监测与评价体系的重要组成部分。

4.1.4.3 受益归宿分析(Benefit Incidence Analysis，BIA)

受益归宿分析(又称"受益范围分析")是一种分析政策或项目直接影响的工具，是对哪些群体直接受到某项政策的影响以及影响程度有多大的简要评价[②]。该方法与公共支出归宿分析类似，能够反映政府

[①] 张良才，孙继红. 国内外教育指标体系分析与比较[J]. 教育学报，2009(6)：60-68.

[②] Hovhannisyan S.. Benefit incidence analysis in Armenia[J]. Washington, DC：World Bank，2006.

对公共补助的分配情况以及目标群体的受益情况，通过公共支出归宿分析可以回答：政策或项目的受益人是谁(who)？受益程度有多大(how)？政府是否有效地瞄准了政策或项目的目标群体(whether)？可以说，通过支出归宿分析可以评价政府公共财政支出的公平性和目标效率。这种政策评价方法的应用范围非常广泛，常用来评价政府的卫生补助、教育补助分布情况，也应用于社会救助、基础设施建设、扶贫项目及其他转移性支付等公共财政支出的评价。

受益归宿的分析方法很多，但基本上可以分为两类。第一类是静态受益归宿分析，通常称之为经典受益归宿分析，研究在一段时期内，政府补助在个体和群体间的分布情况，这种分析方法经常用于评价公共支出改革的分配效应，其研究结果对公共支出改革产生重大影响。第二类为动态受益归宿分析，即将历史比较和边际收益的计量经济学评价结合起来，分析政府支出的受益归属。在分析过程中，首先进行历史趋势分析，将结果与以前的受益归宿研究进行比较，通过比较来分析过去的一段时间内，哪些人群从政府的财政支出中获益，然后，进一步进行边际收益的计量经济学评价。受益归宿分析通过简单的计算方法考察政策或项目资源在目标群体中的分布，具有很强的可操作性，结论简单明了。

对于"新机制"政策的评价研究，可以通过对政府"两免一补"受益分布的测算，评价"新机制"政策的目标实现有效性，评价"新机制"政策的目标瞄准、目标达成程度，其中"两免一补"受益学生的目标瞄准程度与"新机制"政策减负目标息息相关。一般而言，弱势群体对福利增加的边际效应最大，如果"两免一补"对底层群体的瞄准情况较好，将有利于实现政策对农村居民家庭的减负目标。

4.1.4.4 影响力评价(Impact Evaluation，IE)

影响力评价是应用最广泛、方法最复杂、实施起来最困难同时也是功能最强大的一种公共政策监测与评价模式。它最早出现在20世纪70年代初，当时主要是对扶贫项目的评估。影响力评价基于大规模抽样调查，收集政策或项目干预对象在实施政策或项目前后发生变化的信息数据，以考察政策实施是否对政策覆盖群体产生了预期的效果，而且要分析政策干预与影响效应间的因果关系[①]。因此,影响力评价要回答的问题主要包括:政策是如何影响受益者的?特定的进步和提高是政策产生的直接结果还是其他因素引起的?是否可以通过修改政策设计来提高政策的影响力?政策效果的产生是否符合成本效益的原则?在对政策进行影响力评价时,常常需要进行严密的实验设计,继而通过官方统计数据或大规模抽样调查收集的数据,构建严谨的计量模型,以评价政策的"净"效果。

正是由于影响力评价建立在对政策宏观把控的基础上,研究方法精密严谨,能在较大程度上考察政策或项目的净影响。这种方法近几年在世界银行等国际组织和发达国家得到了较为广泛的应用。将影响力评价方法引入到公共教育政策效果的评价中无疑对于公共教育政策评价理论与方法的发展具有重要意义。

本研究也将借鉴影响力评价的思想考察"新机制"政策及其各项政策内容对义务教育质量提升、义务教育均衡发展等方面的影响效应。主要回答政策是如何影响受益者的、政策实施是否实现了预期效果等问题。

以上根据公共教育政策的特征,借鉴国际组织和发达国家公共政策监测与评价的模式简述了教育政策监测与评价的方法。在教育政策监测与评价领域,各种方法和模型纷繁复杂,此处并未列举所有的方法,只是根据方法的适切性,概述了几种在本研究或者其他教育政策评价研究中经常使用的监测与评价方法。本研究主要探索在"新机制"政策全面实施的背景下如何较为全面地监测政策实施的过程、评价政策的效果。逻辑框架方法和CIPP方法所蕴含的基本理念为本研究构建"新机制"政策的监测与评价指标体系提供了理论框架,而受益归宿和影响力评价能够为"新机制"政策评价提供科学的方法技术。需要说明的是,影响力评价方法涉及复杂技术、模型,而本研究限于数据限制和预先没有开展实验研究设计,因而仅能借鉴其思想来开展对"新机

---

① McPhail K.. Impact Evaluation of World Bank Agriculture and Rural Development Projects: Methodology and Selected Findings [J]. *Community Development Journal*,1991,26(4):306—311.

制"实施效果的评价。

4.2 农村义务教育经费保障新机制监测体系的现状分析

"新机制"实施之初,为了加强对全国农村义务教育经费保障机制改革工作的领导和管理,国务院决定成立"义保办"[1],专门监督、管理"新机制"的实施。为及时了解各地区"新机制"的实施情况,保障办于2006年6月开始实行"新机制"信息月报制度。2006年,西部11省(区、市)和新疆生产建设兵团按要求开展了月报工作;2007年3月,中东部地区开始实行月报表制度;2008年12月,开始实行城市义务教育免除学杂费实施情况月报制度。[2] 在月报制度实行的过程中,"义保办"也根据数据填报情况及政策推进情况,适时调整月报表的指标。此外,"义保办"也通过网络发布了特定年份的"新机制"监测结果。

本部分首先梳理"义保办"的月报表的设计框架和指标,并在此基础上对月报制度进行分析和讨论。

4.2.1 "义保办"月报表的设计和指标的梳理

"义保办"设置的月报表由四个分表组成,分别是"新机制"基本数据情况表、"新机制"补充情况表、"新机制"经费到位情况表及"新机制"收入支出预算及执行情况表[3],见表4-4至表4-7。在上报单位上,月报表以县为单位填报,逐级汇总上报至"义保办"。在上报时间上,各项表格也并不相同:表4-4"'新机制'基本数据情况表"和表4-5"'新机制'补充情况表"于每年三月、九月填报,表4-6"'新机制'经费到位

---

[1] 国务院办公厅,关于成立全国农村义务教育经费保障机制改革领导小组的通知,国办发〔2006〕15号,2006-3-9.

[2] 全国农村义务教育经费保障机制改革领导小组办公室,关于在线填报《农村义务教育经费保障新机制实施情况月报表》的通知,保障办〔2006〕4号,2006-6-9.

[3] 全国农村义务教育经费保障机制改革领导小组办公室,农村义务教育经费保障机制改革资料汇编,2007(2):159—167.

情况表"于每月十号前填报，表 4-7 " '新机制'收入支出预算及执行情况表"于每年一月、七月填报。

表 4-4 "新机制"基本数据情况表

项目		合计	小学				初中			
			小计	城市	县镇	农村	小计	城市	县镇	农村
适龄人口数（人）				—	—			—	—	
在校适龄人口数（人）				—	—			—	—	
学校数（所）										
在校学生数（人）	小计									
	其中：贫困生人数									
	住宿生人数									
	农垦、林场学生人数									
	回流学生人数									
	其中：辍学学生人数									
教职工人数（人）	小计									
	其中：专任教师数									
代课教师（人）										
校舍建筑总面积（m²）										
其中：危房面积（m²）										
D 级危房面积（m²）										
免学杂费	学校数（所）									
	学生数（人）									
免费提供教科书	学校数（所）									
	学生数（人）									
补助贫困寄宿生活费	学校数（所）									
	学生数（人）									
补助公用经费	学校数（所）									
	学生数（人）									

注：此表填列当年当月数据。

表 4-5 "新机制"补充情况表

××(市、县)　　　　　　　年　月　日

项目		编号	合计	小学				初中			
				小计	城市	县镇	农村	小计	城市	县镇	农村
甲		乙	01	02	03	04	05	06	07	08	09
农村义务教育阶段学校收费平均标准	课本费(元/生·学期)	01									
	作业本费(元/生·学期)	02									
	住宿费(元/生·学期)	03									
免学杂费标准(元/生·年)		04									
预算内核拨的生均公用经费补助标准(元/生·年)		05									
其中:新机制生均公用经费补助标准(元/生·年)		06									
校舍修建情况	新建 面积(m²)	07									
	新建 金额(万元)	08									
	改扩建 面积(m²)	09									
	改扩建 金额(万元)	10									
	改造危房 面积(m²)	11									
	其中:D级危房 面积(m²)	12									

注:此表1~6行填列当年当月数据;7~12行:3月份填列上年全年数,9月份填列当年1~6月份累计数。

表 4-6 "新机制"经费到位情况表

××(市、县)　　　　　　　年　月　日

项目		编号	预算数	当月下拨到核算单位数	累计已下拨到核算单位数
甲		乙	01	02	03
免学杂费资金(万元)	小计	01	0		
	中央	02			
	省级	03			
	市级	04			
	县级	05			

续表

项目		编号	预算数	当月下拨到核算单位数	累计已下拨到核算单位数
补助公用经费资金（万元）	小计	06	0		
	中央	07			
	省级	08			
	市级	09			
	县级	10			
校舍维修改造资金（万元）	小计	11	0		
	中央	12			
	省级	13			
	市级	14			
	县级	15			
免费提供教科书资金（万元）	小计	16	0		
	中央	17			
	省级	18			
	市级	19			
	县级	20			
补助贫困寄宿生生活费资金（万元）	小计	21	0		
	中央	22			
	省级	23			
	市级	24			
	县级	25			
教职工工资	按国家标准月应发工资额（万元）	26	—		
	按国家标准月拖欠工资额（万元）	27	—		
	本年度累计拖欠工资额（万元）	28	—		
	教职工人均月工资收入（元/人·月）	29	—		

表 4-7　"新机制"收入支出预算及执行情况表

××(市、县)　　　　　　　年　月　日　　　　　　　单位：万元

项目	编号	预算数									执行数								
		合计	小学				初中				合计	小学				初中			
			小计	城市	县镇	农村	小计	城市	县镇	农村		小计	城市	县镇	农村	小计	城市	县镇	农村
甲	乙	01	02	03	04	05	06	07	08	09	10	11	12	13	14	15	16	17	18
收入合计	01																		
1. 财政补助收入	02																		
2. 事业收入	03																		
3. 勤工俭学收入	04																		
4. 其他收入	05																		
支出合计	06																		
1. 人员支出	07																		
2. 对个人和家庭补助支出	08																		
3. 公用支出	09																		
其中：日常公用支出	10																		
专项公用支出	11																		
4. 项目支出	12																		

注：此表 1~6 行填列当年当月数据；7~12 行：3 月份填列上年全年数，9 月份填列当年 1~6 月份累计数。

"新机制"月报表设置的目的主要是了解政策的实施状况、政策覆盖面等信息。通过梳理月报表的相关指标发现，月报表主要从"新机制"实施情况的角度也即投入的角度来设置指标体系，四个表格均围绕政策的主要干预活动设置指标。表 4-4 "'新机制'基本数据情况表"涵盖了教育人口基数及"两免一补"和公用经费补助的覆盖面(学校覆盖面和学生覆盖面)；表 4-5 "'新机制'补充情况表"涵盖了城市、县镇、农村"两免一补"、公用经费的拨款标准及校舍维修的基本情况(新建、改扩建、改造危房的面积和金额)；表 4-6 "'新机制'经费到位情况表"涵盖

了各级政府对于"两免一补"、公用经费、校舍维修、教师工资等方面的经费拨付情况，通过收集各指标"当月下拨到核算单位数"和"累计已下拨到核算单位数"数据可以考察经费是否及时拨付，通过收集各级政府的经费拨付数据，可以考察各级政府是否很好地履行了应当承担的财政责任；表4-7"'新机制'收入支出预算及执行情况表"涵盖了城市、县镇、农村"新机制"收入支出预算及执行情况。

整体来看，报表中的指标简单、易操作，分教育阶段和地区类型收集相关数据，能够进行城乡对比。但深入分析发现，月报表主要是从"新机制"实施情况的角度也即投入的角度来设置指标体系，体系不够完整，逻辑性不够强。在填报时间上，表4-4"'新机制'基本数据情况表"和表4-5"'新机制'补充情况表"要求三月份上报过去一年的情况，七月份上报本年一至六月的情况，并不是依据学年的概念上报，有可能导致上报数据存在偏差；表4-6"'新机制'经费到位情况表"则要求每月上报，其指标是关于"新机制"经费到位情况的，笔者认为每月上报过于频繁，加重了地方政府不必要的负担。总之，该报表主要是为了统计的方便，而不是基于监测与评价的需要所设计。因此，目前而言，迫切需要反思月报表，建立完善的"新机制"监测指标体系，为后续的政策监测与评价服务。

4.2.2 "义保办"月报制度的分析与讨论

"义保办"的月报制度在政策实施过程中不断调整与完善，通过简单、操作性强的指标收集了连续性的信息，在一定程度上起到了政策监测的作用，但不可否认的是，月报制度在指标体系、数据收集周期、监测结果公告等方面还存在一定的改进空间。

1. 月报制度在政策推行过程中不断调整与完善

从月报制度实施的历史过程来看，在政策实施之初便建立了月报制度，伴随着政策在全国城市、农村地区的不断推进，月报制度在指标选取、监测周期等方面都进行了相应的调整与完善，充分体现了月报制度与政策实施的紧密相关性，保障了指标的针对性和指向性。

2. 通过月报制度收集连续性的信息基本实现监测与反馈的及时有效

从月报制度收集数据的时限来看，通过月报制度，每月收集经费拨付信息，监测经费到位情况及经费是否及时，以此反馈信息，进一步提升经费拨付的效率；每半年收集各项干预活动的实施情况，进而反馈政策实施过程中存在的问题。可以说月报制度通过收集连续性的信息，能够及时发现政策实施过程中存在的问题，进而不断完善，提高政策执行的效率和效果。

3. 月报表指标体系尚待进一步完善

从月报制度构建的指标体系来看，其主要从政策干预投入及其产出的角度设置指标，虽然能够在一定程度上监测政策执行情况，但指标体系不够完整、不够系统（比如缺乏"新机制"政策干预结果的指标），这容易弱化监测效果，并且不利于后续相关评价工作的开展。因此，应当基于理论研究和政策分析，充分考虑指标与政策的指向性、指标之间的逻辑性、指标体系的完整性，进一步完善指标体系。

4. 监测结果的公开程度不够

从月报制度监测结果的公告、公布上来看，公开程度还不够，从"义保办"及其他的媒体或平台上来看，相关的信息较少，涉及的地区范围较小。因此，应当进一步加大监测结果的公开程度，进而吸引更多的主体参与到政策监测过程中来，充分发挥社会、媒体等群体对政策实施的监督作用。

4.3 农村义务教育经费保障新机制评价的现状分析

农村义务教育经费保障新机制是近年来农村教育改革的重中之重，受到了学者们的广泛关注，相关期刊论文非常多，专著也不少。但总的来说，从教育政策评价的角度来对"新机制"进行讨论的文献并不丰富。

最早对"新机制"进行系统调研和分析的是东北师范大学的邬志辉。2008年邬志辉出版了专著《农村义务教育经费保障新机制》，从教育财政的视角对"新机制"进行了全面的探讨。该著作对我国农村义务教育财政体制改革进行了系统回顾，并根据国家财政体制改革将其划分为四个阶段。不仅如此，在肯定"新机制"作用的同时，该著作还从教师工资、公用经费、"普九"债务、学校乱收费等方面进行专题分析，提出了具有历史深度和现实意义的政策建议①。另外，较早对"新机制"展开讨论的是西北师范大学的王嘉毅和北京大学的丁延庆，他们早在2008年就分别对"新机制"的实施情况展开调查研究。王嘉毅在甘肃省、青海省、宁夏回族自治区、内蒙古自治区、四川省、云南省进行调研，认为财政投入不足仍然是"新机制"面临的主要问题，并且中央有必要进一步加大贫困家庭的补助②。丁延庆等人2007年5～6月对中部和东部地区166所中小学进行抽样调查。通过对比"新机制"实施前后农村地区中小学教育经费的收支状况，肯定了"新机制"政策的积极作用，认为该措施确实有效提高了农村义务教育学校经费的保障情况。但同时也指出，农村中小学乱收费现象仍然存在，而且对于贫困家庭和寄宿学生来说，"一补"的政策额度过低不足以为这些弱势学生提供足够的支持③。随后，华中师范大学范先佐也进行了相关研究。虽然没有直接对"新机制"进行调研，但是利用其他课题调研的相关数据，范先佐首先肯定了"新机制"的成效，同时也指出在实施过程中由于公共财政投入不足、中央财政"挤出效应"、生均公用经费标准过低所造成的问题。为此，范先佐提出了五点政策建议，包括加大财政投入、创新经费管理方式等④。在此基础之上，付卫东等人利用湖北省的数据，对"中央财政挤出效应"进行了专门讨论。付卫东认为，"挤出效应"确实存在，其主要原因是由于"义务教育财政投入不中立"和地方政

---

① 邬志辉. 农村义务教育经费保障新机制[M]. 北京：北京大学出版社，2008.

② 王嘉毅，常宝宁. 西部农村义务教育实施"新机制"的成效、问题与对策[J]. 教育与经济，2008(2)：11－15.

③ 丁延庆，薛海平，王莉红."农村义务教育经验保障新机制"改革效果初探[J]. 教育与经济，2008(4)：46－78.

④ 范先佐，付卫东. 农村义务教育新机制：成效、问题及对策[J]. 华中师范大学学报(人文社会科学版)，2009(7)：59－71.

府努力程度不够，因此，中央需要在加大转移支付力度的同时，创建激励约束制度和创新农村义务教育经费监管机制[1]。

云南财经大学的张丽华和上海财经大学马国贤等人也开展较为重要的研究。张丽华等人主要依托2006年自然科学基金西"西部地区农村义务教育公共投入保障制度设计研究"展开调查，对以县为主、转移支付、教育费附加、公共投入监督等方面存在的问题进行了反思，提出了"委托地方政府办学、中央政府承担经费""教育税""义务教育债券"等制度改革建议[2]。马国贤等人依托上海财经大学中国教育支出绩效评价研究中心项目，从2005年开始，每两年对全国农村义务教育进行一次调查，收集了大量数据[3]。但是，这两本著作都没有从教育政策评价的角度对"新机制"展开讨论。北京师范大学杜育红等人也较早地对义务教育财政问题展开研究，并专门讨论了农村义务教育财政监测与评价体系的相关问题[4]。在义务教育经费保障机制评价上，杜育红等人将重点放在"财政投入努力程度"这一指标上，构建了"省本级农村义务教育经费投入努力程度评价指标体系"和"县本级农村义务教育经费投入努力程度评价指标体系"，较为全面地对省级和县级政府的教育投入努力程度进行评价。

从以上文献的梳理来看，目前对于"新机制"政策的研究较为丰富，但是这些文献大多采用实地调研的方式，侧重于对"新机制"存在的问题进行剖析，缺少评价意识，或者说评价特性不突出。这在无形当中减弱了教育政策评价研究的意义。为了完善这方面的工作，使教育政策评价能够成为教育政策实施的反馈机制，本课题着力于从评价的视角出发，对"新机制"进行研究。正如我们在前文中所提及的，教育政

---

[1] 付卫东，崔民初. "新机制"实施后农村义务教育经费"挤出效应"研究[J]. 现代教育管理，2010(10)：24—27.

[2] 张丽华，汪冲，杨树琪. 西部农村义务教育投入保障制度研究[M]. 北京：经济科学出版社，2011.

[3] 马国贤，赵宏斌. 我国农村义务教育财政政策：现状与思考[M]. 镇江：江苏大学出版社，2011.

[4] 杜育红，孙志军. 中国义务教育财政研究[M]. 北京：北京师范大学出版社，2009.

策的评价应当针对政策实施的结果和影响展开评价,因而本研究对"新机制"的评估也是按照此思路进行。另外,本研究认为,监测与评价不应当割裂,而应当同时开展,故本研究借鉴逻辑框架法、CIPP模式、影响力评价等政策评估理念,按照背景、投入、产出、结果及影响的逻辑框架建构"新机制"政策的监测与评价指标体系。

4.4 "新机制"监测与评价的指标体系建构

4.4.1 "新机制"政策目标分析

国家于2005年12月颁布《国务院关于深化农村义务教育经费保障机制改革的通知》,提出"按照'明确各级责任、中央地方共担、加大财政投入、提高保障水平、分步组织实施'的基本原则,逐步将农村义务教育全面纳入公共财政保障范围,建立中央和地方分项目、按比例分担的农村义务教育经费保障机制。"[1]国家采用"两年推行,三年巩固"的方式,预计在五年的时间里形成稳固的农村义务教育经费保障"新机制"。

从内容上来看,"新机制"主要包括"两免一补"、提高公用经费保障水平、建立校舍维修长效机制、巩固和完善教师工资保障机制四个方面,国家分地区、按比例分担各项工程所需资金。

通过对政策文本、学者的研究等方面材料的分析,我们汇总了"新机制"政策的政策目标,本部分将对三个方面的政策目标进行较为深入的分析解读。对政策目标的解读有利于我们清晰地认识政策本身与政策目标之间的逻辑关系,为后续构建监测与评价的指标体系提供借鉴。

总体来看,"新机制"政策通过对公共教育资源的投入从供给的角度保障义务教育的规模和水平,通过对受教育者本人和家庭的财政补贴,从需求的角度保障受教育者本人的受教育机会。三个目标中,"减轻农民负担,普及和巩固九年义务教育"体现了对受教育者本人补贴的

---

[1] 国务院关于深化农村义务教育经费保障机制改革的通知,国发〔2005〕43号,2005-12-24。

政策目标；"理清政府责任，保障义务教育投入范围和水平"及"扶持薄弱地区，促进教育资源配置均衡"则是在公共教育资源投入方面的政策目标。具体来看如下。

"减轻农民负担，普及和巩固九年义务教育"可以说是"新机制"最基本的目标，"新机制"是国家自"十五"时期以来开展实施的各个工程项目的制度化和常规化，均是针对中西部贫困地区存在的办学条件较差、农民负担重、辍学率较高等问题而实施的。这一目标的提出，是建立在我国基本国情的基础上的，我国是农业大国，农民问题是国家的基本问题，农民子女的受教育问题成为我国教育事业发展的先决问题，"新机制"充分体现了国家对三农问题的关注，是顺应民心的利民工程。

"理清政府责任，保障义务教育投入范围和水平"是"新机制"的重要目标之一，是"新机制"成败的关键，是针对多年来存在的各级政府责任不清晰导致的义务教育投入总量不足问题而提出来的。在"新机制"的实施过程中，尤其要保障省级政府在经费统筹管理中的分配责任，在中西部地区保障省级政府拿大头的投入责任，县级政府应该做到"管理以县为主"，防止出现"挤出效应"。理清政府责任，尤其是各级政府的分配责任和投入责任，能够在一定程度上防止"上进下退"的"挤出效应"，保障义务教育投入的范围和水平。

"扶持薄弱地区，促进教育资源配置均衡"的目标则体现了"新机制"的政策方向，表明了"新机制"是以公平为价值取向的，均衡可以说是"新机制"的终极目标。21世纪以来的中国义务教育财政体制以公平为目标，致力于义务教育的均衡发展，2006年新义务教育法更是把义务教育的均衡发展及"新机制"的推行实施纳入了法律保障的范围。以均衡为目标，尤其是充足基础上的均衡，这与国际上发达国家的教育政策价值取向是基本一致的，也是人类发展到文明社会的必然要求。

4.4.2 "新机制"监测与评价的指标体系

前文提出，"新机制"政策主要通过"两免一补"、提高公用经费保障水平、建立校舍维修长效机制、巩固和完善教师工资保障机制四个方面的政策干预活动，实现减轻农民负担，普及和巩固九年义务教育；理清政府责任，保障义务教育投入范围和水平；扶持薄弱地区，促进教育资源配置均衡的目的。

基于逻辑框架法的评估理念，我们将围绕"新机制"政策的干预活动、政策目标来构建监测与评价指标体系，同时借鉴 CIPP 模式和影响力评价思想，按照背景、投入、产出、结果及影响的逻辑框架构建"新机制"政策的监测与评价指标体系。力求指标具备针对性、可得性、可跟踪性和时效性，确保指标体系兼具系统性和完整性。

在各类指标中，背景主要指地区的经济环境、人口环境等因素。经济环境是基础，它在一定程度上决定了地方政府对"新机制"的投入能力，人口环境则能在一定程度上反映出对教育供给的需求。投入指的是为了实现预期目标所进行的人、财、物等方面投入，与"新机制"政策的各个项目活动息息相关。产出指的是"新机制"政策投入对学生、学校等利益相关者带来的直接变化。结果指的是"新机制"政策覆盖群体的实际结果达到预期结果的状况，主要衡量"新机制"经费实际使用情况，是否明显地改善了农村的办学条件。影响则是描述"新机制"政策实施给目标群体生活、发展状况带来的正面或负面影响，这里衡量"新机制"政策对农村教育产生的实际影响，主要考察政策对减轻农村家庭义务教育负担、提高义务教育普及率和巩固率、提升农村义务教育质量、促进义务教育资源均衡配置四个方面的影响。具体的指标内涵、一级指标和二级指标如表 4-8 所示。指标体系中的所有指标均可分初中、小学，按照城市、县镇、农村三类地区收集中央、省（自治区/直辖市）、县市的相关数据。

4.4.3 "新机制"监测与评价的指标体系说明

4.4.3.1 "新机制"监测的指标体系

构建"新机制"政策的监测指标体系，其重要目的在于通过收集相关的数据或信息全面地描述政策的实施情况，考察政策覆盖群体随着政策实施的变化趋势，进而剖析政策实施中存在的问题。表 4-8 中的投入、产出、结果指标构成"新机制"政策的监测指标体系。

表 4-8 "新机制"监测与评价的指标体系

类型	内涵	目的	指标
背景指标	考察政策投入的环境	经济背景	人均GDP，人均财政收入，三产比例，是否国家或省级贫困县
		人口及教育背景	人口、学龄人口数，在校生、寄宿生数，教职工、专任教师数
投入指标	为实现各项预期目标，各级政府所进行的投入及其各级政府努力程度	衡量"两免一补"投入情况	免学杂费拨款金额、拨款时间；是否按照中央、省（自治区/直辖市）、县政府投入比例执行
			免费教科书拨款金额、拨款时间；是否按照中央、省（自治区/直辖市）、县政府投入比例执行
			贫困寄宿生补助拨款金额、拨款时间；是否按照中央、省（自治区/直辖市）、县政府投入比例执行
		衡量公用经费保障投入情况	公用经费拨款金额、拨款时间；是否按照中央、省（自治区/直辖市）、县政府投入比例执行
		衡量校舍维修改造投入情况	校舍维修改造拨款金额、拨款时间；是否按照中央、省（自治区/直辖市）、县政府投入比例执行
			新建、改扩建校舍金额，改造危房金额；是否按照中央、省（自治区/直辖市）、县政府投入比例执行
		衡量教师工资保障投入情况	教师工资拨款金额、拨款时间；是否按照中央、省（自治区/直辖市）、县政府投入比例执行
		衡量中央和地方政府（主要是省和县）在落实"新机制"上的财政投入努力程度，中央和地方的分担是否合理	预算内教育经费占地方GDP比例；生均预算内教育经费与地方人均GDP之比
			预算内教育经费支出占地方财政支出比例；生均预算内教育经费支出占地方人均财政支出比例
			预算内教育财政拨款增长是否高于经常性财政收入增长

续表

类型	内涵	目的	指标
产出指标	政策投入给学校带来的直接变化	衡量"两免一补"产出情况	获得贫困寄宿生补助的学生比例
			生均免学杂费金额、免费教科书金额、贫困寄宿生补助标准
		衡量公用经费保障产出情况	生均公用经费拨款、拨款学生数、公用经费缺口
		衡量校舍维修改造产出情况	新建、改扩建校舍面积
			改造危房面积，改造危房比例
			改造D级危房面积，改造D级危房比例
		衡量教师工资保障产出情况	平均教师工资水平
			拖欠教师工资金额
			教师平均工资与公务员平均工资之差
结果指标	政策覆盖群体的实际结果达到预期结果的状况	衡量"新机制"经费实际使用情况，是否明显地改善了农村的办学条件	校园基础设施达标情况，如"体育运动场（馆）面积达标率""体育器械达标率""音乐器材配备达标率""美术器材配备达标率数学""自然实验仪器达标率""建立校园网的学校比例"等
			生均资源变动情况（如生均校舍面积、生均建筑面积、生均教室面积、生均危房面积、生均宿舍面积、每间宿舍的学生数、每百生计算机台数、生均图书册数等）；生均教育事业费是否逐年增长；生均公用经费是否逐年增长
			师均资源变动情况（如师均办公面积等）；师均培训费是否逐年增长
影响指标	政策实施给目标群体生活、发展带来的影响	衡量"新机制"政策对农村教育产生的实际影响，主要考察减轻农村家庭义务教育负担、提高义务教育普及率和巩固率、提升农村义务教育质量、促进义务教育资源均衡配置四个方面	农村家庭义务教育负担	农村学生家庭、农村贫困学生家庭减负幅度
				农村贫困家庭学生教育支出占家庭收入比重在"新机制"实施前后的变化
				农村家庭学生教育支出占家庭收入比重在"新机制"实施前后的变化
			义务教育普及率、巩固率	小学、初中毛入学率，小学升初中率、小学保留率、初中保留率等指标在"新机制"实施前后的变化

续表

类型	内涵	目的		指标
影响指标	政策实施给目标群体生活、发展带来的影响	衡量"新机制"政策对农村教育产生的实际影响，主要考察减轻农村家庭义务教育负担、提高义务教育普及率和巩固率、提升农村义务教育质量、促进义务教育资源均衡配置四个方面	义务教育质量	小学、初中毕业生合格率在"新机制"前后的变化
				小学、初中生师比在"新机制"实施前后的变化
			义务教育资源均衡配置	教育资源配置的省际差异及城乡差异变化
				教育资源配置的县际差异及城乡差异变化
				教育资源配置的校际差异及城乡差异变化

1. 投入指标

投入指标同政策干预活动息息相关，"新机制"政策的投入主要包括了针对四大专项活动的投入："两免一补"、公用经费、校舍维修及教师工资方面的投入。针对每项政策活动，投入监测指标分别从拨款金额、拨款标准及拨款时间三个维度构建指标体系，拨款金额和拨款标准能够从总量和相对量上衡量各政策活动的投入情况，拨款时间能够反映政策资金是否及时到位。在校舍维修改造投入方面，本研究也将新建、改扩建校舍金额及改造危房金额纳入指标体系中。

投入指标可以反映"新机制"政策投入的水平、经费拨付的到位情况及经费拨付的及时性。同时，投入指标还包括预算内教育经费占地方 GDP 比例、生均预算内教育经费与当地人均 GDP 之比、预算内教育经费支出占地方财政支出比例、生均预算内教育经费支出占地方人均财政支出比例等指标。这类指标主要用于衡量中央和地方政府（主要是省和县）在落实"新机制"上的财政投入努力程度，中央和地方的分担是否合理。因而，通常用在"新机制"的评价指标体系中。

2. 产出指标

"新机制"每项干预活动的投入均会带来相应的产出，因此，产出指标也是紧紧围绕各项干预活动设置的。在"两免一补"方面，主要从获得各项补助的学生比例（目前免学杂费、免教科书费已经覆盖了所有学生，因此在指标体系中仅包括获得贫困寄宿生补助的学生比例）及生均补助额度两个方面来设置指标；公用经费保障水平方面，主要包括拨款学生数、生均公用经费水平及公用经费缺口等指标，公用经费缺口指标指的是生均公用经费拨款水平与生均公用经费拨款标准的差值；校舍维修保障方面主要设置了新建校舍、改扩建校舍、危房改造三类建筑面积及补助金额指标，同时也考察了校均 D 级危房建筑面积及 D 级危房的比例；教师工资保障方面的产出监测指标包括平均教师工资水平、拖欠教师工资金额及教师工资与公务员工资之差三类指标。

产出指标反映了"新机制"政策投入所带来的直接变化，通过产出指标可以考察政策是否指向了特定的目标群体、政策的受益范围及投入缺口等。

3. 结果指标

结果指标用于衡量"新机制"经费实际使用情况，是否明显改善了农村的办学条件。结果指标能够考察"新机制"政策目标的达成程度，也能够考察政策目标对覆盖群体的短期或中期效应。结果指标是监测与评价共同关注和需要的指标。

在结果指标上，我们较为全面地考虑了学校、教师和学生三个方面的因素，结合教育事业统计和教育经费统计的相关数据，设置了一些较为客观的指标。在学校方面，主要考察在县级层面中小学办学条件的达标情况，使用了"体育运动场（馆）面积达标率""体育器械达标率""音乐器材配备达标率""美术器材配备达标率数学""自然实验仪器达标率""建立校园网的学校比例"等具体指标。以上数据可以从地方教育事业统计中获得。为了弥补数据上的不足，需要设计针对调研学校的问卷，关注学校的开水房、浴室、运动场馆及寄宿生的生活问题。在教师发展及占有资源方面，我们主要针对"教师培训费"的有关政策，提出了"师均培训费"的指标，此外，还用"师均办公面积"等指标来衡量教师在学校的办公条件。在学生占有学校教育资源方面，我们选取的指标较多，如"生均校舍面积""生均普通教室面积""生均学生宿舍面积""生均厕所面积""生均计算机台数"和"生均图书册数"。在生均指标当中，为了兼顾寄宿生情况，我们还特别设置了"生均宿舍面积""每间宿舍的学生数"等相关指标来进行评价。

4.4.3.2 "新机制"评价的指标体系

构建"新机制"政策的评价指标体系，其重要目的在于通过收集相关的数据或信息全面地描述政策目标的达成情况，并评估政策实施给目标群体带来的中长期效应。表 4-8 中的背景指标、投入指标、结果指标及影响指标构成了"新机制"政策评估的指标体系。考虑到前文在监测指标体系的描述中已经对投入指标和结果指标进行了说明，下面着重阐释背景指标和影响指标的选择依据和具体指标。

1. 背景指标

"新机制"政策归根结底是建立农村义务教育投入的保障机制，与国家、地区的政治、经济、文化、人口等因素紧密相连，而且政府对农村义务教育投入是否到位与国家、地区的经济实力密切相关。因此，建立"新机制"评价指标体系时，首先要考虑的就是影响农村义务教育财政供给的经济环境，因而选择了人均 GDP、人均财政收入、是否贫困县等指标。此外，教育需求也是决定教育投入的重要因素之一，人口数、学生数、寄宿生数等能在一定程度上反映教育需求，这些指标统称为教育投资的人口环境。背景指标能够呈现"新机制"政策实施的相关背景、政策的需求度等。

2. 影响指标

对于任何一项教育政策效应的衡量均应紧扣政策的目标，如前所述，"新机制"政策的目标包括了减轻农民负担等四个方面。结合政策目标，本研究设置了相应的评估指标，具体如表 4-8 中所述。其中，学生家庭减负幅度可以通过生均补助学杂费额度、生均免费教科书补助额度、生均免费寄宿生补助额度加总获得；教育普及率和巩固率则可以用小学毛入学率、初中毛入学率及小升初的比率来获得；对于教育质量，本研究主要考虑毕业生的质量（即毕业生合格率）和教学质量（即生师比）；教育资源配置均衡可以通过城乡之间、区域之间教育投入的差距或基尼系数来衡量。影响指标能够考察"新机制"政策目标对覆盖群体的中、长期影响效应。

4.4.4 资料收集制度的完善

在科学合理的政策监测指标体系基础上，监测主体可以依照相应的规则收集相关的资料和数据。针对当前"新机制"监测的实践，本研究认为应当在资料收集主体、收集周期、收集内容、收集方式、收集过程等方面进一步完善资料收集制度，保障数据信息的完整性和针对性，为后续的政策监测和评价提供翔实的基础。

4.4.4.1 发挥第三方机构在资料收集中的主体作用

目前，监测主要作为政策实施部门的内部管理工作而存在，监测主体主要是相关的政府部门。针对当前"新机制"监测的实践，本研究认为在资料收集的主体方面，应当进一步重视第三方在资料收集中的作用。在行政管理部门自上而下和同级监测、各级人大和司法机关监督检查的同时，专业组织或机构可以作为监测主体参与到监测体系中收集资料，同时鼓励大众媒体等参与到监测体系中，通过自下而上的监测，收集资料。

专业的第三方机构能够发挥专业权威作用，保障监测工具、监测过程、监测报告的专业性，提升监测的科学性、客观性和有效性。大众媒体等第三方的参与能够扩大监测的参与范围，呈现最直观和最鲜活的资料。

4.4.4.2 调整和完善资料收集的周期和内容

据已有研究，监测分为过程监测和绩效监测两类。对于"新机制"监测来说，这两类监测同样不可或缺。表4-9呈现了对"新机制"进行过程监测和绩效监测相应的时间周期和内容安排。笔者认为，对于"新机制"的过程监测，可以以每学期为时间周期进行，每年的六月和十二月收集指标体系中相关的投入和产出信息，对"两免一补"等四项政策活动的政策实施进行监测，能够回答：投入是否到位、各项投入的使用情况、产出如何等问题。对于"新机制"的绩效监测，可以以年度为周期进行，每年收集"两免一补"等政策内容的结果信息，监测政策的结果如何、预期目标是否实现等内容。

表 4-9 "新机制"政策监测

	过程监测	绩效监测
时间	每学期(六月、十二月)	每年
指标	投入指标、产出指标	结果指标
内容	"两免一补"等四项政策内容	"两免一补"等四项政策内容
回答的问题	投入是否到位 各项投入的使用情况 产出如何 ……	结果如何 预期目标是否实现 ……

4.4.4.3 定期进行大规模抽样调查

在资料收集方面，月报制度通过常规性的数据收集能够为实施政策监测和评价提供连续性的信息，这些信息通常是比较宏观的县市级、省级层面的信息，收集微观资料或数据方面（政策受益群体的相关数据，如学校数据和学生数据）上存在一定的难度。而关于政策受益群体的微观数据对于考察政策实施的效果至关重要，通过微观数据的收集可以考察受益群体对于政策实施是否满意、对受益群体学习和生活上产生的影响等信息。因此，应当定期进行大规模抽样调查，补充常规数据收集的缺陷，为政策评价提供翔实的数据。

4.4.4.4 加强资料收集过程的监管力度

为了保证资料的真实性和客观性，应当加强对资料收集过程的监管力度，对资料的收集过程或上报过程采取严格的监管方式，以保证数据收集过程的严谨性，最大程度保障数据的真实有效。

总之，"新机制"已经在全国范围全面实施，为调整并完善政策、提高政策成效，政府部门应当建立"新机制"监测与评价的长效机制。对"新机制"政策的实施过程和实施结果进行全程监测，并定期对"新机制"政策进行评价，这既可以使监测成为政策管理的信息反馈机制，及时发现问题，又能保证政策实施效果的最大化，为未来相关政策制定及推行积累宝贵经验。

4.5 本研究所构建"新机制"实施效果的评价指标体系

根据以上"新机制"监测与评价指标体系概览，结合本研究对"新机制"政策的实施效果进行评价的目的，以及考虑到本课题数据可得性，我们拟定了以下"新机制"实施效果评价指标体系。

表 4-10 "新机制"实施效果评价的背景指标体系

一级指标	二级指标	数据来源
人口、教育与经济指标	GDP总量、人均GDP	地方统计年鉴
	地方财政一般预算收入、人均地方财政一般预算收入	
	地方财政一般预算支出、人均地方财政一般预算支出	
	城镇居民人均可支配收入	
	农民人均纯收入	
	三产比例	
	是否国家级贫困县	国家级贫困县名单
	人口总数	地方统计年鉴
	在校生数	教育事业统计、问卷
	寄宿生数	
	教职工总数	
	专任教师数及其比重	

表 4-11 "新机制"实施效果评价的投入指标体系

一级指标	二级指标	数据来源
衡量寄宿生、贫困生保障情况	贫困生补助标准 寄宿生生活补助标准 助学金支出总量 生均助学金	地方教育年报 教育经费统计
衡量教育经费总投入及事业经费情况	教育经费总收入 国家财政性教育经费拨款 预算内教育经费拨款及其比重 预算内教育事业拨款及其比重 生均教育经费 生均预算内教育经费 生均教育事业费	教育经费统计、问卷

续表

一级指标	二级指标	数据来源
衡量公用经费保障投入情况	公用经费支出 生均公用经费支出	教育经费统计
衡量基本建设投入情况	预算内基本建设拨款及其比重 生均预算内基本建设拨款	教育经费统计
衡量教师工资保障投入情况	教师工资福利支出合计 教职工人均年收入 基本工资支出及其比重 奖金绩效支出及其比重 津补贴支出及其比重 社会保障支出及其比重	教育经费统计
地方政府教育投入努力程度	预算内教育经费占地方GDP的比重 预算内教育经费支出占地方财政支出的比重 生均预算内教育经费支出占地方人均财政支出比例	教育经费统计

表 4-12 "新机制"实施效果评价的结果指标体系

一级指标	二级指标	数据来源
校园基础设施配备和达标情况	体育运动场(馆)面积达标率 体育器械配备达标率 音乐器材配备达标率 美术器材配备达标率 数学自然实验仪器达标率 建立校园网的学校比例 有开水房的学校比例 有卫生(保健)室的比例 有环形跑道的比例 寄宿学校有浴室的比例	教育事业统计、问卷
生均资源变动情况	生均校舍面积 生均建筑面积 生均普通教室面积 生均危房面积 生均学生宿舍面积 每百生计算机台数 生均图书室面积 生均图书册数	教育事业统计、问卷

续表

一级指标	二级指标	数据来源
师均资源变动情况	师均培训费 教育经费统计	师均办公面积、问卷

表 4-13 "新机制"实施效果评价的影响效果指标体系

类型	一级指标	二级指标	数据来源
家庭义务教育负担	家庭教育支出	家庭教育支出占家庭收入比重 向学校支付的各项费用 在学校的伙食费 购买学习用品的花费 参加课外补习的花费	教育经费统计、问卷
教育质量	生师比	学生数与专任教师数之比	教育事业统计
教育均衡	教育经费配置的省际差异及城乡差异	省级经费的均值与方差 省际经费差异的泰尔系数 城乡教育经费支出 EPI 指数 城乡教育经费支出 ESI 指数 城乡经费差异的泰尔系数 城乡教育经费支出的收敛指数 城乡教育经费投入的财政中性	教育经费统计
	资源配置的县际差异及城乡差异	县级经费与办学条件的均值与变异系数 县内城乡差异的均值与变异系数	教育经费统计、问卷
	资源配置的校际差异	校级经费的均值和变异系数 校级办学条件的均值和变异系数	教育经费统计、问卷

前文所述的监测与评价框架和指标体系（表 4-8、表 4-10、表 4-11、表 4-12 和表 4-13）是本课题进行评价的主要依据。在后续的章节中，我们将利用上述评价框架和指标体系对全国层面和地区层面的情况进行评价。首先，对于"新机制"在全国和各省区的实施情况，我们主要采用宏观的财政指标进行概括性介绍，以教育财政经费保障为切入点来进行评价。然后，对于被调研的样本县，我们会考虑采用更为全面的指标体系，从中微观的角度出发，通过比较"新机制"政策实施前后的学校办学条件来评价每个样本县的"新机制"政策实施效果，同

时，测算教育资源配置的县际差异、校际差异，以评估"新机制"对农村义务教育发展的影响效应。此外，我们还将评估地方政府对教育投入的努力程度，以考察"新机制"推行过程中地方政府对教育投入努力程度有何变化？是否存在"挤出效应"？在实地调研过程当中我们发现，各个地区存在着极大的差异。比如河北省和山东省的县镇都较为发达，很少有寄宿生，而广西壮族自治区寄宿生则较多。因此，我们在讨论某个具体的省或县的情况时，也会根据需要和数据获得情况对指标作出相应调整。最后，我们会利用指标体系的分析和评价结果，指出"新机制"实施目前存在的主要问题和不足，并提出相应的政策性建议。

第 5 章 "新机制"实施效果：全国财政性教育经费保障水平和均衡性分析

"新机制"的实施在义务教育财政体制演变中具有里程碑式的意义，其颁布开启了"逐步将农村义务教育全面纳入公共财政保障范围"的步伐，标志着我国义务教育"真正从'人民办'走向了'政府办'的历史转折"[①]。根据"新机制"先农村后城镇、先西部后东部的实施步骤，"新机制"旨在提高农村义务教育经费保障水平、缩小城乡差距、促进区域义务教育均衡。基于此，本部分从国家和地区层面财政性经费保障的视角对义务教育经费保障"新机制"的实施效果展开评价：(1)"新机制"对农村义务教育经费保障总体水平产生了何种影响；(2)"新机制"对农村义务教育生均经费的保障水平产生了何种影响；(3)"新机制"实施后，农村地区是否在公共教育投入中所占份额有所提高；(4)"新机制"是否对缩小义务教育经费保障城乡差距、缩小农村义务教育经费保障地区差异产生了影响。

5.1 全国农村义务教育经费投入总量评价

5.1.1 农村义务教育经费总量持续增加

5.1.1.1 教育经费的投入和支出总量

无论投入还是支出，2000—2010 年全国农村义务教育经费持续增加。"新机制"实施后，经费总量大幅提升。

---

① 吴春霞，郑小平．农村义务教育及财政公平性研究[M]．北京：中国农业出版社，2009：3．

2000—2010年，不管从投入还是支出的角度来看，在义务教育阶段，经费总量整体持续增长。而分析其增长速度，在各年度之间存在较大波动，即2006年之前增长速度较缓，且在2003年时呈现较为明显的增速下降趋势；而2006年之后增长速度达到峰值，之后基本保持高位稳定状态。

图5-1和图5-2从经费投入的角度，分别呈现了2000—2010年我国农村小学和初中教育经费总量分布状况和年度增长率变化趋势；图5-3和图5-4则是从经费支出的角度，再一次呈现了我国农村小学和初中教育经费总量分布状况和年度增长率变化趋势。

整体来看，初中和小学教育经费投入和支出总量在2000—2010年基本保持一致，我国农村小学教育经费投入总量从2000年的613.94亿元增长到2010年的3 116.58亿元，10年间累计增长4.08倍；在强有力的经费投入保障下，经费支出量也呈现出较为明显的增长，农村

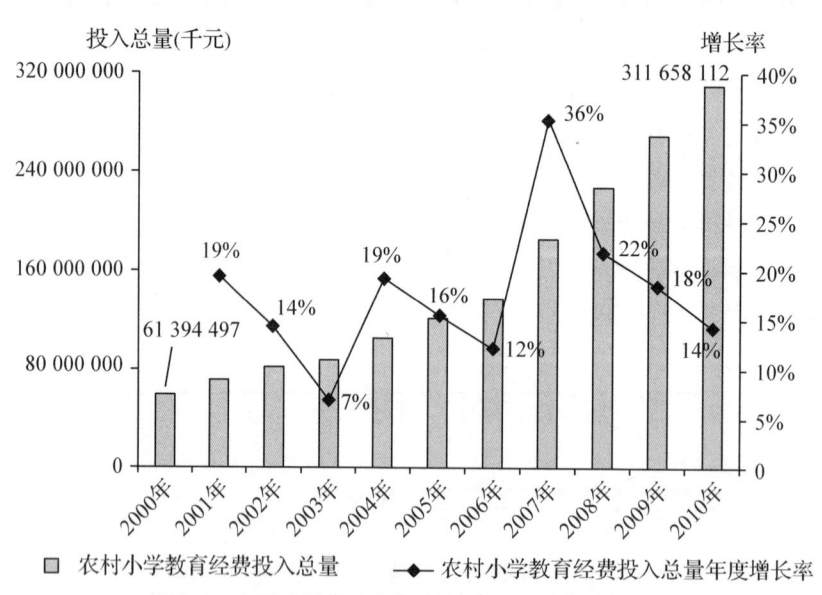

图5-1 农村小学教育经费投入总量及其年度增长率

［数据来源：《中国教育经费统计年鉴》(2001—2011)①］

---

① 如果没有特殊说明，本章所有数据资料均来自《中国教育经费统计年鉴》(2001—2011)。

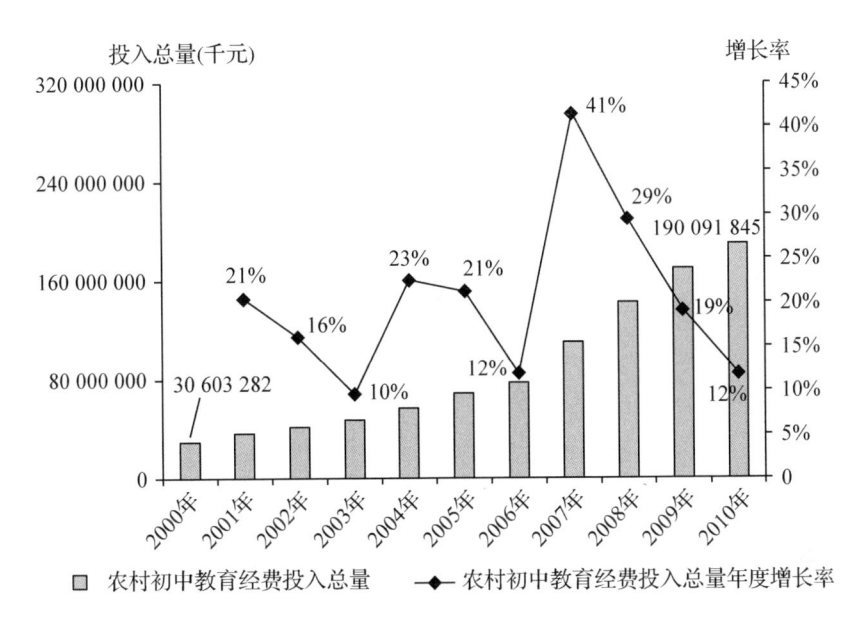

第 5 章 "新机制"实施效果：全国财政性教育经费保障水平和均衡性分析 | 87

图 5-2 农村初中教育经费投入总量及其年度增长率

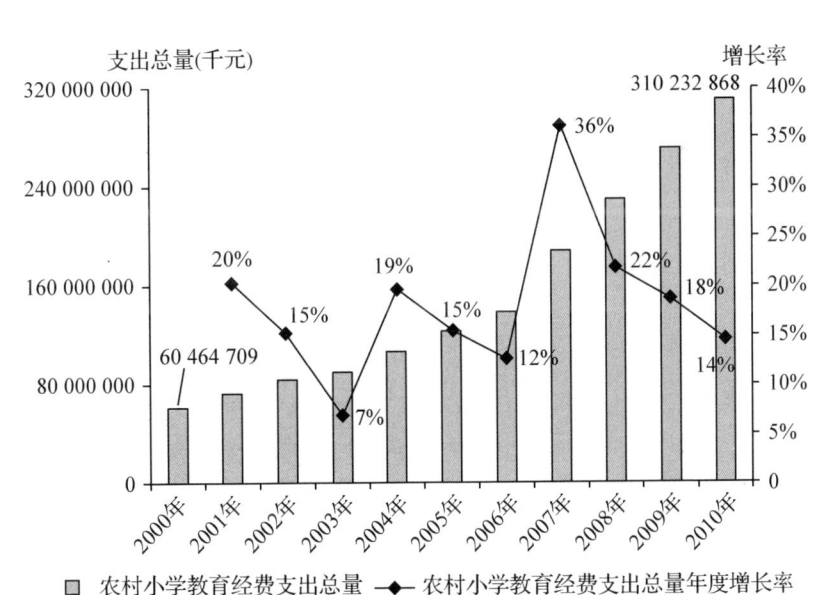

图 5-3 农村小学教育经费支出总量及其年度增长率

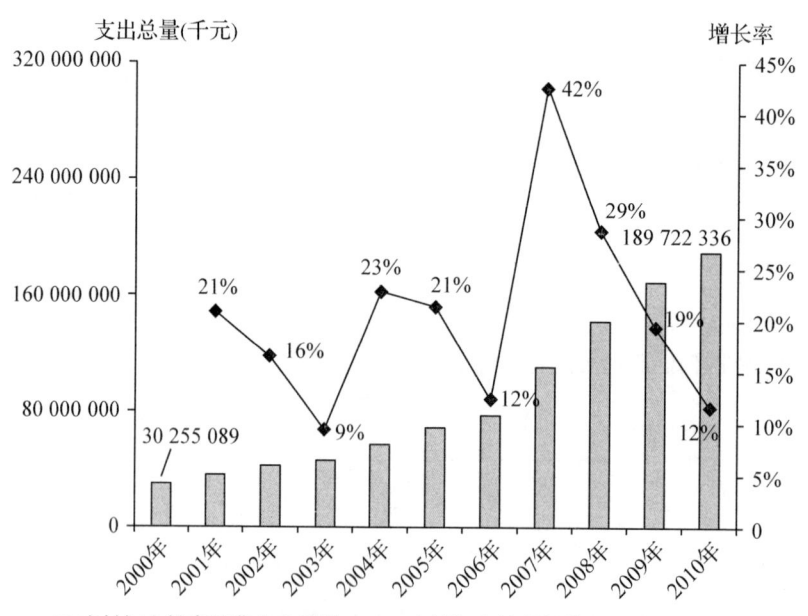

图 5-4　农村初中教育经费支出总量及其年度增长率

教育经费总支出从 2000 年的 604.65 亿元增长到了 2010 年的 3 102.33 亿元，10 年间累计增长 4.13 倍。我国农村初中教育经费投入总量从 2000 年的 306 亿元增长到 2010 年的 1 900.9 亿元，10 年间累计增长 5.21 倍；同样在强有力的经费投入保障下，经费支出量也呈现出较为明显的增长，农村教育经费总支出从 2000 年的 302.55 亿元增长到了 2010 年的 1 897.22 亿元，10 年间累计增长 5.27 倍。

从增长速度来看，不管在农村初中阶段，还是在农村小学阶段，教育经费投入和支出总量的增长率在 2006 年之前整体呈现有波动的缓慢增长，甚至在 2003 年达到十年间的最低点(农村小学经费投入和产出增长速度在 2003 年均为最低的 7%；农村初中经费投入增长速度 2003 年为 10%，产出增长速度 2003 年为最低的 9%)。尽管 2004 年陆陆续续开展的"西部两基攻坚"等针对农村地区基础教育经费保障的教育项目一定程度上扭转了 2003 年之前"低重心""多渠道筹资"体制下农村义务教育经费增长缓慢的趋势(农村小学阶段教育经费投入和产出增长速度均从 2003 年的 7% 提高到 2004 年的 19%；农村初中经费投入和产出增长速度均从 2003 年的最低点提高到 2004 年的 23%），但是，农村义务教育经费保障状况的根本扭转还是源于 2006 年之后，事实上，2006 年正是农村义务教育经费保障机制实施的第一年，在 2007 年农村义务教育经费投入和产出总量的增长速度均达到峰值（农村小学为 36%；农村初中为 42%），此后一直保持一个高位的增长速度（农村小学 2008 年和 2009 年的增长速度一直保持 14% 以上；农村初中 2008 年和 2009 年的增长速度一直保持 19% 以上）。

5.1.1.2 事业性经费支出总量

接下来，我们进一步分析教育经费支出中事业性教育经费的支出总量及其年度增长率。考虑到事业经费支出总量由人员经费和公用经费两部分构成，人员经费主要用于教职工的工资、福利津贴等方面的支出，而公用经费主要用于维持学校运转、教学活动和后勤服务等方面开支的费用，是学校完成教学任务、提高教育质量和正常运行的重要保障。因此，我们在对事业经费支出总量分析的过程中，不仅对人员经费和公用经费的支出总量及其年度增长率进行了分析，而且对事业经费支出中两类经费构成比例状况进行了分析。

第一，事业性经费及其中人员经费和公用经费支出三项指标的总量和年度增长速度的年度变化状况，均与我国农村义务教育经费总量的年度变化状况保持同样变化趋势。而且，"新机制"实施后，三项经费一直保持高位的快速增长。

图 5-5 和图 5-6 分别呈现了 2000—2010 年农村小学阶段和初中阶段教育事业经费支出总量及其年度增长率的变化状况。从总量上看，农村小学和初中教育事业经费支出总量大幅提升，农村小学教育事业经费支出总量从 2000 年的 580.4 亿元增长到 2010 年的 3 047.7 亿元，10 年累计增长 4.25 倍；农村初中教育事业经费支出总量从 2000 年的 286.28 亿元增长到 2010 年的 1 840.45 亿元，10 年累计增长 5.42 倍。从年度增长速度来看，两个阶段教育事业经费支出都是在 2003 年达到增长率的最低点之后，2004 年略有提升，同样是在"新机制"正式实施后的 2007 年达到增长速度峰值（小学为 38%，初中为 45%），此后一直保持高位的快速增长。

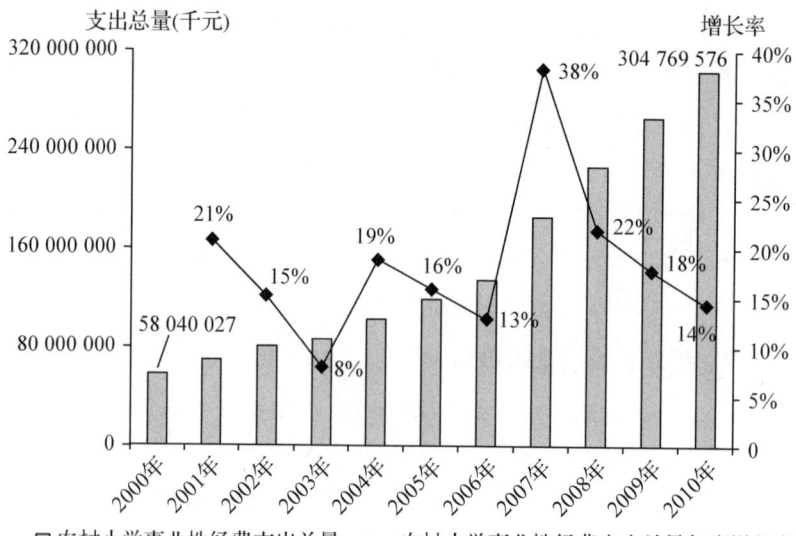

图 5-5 农村小学教育事业性经费支出总量及其年度增长率

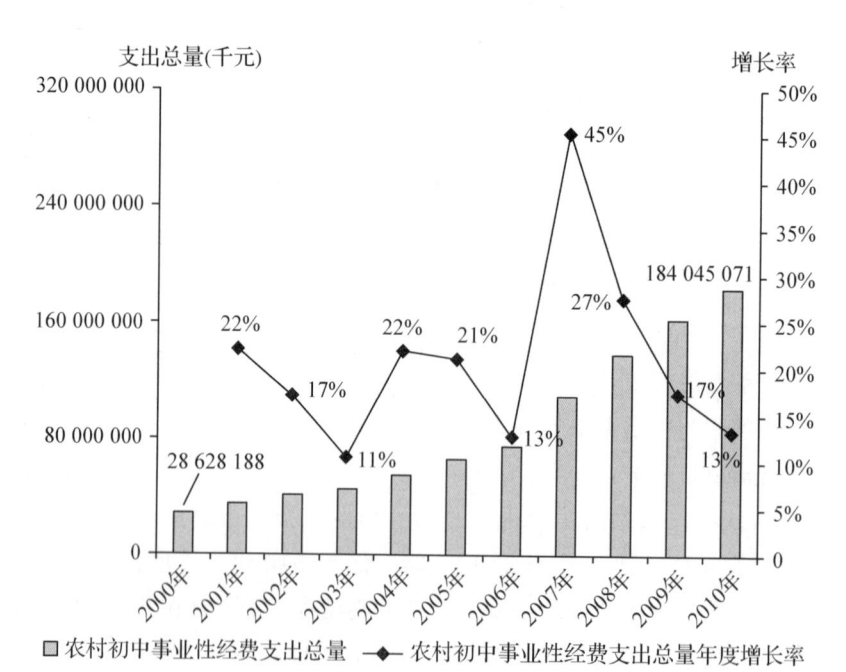

图 5-6 农村初中事业性经费支出总量及其年度增长率

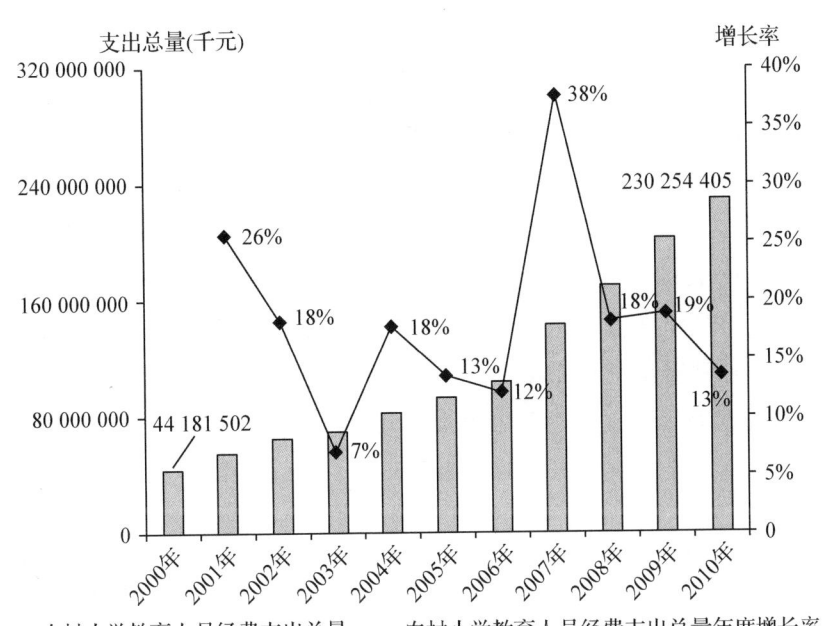

第 5 章 "新机制"实施效果：全国财政性教育经费保障水平和均衡性分析 | 91

图 5-7 农村小学教育人员经费支出总量及其年度增长率

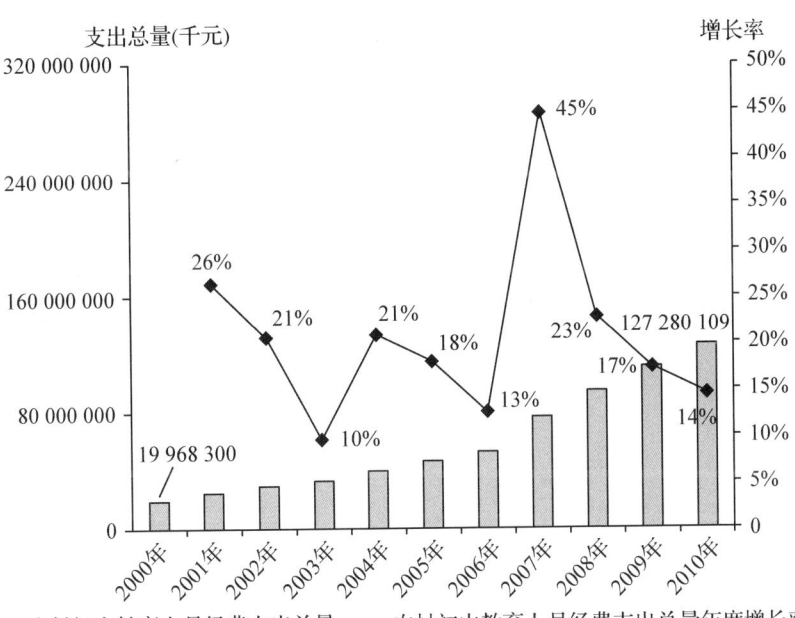

图 5-8 农村初中教育人员经费支出总量及其年度增长率

图 5-7 和图 5-8 分别呈现了 2000—2010 年农村小学和初中教育事业经费支出中人员经费支出总量及其年度增长率的变化状况。从总量上看，农村小学和初中教育人员经费支出总量大幅提升，农村小学教育人员经费支出总量从 2000 年的 441.8 亿元增长到 2010 年的 2 302.5 亿元，10 年累计增长 4.21 倍；农村初中教育人员经费支出总量从 2000 年的 199.68 亿元增长到 2010 年的 1 272.8 亿元，10 年累计增长 5.37 倍。从年度增长速度来看，两个阶段教育事业经费支出都是在 2003 年达到增长率的最低点之后，2004 年略有提升，同样是在"新机制"正式实施后的 2007 年达到增长速度峰值（小学为 38%，初中为 45%），此后一直保持高位的快速增长。

图 5-9 和图 5-10 分别呈现了 2000—2010 年农村小学阶段和初中阶段教育事业经费支出中公用经费支出总量及其年度增长率的变化状况。从总量上看，农村小学和初中公用经费支出总量同样在 10 年间有大幅提升，农村小学公用经费支出总量从 2000 年的 138.58 亿元增长到 2010 年的 745.15 亿元，累计增长 4.37 倍；农村初中公用经费支出总

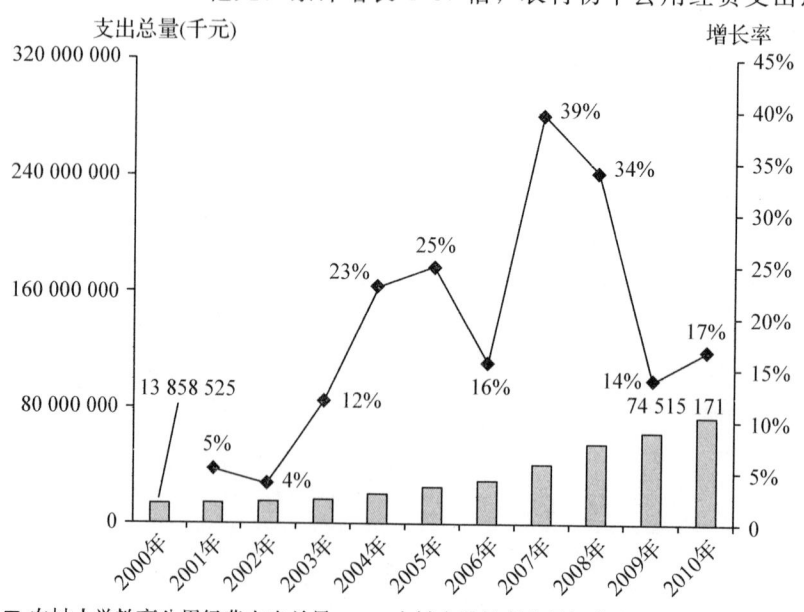

图 5-9 农村小学教育公用经费支出总量及其年度增长率

第 5 章 "新机制"实施效果：全国财政性教育经费保障水平和均衡性分析 | 93

量从 2000 年的 86.6 亿元增长到 2010 年的 567.65 亿元，10 年累计增长 5.55 倍。从年度增长速度来看，两个阶段教育事业经费支出都是在 2003 年达到增长率的最低点之后，2004 年略有提升，同样是在"新机制"正式实施后的 2007 年达到增长速度峰值（小学为 39%，初中为 47%），此后一直保持高位的快速增长。

图 5-10 农村初中公用经费支出总量及其年度增长率

第二，2003 年之前，农村小学和初中教育公用经费支出在教育事业费所占比例持续下降，2003 年开始，农村小学和初中公用经费支出在教育事业费所占比例持续上升。"新机制"实施后，农村小学和初中公用经费支出总量及所占比例均有较大幅度增长，而人员经费支出比例呈现明显的下降趋势。

图 5-11 和图 5-12 分别呈现了农村初中和小学阶段人员经费支出和公用经费支出在事业经费支出总量中的构成状况。从图中可以看出，两个阶段事业经费支出结构构成状况和变化趋势基本一致，即在 2003 年之前公用经费的构成比例略有下降（农村小学阶段自 2000 年的 23.9% 下降到 18.7%；农村初中阶段自 2000 年的 30.2% 下降到 25.5%），当然，人员经费的构成比例略有上升（农村小学阶段自 2000 年的 76.1% 提高到 2002 年的 81.3%；农村初中阶段自 2000 年的 69.8% 提高到 2002 年的 74.5%）。出现这样的变化趋势是再一次验证了在上一部分对经费支出总量分析所得出的 2003 年及以前农村义务教育经费保障水平并不充分，实际上，人员经费支出在教育经费支出中

属于刚性支出，在经费保障不充分的情况下，人员经费的构成比例往往相对较高。

在 2003 年以后，特别是在 2006 年之后，公用经费所占比例持续提高（农村小学阶段从 2003 年的 19.4% 提高到 2010 年的 24.4%，7 年累计提高 5 个百分点；农村初中阶段从 2003 年的 26.1% 提高到 2010 年的 30.8%，7 年累计提高 4.7 个百分点）。在"新机制"的最初实行阶段，经费投入关注的重点是在解决学校正常运转经费保障问题，因此，对于公用经费的倾斜力度相对较大，而且在"新机制"实施期间数次修改和制定农村义务教育阶段公用经费定额标准，而对于教师工资和福利保障等人员经费支出的关注程度并不算高。因此，2003 年之后农村小学公用经费和人员经费在事业经费支出总量中构成比例的变化趋势，一定程度上反映出"新机制"政策、目标的实现，即在保障学校日常运转的公用经费中表现突出。但是，根据国际教育经费支出的一般性规律，人员经费支出最低应当占到教育经费总量的 75% 以上，而我们农村地区小学阶段人员经费支出总量在 2010 年仅占到教育事业经费的 75.6%，初中阶段人员经费支出总量在 2010 年仅占到教育事业经费的 69.2%，这在某种程度上反映出人员经费充分保障的压力仍然较大。

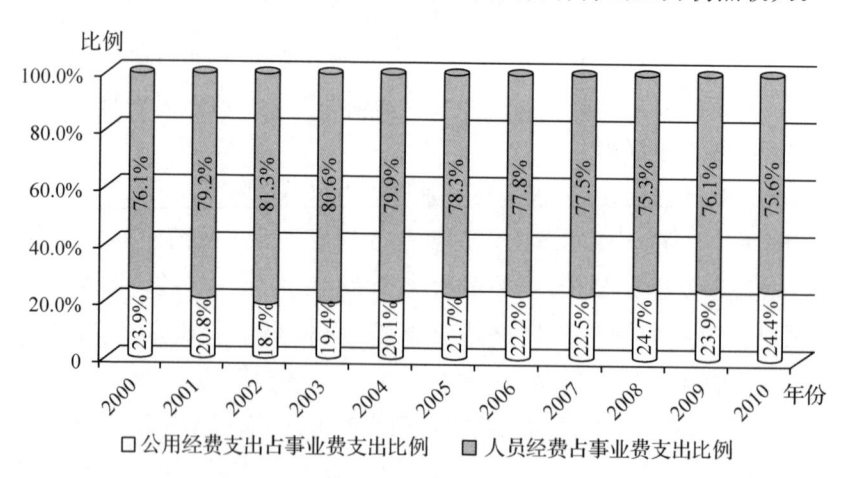

图 5-11 农村小学教育事业性经费中公用经费与人员经费各占比例

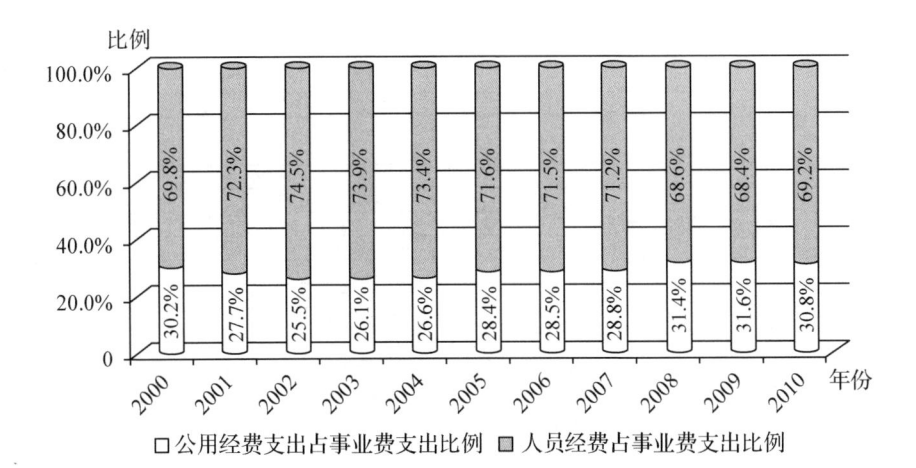

图 5-12　农村初中教育事业性经费中公用经费与人员经费各占比例

5.1.1.3　基建经费支出总量

义务教育经费从支出来看，通常划分为经常性支出和资本性支出两个大的范畴。进行这种划分之所以必要，是因为前者通常是在一个会计年度内稳定地、反复地出现，而后者往往是一次性投入而可以使用几年（跨若干会计年度）。在我国，前者称为事业性支出，对应的是"教育事业费"，包括"人员性经费"和"公用经费"两大子项目；后者称为"基本建设支出"，不只是土建支出，也包含大型（5 万元以上）仪器设备的购置费用，对应的科目是"基建费"。基建支出形成学校办学的基本条件，事业性支出保证学校的日常运行。

2000—2010 年，农村义务教育阶段学校基建经费支出总量呈现非常大的波动性，直到 2009 年，农村小学和初中学校基建经费支出总量才有较大幅度增长。

图 5-13 和图 5-14 分别呈现了我国农村小学阶段和初中阶段人员经费支出总量、公用经费支出总量及基建经费支出总量的年度增长率。从对比分析来看，相对于人员经费支出总量、公用经费支出总量的稳定增长状况，农村小学基建经费增长状况呈现非常大的波动状况，在 2003 年、2006 年、2007 年这三年均出现了负增长，分别为－27%、－3%、－47%；农村初中基建经费增长状况也呈现非常大的波动状况，在 2002 年、2006 年和 2009 年表现出负增长，分别为－17%、－40%、－19%。

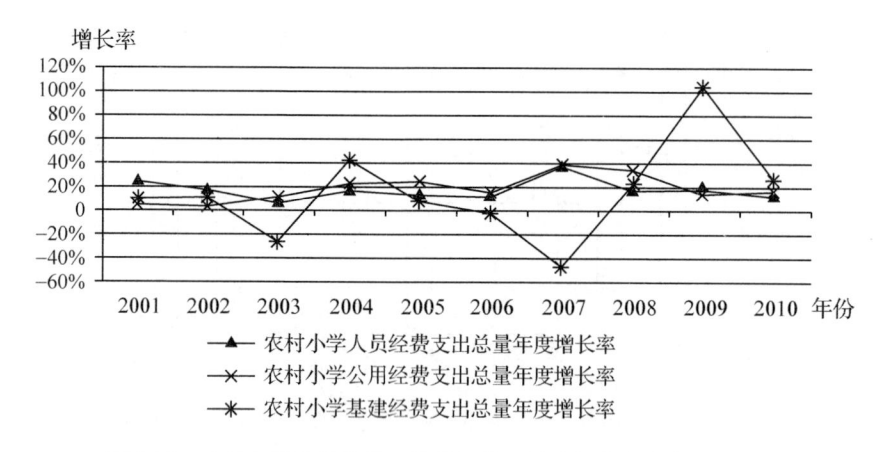

图 5-13　农村小学人员经费、公用经费、基建经费支出年度增长率

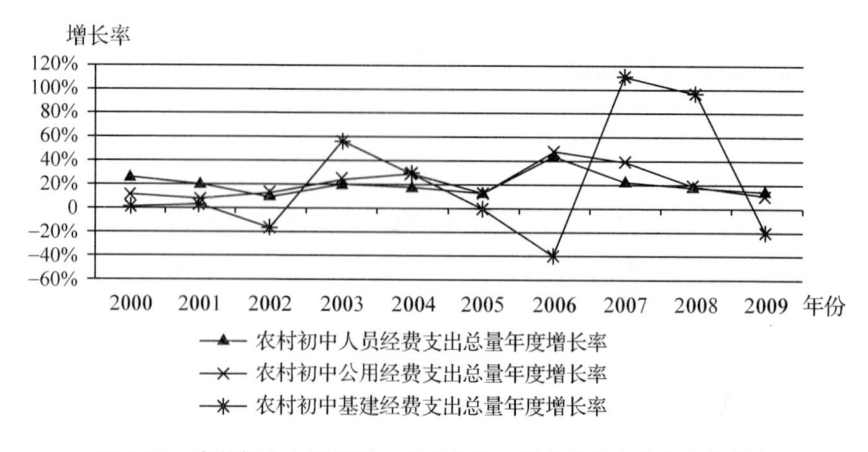

图 5-14　农村初中人员经费、公用经费、基建经费支出年度增长率

图 5-15 和图 5-16 则分别呈现了我国农村小学和初中的基建经费支出总量及其年度增长率。农村小学基建经费总量在 10 年间的累计增长幅度并不算大，从 2000 年的 24.2 亿元到 2010 年的 54.6 亿元，增长了 1.25 倍(而人员经费和公用经费同期的累计增长幅度都达到 4 倍以上)；农村初中基建经费总量从 2000 年为 16.27 亿元到 2010 年的 56.77 亿元，增长了 2.49 倍(而人员经费和公用经费的累计增长幅度都达到 5 倍以上)。

对于基建经费与事业经费的类别出现如此巨大的差异，其背后的原因主要在于占基建经费来源最大比例的财政性经费口径与事业经费中财政经费口径不同，前者来自发改委，后者来自财政部。由于"新机制"的重点投入，公用经费得到中央和省级财政较好的保障；由于人员经费的刚性及近年来"绩效工资制度"的实施，人员经费波动幅度也不会太大。但是，对于基建经费的保障力度在对比分析中显出不足。

事实上，在已经完成"普九"后，学校基本建设经费开始转由地方政府为主分散供给。而目前中央主导投入的对学校办学条件进行投入的两个主要义务教育转移支付工程"农村寄宿制学校建设工程"和"农村中小学现代远程教育工程"都已接近尾声。受基层政府财政状况的制约，基建经费保障状况并不乐观。因此，在未来中国提高义务教育质量、实现教育公平的过程中，必须建设标准型学校，那么，对于基建经费的保障显得非常关键。某种程度上，对基建经费的加大投入应当成为未来教育财政投入的重点关注问题之一。

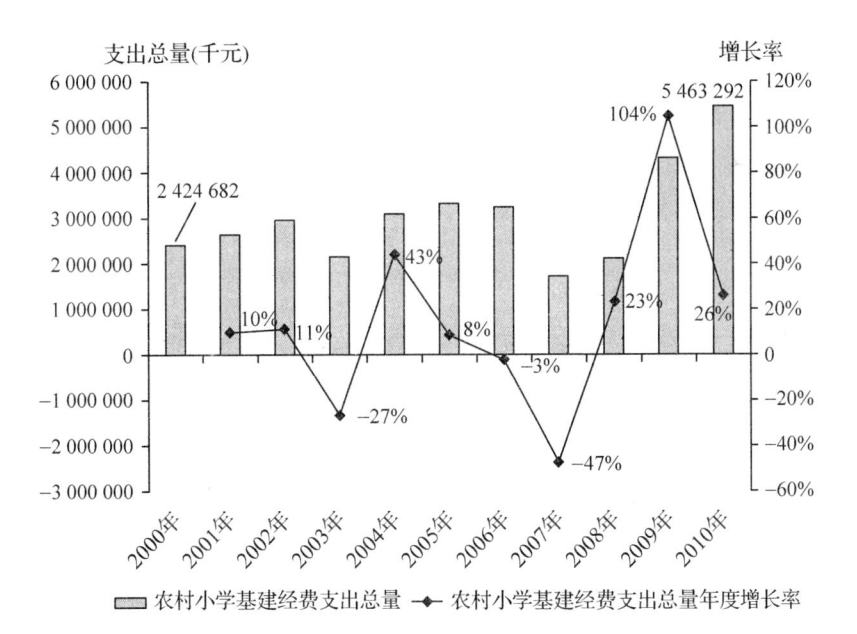

图 5-15 农村小学教育基建经费支出总量及其年度增长率

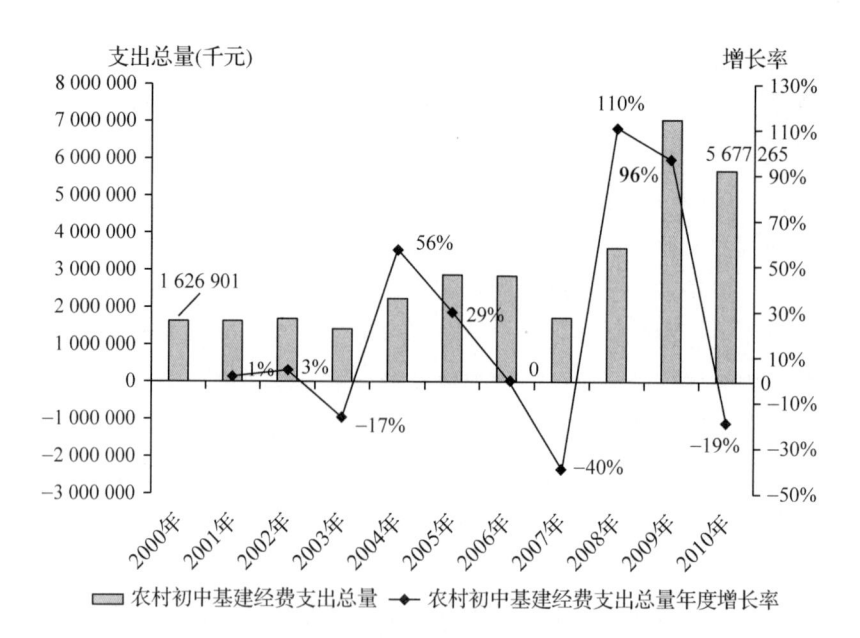

图 5-16 农村初中基建经费支出总量及其年度增长率

5.1.2 农村义务教育财政保障作用持续增强

整体而言，在 2006 年"新机制"实施之后，我国农村小学和初中教育经费中财政性教育经费逐渐成为农村义务教育阶段经费的绝对来源。

2006 年"新机制"的实施，取消农村教育费附加、教育集资等，中央和省级政府加大义务教育财政转移支付力度，小学阶段财政性教育经费在经费投入总量中所占比重从 2000 年的 80.9% 提高到 2010 年的 97.61%，初中阶段这一比例从 2000 年的 77.4% 提高到 2010 年的 96.9%。与之相对应，来源于农村家庭的事业收入所占比例，在小学阶段从 2000 年的 13.6% 下降到 2010 年的 1.11%，初中阶段从 2000 年的 16.4% 下降到 2010 年的 1.6%。根据"新机制"的规定，全面实施免费义务教育，全部免除农村义务教育阶段学生学杂费，对贫困家庭学生免费提供教科书并提供寄宿生活补助。由此，农村家长义务教育负担减轻，学校事业收入减少，事业收入所占比重逐年下降，在农村地区真正实现了"人民教育政府办"，使义务教育免费真正得以落实。图 5-17 和图 5-18 分别呈现了我国农村小学和初中教育经费来源结构的构成状况。

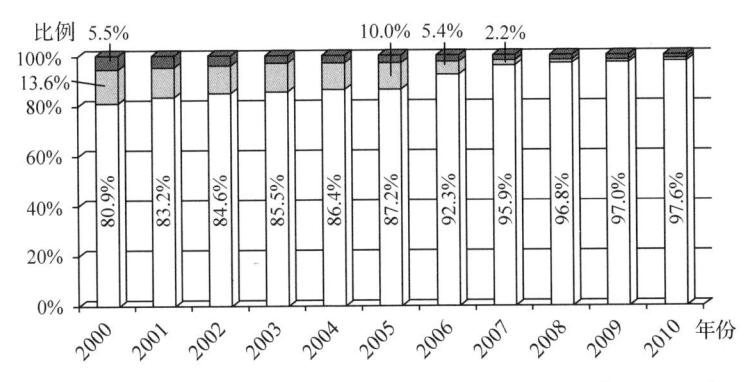

图 5-17　农村小学教育经费投入构成比例

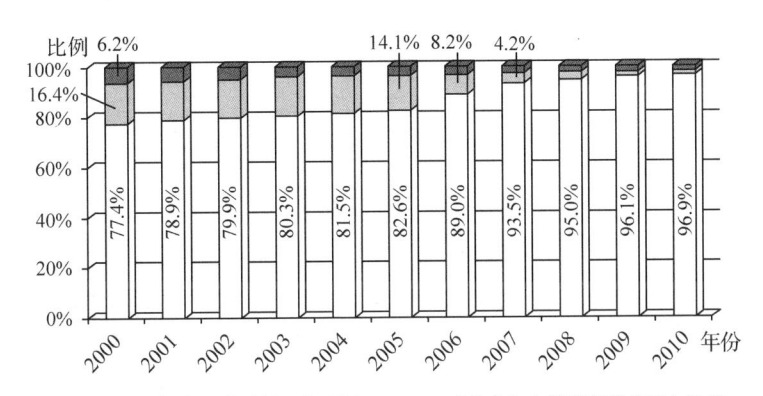

图 5-18　农村初中教育经费投入结构比例

5.2　全国农村义务教育阶段经费保障状况的生均指标评价

5.2.1　生均教育经费持续增加

5.2.1.1　生均教育经费支出

2000—2010 年，农村义务教育阶段生均经费总量整体均有明显提升，但提升速度在各年度之间存在较大波动。"新机制"实施后的第二年,农村小学和初中生均教育经费年度增长率均达到11年来的最高点。

生均教育经费是考察教育经费情况的根本指标,是衡量政府对在校生教育投资量大小的指标,能够比较准确地反映教育经费提供的充足程度,也可以通过它考察教育经费满足教育事业发展需要的程度。在2010年颁布的《国家中长期教育改革和发展规划纲要(2010—2020年)》中提出的保证教育投入实现"三个增长",就包含了按在校学生人数平均的教育费用稳步增长。从生均义务教育经费支出总量来看,在2000—2010年,农村义务教育阶段生均经费总量整体均有明显提升,但提升速度在各年度之间存在较大波动。

图5-19和图5-20从经费支出的角度,分别呈现了2000—2010年我国农村小学和初中生均教育经费支出总量和年度增长率的变化趋势。从生均量上看,农村小学和初中生均教育经费支出在11年间保持快速稳定增长:农村小学生均教育经费支出从2000年的647元增长到2010年的4 560.3元,累计增长了6.05倍;农村初中生均教育经费支

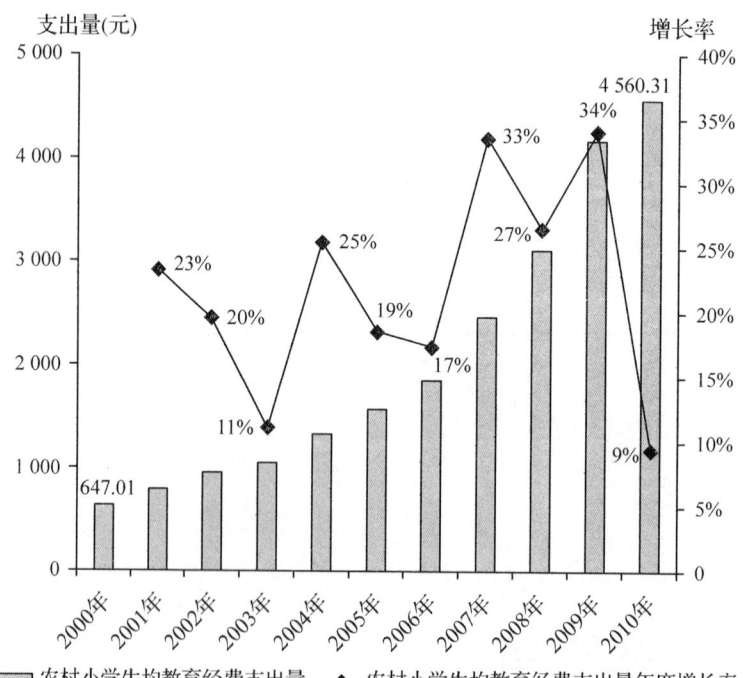

图5-19 农村小学生均教育经费支出量及其年度增长率

出从 2000 年的 884.41 元增长到 2010 年的 5 874.05 元，累计增长了 5.64 倍。从增长速度看，农村小学和初中生均教育经费支出均呈现波动中上升的趋势：生均教育经费支出在 2003 年及以前呈现下降趋势（小学增长率从 2000 年的 23% 下降至 2003 年的 11%；初中阶段从 2000 年的 15% 下降至 7%）；在农村税费改革后的 2004 年，农村小学和初中阶段生均教育经费支出增长率分别提高到 25% 和 23%，体现出农村税费改革后中央加大转移支付力度对经费支出的提升效应；最为明显的波动发生在 2007 年之后，事实上，"新机制"的强有力保障下，农村小学和初中生均教育经费年度增长率均达到 11 年来的最高点，34% 和 37%。这带动生均教育经费有了突破性提高，此后增速放缓，平稳提高。

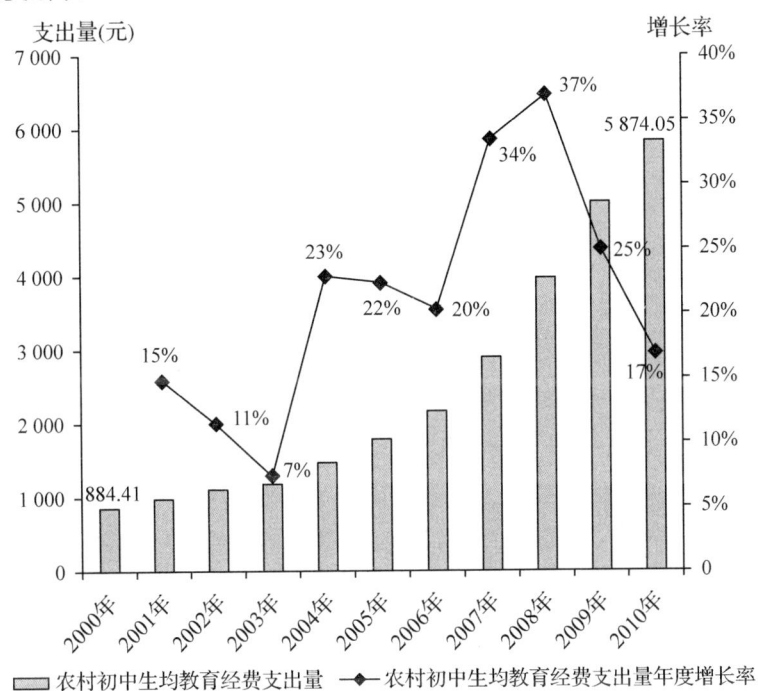

图 5-20 农村初中生均教育经费支出量及其年度增长率

5.2.1.2 生均事业经费支出

农村义务教育阶段生均事业经费及其中的生均人员经费和生均公

用经费支出三项指标整体呈现一致的变化趋势，在 2000—2010 年均有大幅提升，年度增长率都是在"新机制"实施后的 2007 或 2008 年达到年度增长峰值。

图 5-21 和图 5-22 分别呈现了农村小学和初中生均事业经费支出及其年度增长率变化趋势。生均事业性经费支出保持较快增长，小学生均事业经费从 2000 年的 621.07 元提高到 2010 年的 4 482.09 元，累计增长了 6.22 倍；初中生均事业经费从 2000 年的 836.85 元提高到 2010 年的 5 699.52 元，累计增长了 5.81 倍。从增长速度看，在这 11 年期间出现了两次峰值，第一次是在税费改革后的 2004 年，小学和初中生均事业经费年度增长率分别达到 25% 和 22%；而在"新机制"实施后的 2007 年，小学和初中生均事业经费年度增长率分别达到 35% 和 37%。

图 5-23 和图 5-24 分别呈现了农村小学和初中生均人员经费支出及其年度增长率变化趋势。生均人员经费支出保持持续快速增长，小学生均人员经费从 2000 年的 472.77 元提高到 2010 年的 3 397.8 元，累计增长了 6.19 倍；初中生均人员经费从 2000 年的 583.71 元提高到 2010 年的 3 955.39 元，累计增长了 5.78 倍。从增长速度看，在这 11 年期间同样出现了两次峰值，第一次是在税费改革后的 2004 年，小学和初中生均人员经费年度增长率分别达到 25% 和 22%；而在"新机制"实施后，生均人员经费在 2007 年达到第二次峰值，2007 年小学和初中生均人员经费年度增长率分别为 35% 和 37%。

图 5-25 和图 5-26 分别呈现了农村小学和初中生均公用经费支出及其年度增长率变化趋势。生均公用经费支出保持持续快速增长，小学生均公用经费从 2000 年的 148.3 元提高到 2010 年的 1 084.3 元，累计增长了 6.31 倍；初中生均公用经费从 2000 年的 253.14 元提高到 2010 年的 1 744.13 元，累计增长了 5.89 倍。从增长速度看，在这 11 年期间同样出现了两次峰值，第一次是在税费改革后，小学生均公用经费年度增长率在 2004 年达到 29%，初中生均公用经费年度增长率在 2005 年达到 30%；而在"新机制"实施后，生均人员经费在 2008 年达到第二次峰值，2007 年小学和初中生均人员经费年度增长率分别为 40% 和 48%。

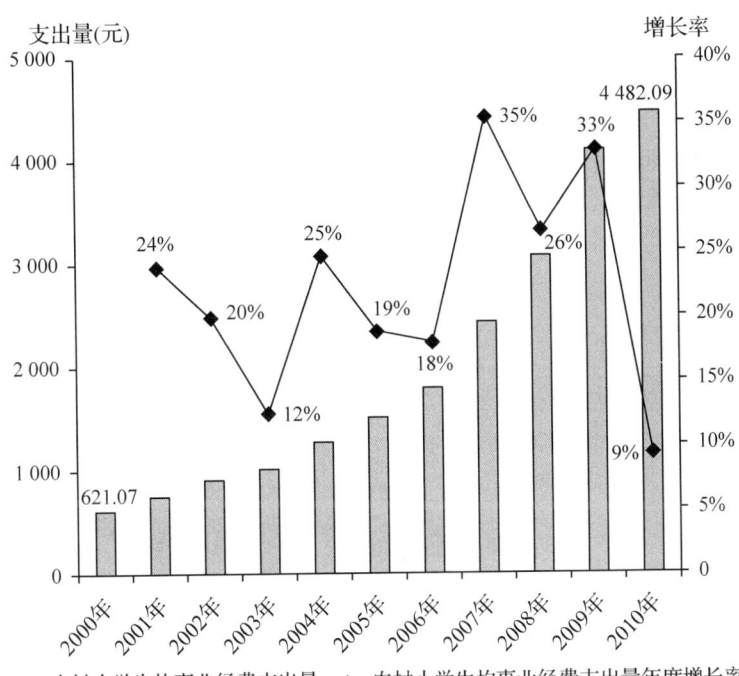

第 5 章 "新机制"实施效果：全国财政性教育经费保障水平和均衡性分析 | 103

图 5-21 农村小学生均事业经费支出量及其年度增长率

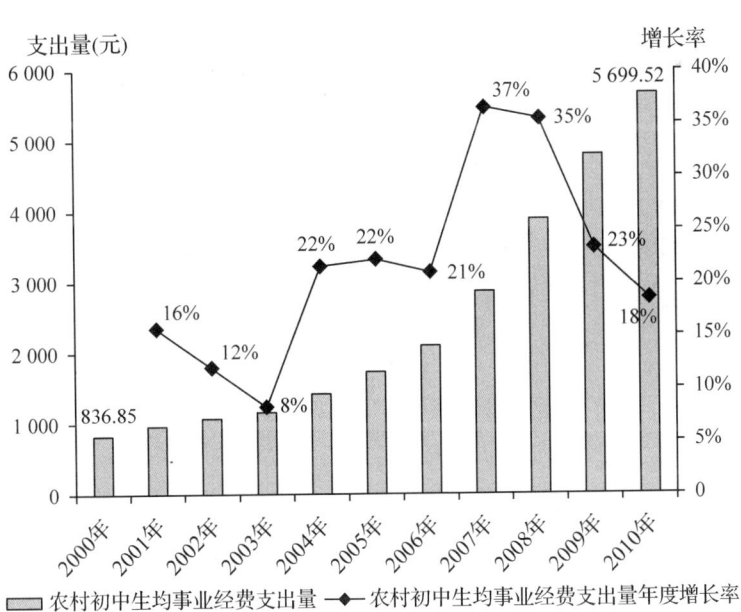

图 5-22 农村初中生均事业经费支出量及其年度增长率

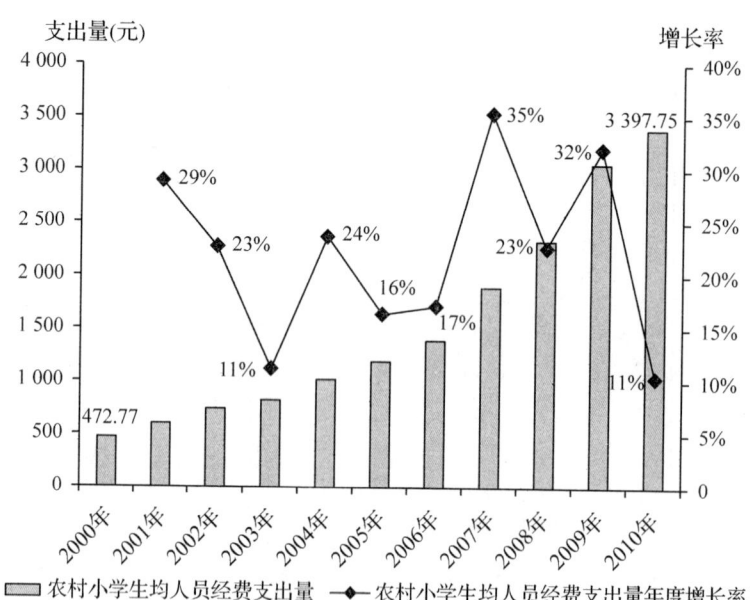

图 5-23　农村小学生均人员经费支出量及其年度增长率

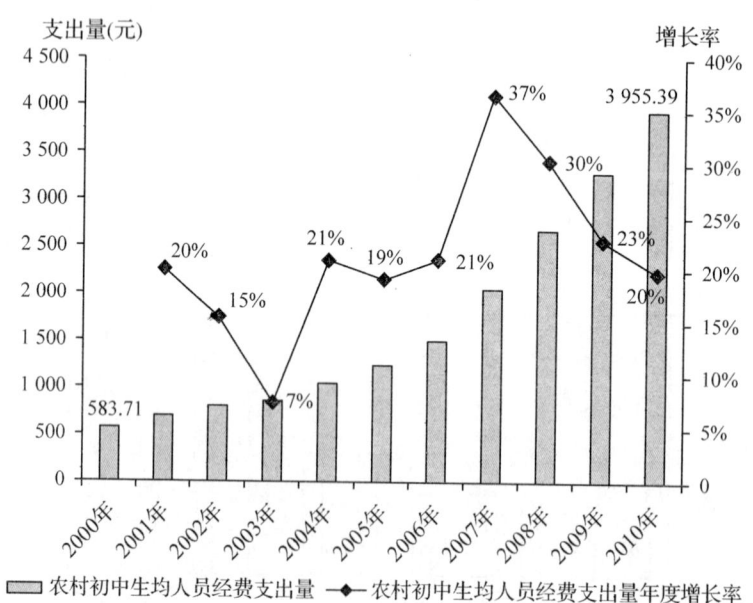

图 5-24　农村初中生均人员经费支出量及其年度增长率

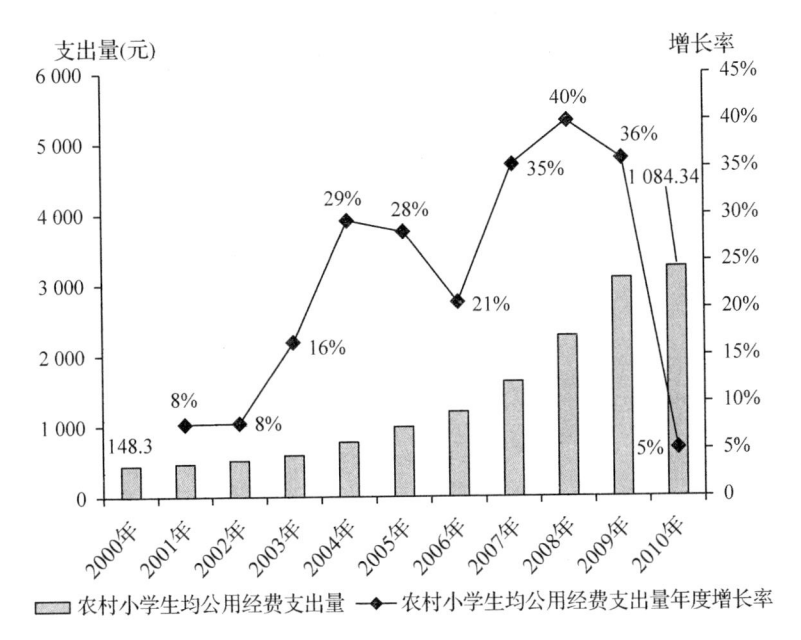

图 5-25　农村小学生均公用经费支出量及其年度增长率

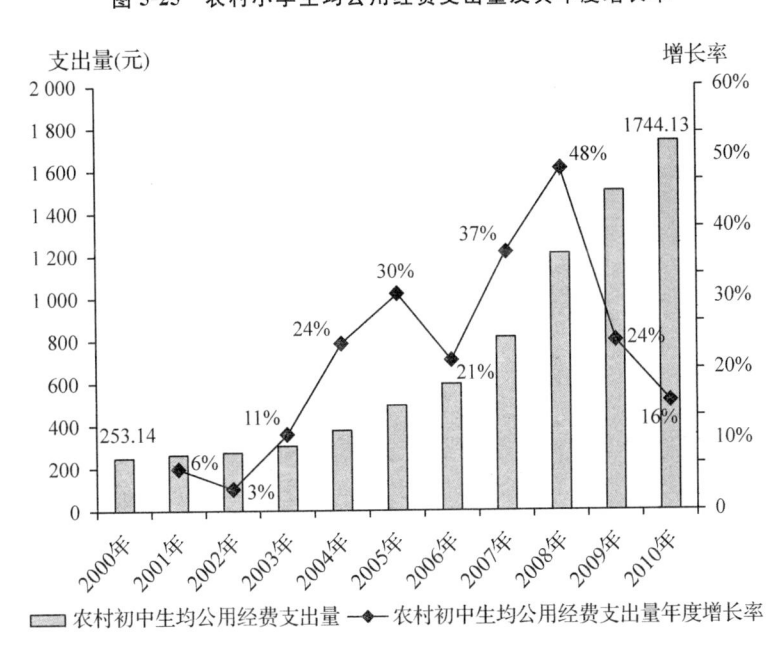

图 5-26　农村初中生均公用经费支出量及其年度增长率

5.2.1.3 生均基建经费支出总量

2000—2010 年,农村义务教育生均基建经费增长状况呈现非常大的波动,表现出与生均人员经费支出、生均公用经费支出几乎完全不一样的年度增长变化趋势。不过,小学、初中生均基建经费总额在 2006 年后,得到明显提升,而且分别在 2009 年、2008 年达到峰值。

图 5-27 和图 5-28 分别呈现我国农村小学和初中阶段三项生均教育经费年度增长率。从对比分析来看,相对于生均人员经费支出、生均公用经费支出的稳定增长状况,农村小学和初中阶段生均基建经费增长状况呈现非常大的波动状况。农村小学在 2003 年和 2007 年这两年出现了负增长,分别为 −24%、−49%;而在 2009 年达到了年度增长率的峰值 158%。农村初中生均基建经费支出在农村税费(2003 年)、"新机制"的实施后一年(2007 年),以及 2010 年有三次大幅的负增长,分别为 2003 年的 −18%、2007 年的 −44%,以及 2010 年的 −17%;在 2008 年达到了年度增长率的峰值 126%。

图 5-29 和图 5-30 则分别具体呈现了我国农村小学和初中生均基建经费支出及其年度增长率。农村小学和初中生均基建经费在 10 年间的累计增长幅度并不算大,小学生均基建经费从 2000 年的 25.95 元增长到 78.22 元,增长了 2.01 倍;农村初中生均基建经费从 2000 年的 47.56 元增长到 174.54 元,增长了 2.67 倍;而生均人员经费和生均

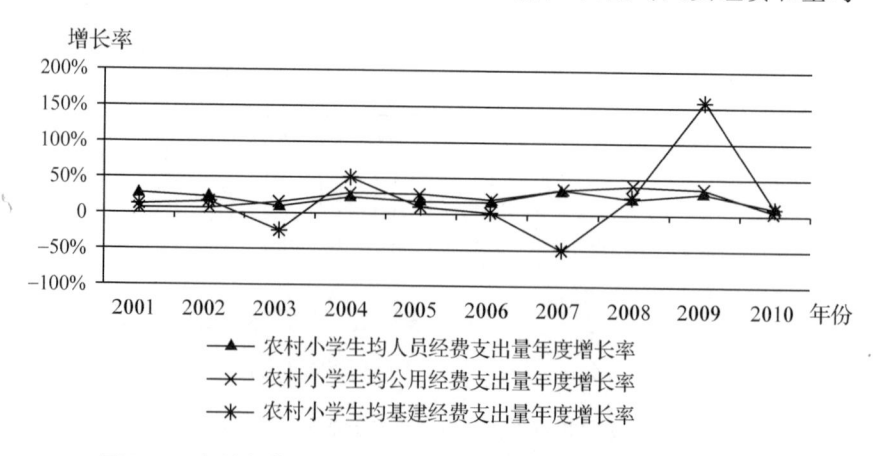

图 5-27 农村小学生均人员经费、公用经费、基建经费年度增长率

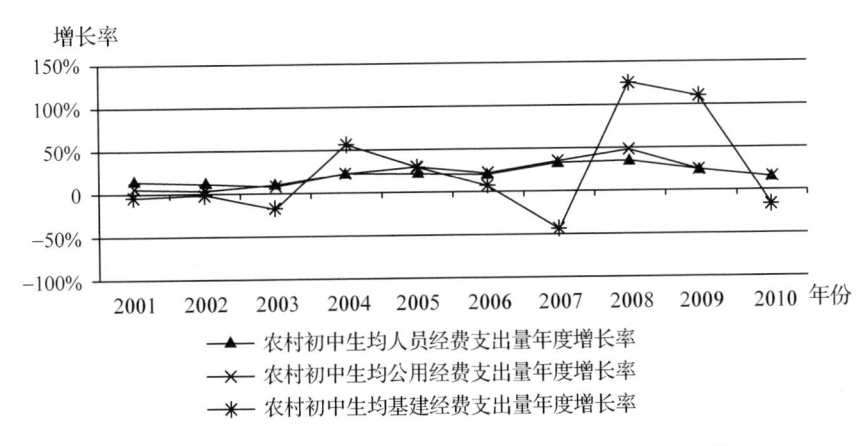

图 5-28 农村初中生均人员经费、公用经费、基建经费年度增长率

公用经费的累计增长幅度都达到 6 倍左右。不过，小学、初中生均基建经费总额在 2006 年后，得到明显提升，而且分别在 2010 年和 2009 年达到峰值。这与 2004—2007 年实施"农村寄宿制学校建设工程"及 2009—2011 年实施"中小学校舍安全工程"有关。

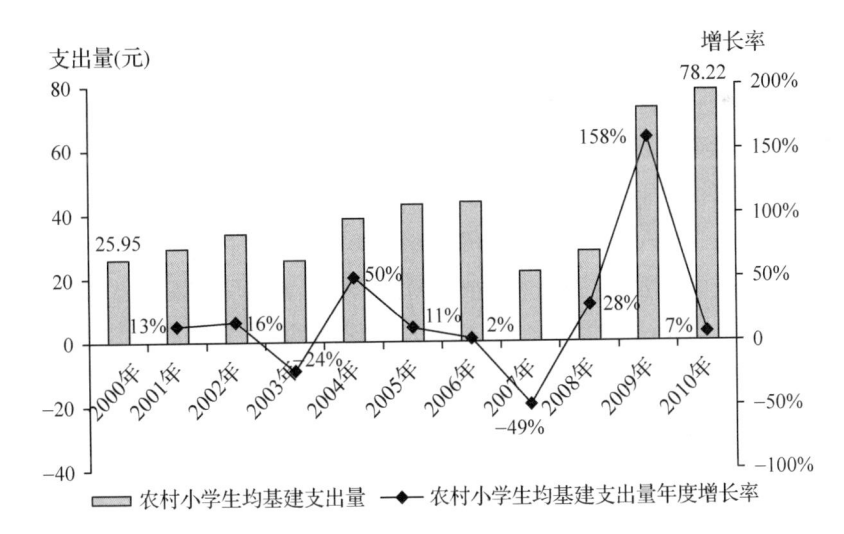

图 5-29 农村小学生均基建支出量及其年度增长率

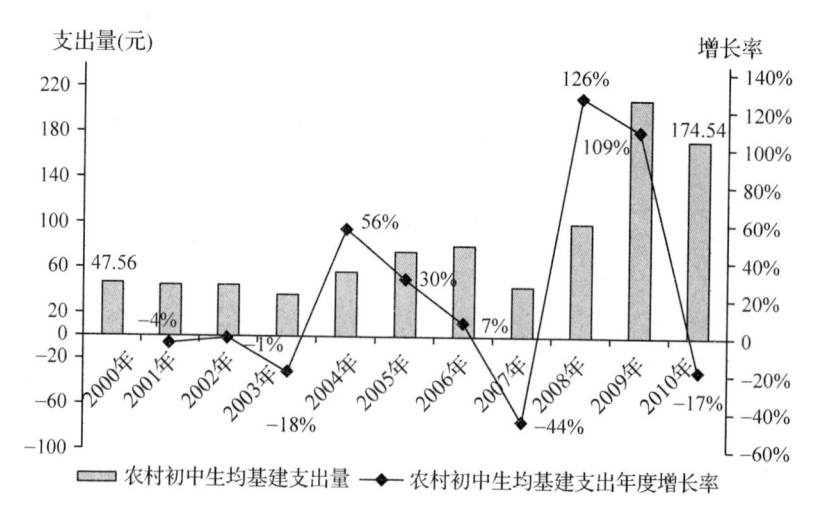

图 5-30　农村初中生均基建支出总量及其年度增长率

5.2.2　生均投入指标财政保障状况得到加强

5.2.2.1　生均教育经费支出总量中预算内所占比重

2000—2010 年，农村小学和初中生均经费支出总量中预算内所占比重有大幅提升，分别从 2000 年的 65%、61% 上升到 2010 年的 85%、86%，尤其是"新机制"实施后，财政保障力度明显增强。

我国的教育经费来源主要由四部分构成：预算内教育经费；各级政府征收的用于教育的税费；企业办学校经费拨款；校办产业、勤工俭学和社会服务收入中用于教育的经费。预算内教育经费是指中央、地方各级财政或上级主管部门在年度内安排，并计划拨到教育部门和其他部门主办的各级各类学校、教育事业单位，列入国家预算支出科目的教育经费，包括教育事业拨款和基建拨款。生均预算内教育经费反映了财政资金对教育的支持程度，提高财政教育经费在整个财政支出中的比例，是提高教育经费的主渠道。从义务教育生均教育经费支出总量中预算内所占比重来看，农村小学和初中生均经费支出总量中预算内所占比重有大幅提升；而增长速度在各年度之间存在较大波动，即在 2002 年和 2006 年有较大增长，2009 年增长最慢（初中则为负增长）。

图 5-31 和图 5-32 分别呈现了我国农村小学和初中生均教育经费支出中预算内所占比重。从所占比重上看，我国农村小学和初中生均教育经费支出中预算内所占比重总体保持上升趋势。农村小学生均教育经费支出中预算内所占比重从 2000 年的 65% 上升到 2010 年的 85%，累计上升了 20 个百分点。农村初中生均教育经费支出中预算内所占比重从 2000 年的 61% 上升到 2010 年的 86%，累计上升了 25 个百分点。尤其是 2006 年"新机制"实施后，财政保障力度明显增强。

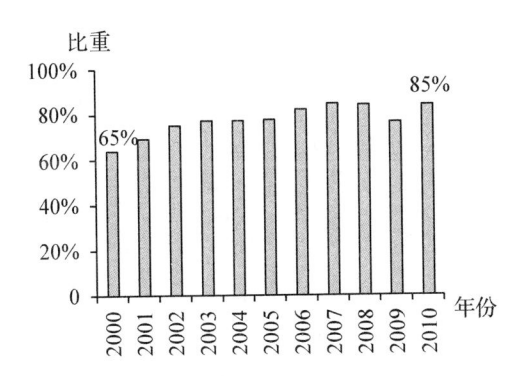

图 5-31 农村小学生均教育经费支出中预算内所占比重

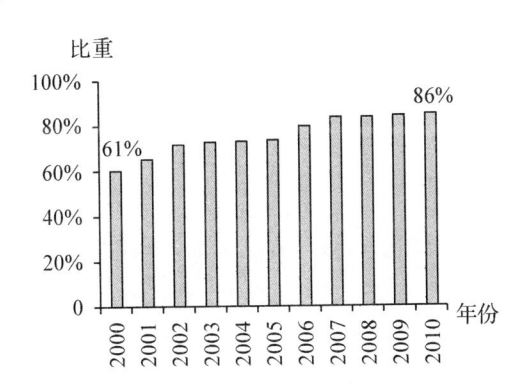

图 5-32 农村初中生均教育经费支出中预算内所占比重

5.2.2.2 生均事业性经费支出总量中预算内所占比重

2000—2010 年，生均事业经费、生均公用经费、生均人员经费中预算内所占比重均有不同幅度的增长，生均事业经费支出中预算内所占比重累计提高 19 个百分点，生均公用经费在"新机制"实施后，得到财政保障的力度最为明显，生均公用经费支出中预算内所占比重 11 年间累计提高超过 60 个百分点，相对而言，生均人员经费支出在这 11 年期间财政保障力度最不明显，累计提高仅有 5 个百分点。

接下来，我们进一步分析农村义务教育阶段生均教育事业经费支出中预算内经费所占比重，考虑到事业经费分为公用经费和人员经费两类，因此，我们同时对生均事业经费、生均公用经费和生均人员经费三项指标的财政保障状况进行了比较，见图 5-33 至图 5-38。整体来看，三项指标的年度状况和变化趋势并不一致，其中，生均公用经费得到财政保障的力度最为明显，生均公用经费支出中预算内所占比重从 2000 年到 2010 年累计提高超过 60 个百分点；相对而言，生均人员经费支出在这 11 年期间尽管财政保障力度有所提高，但提高程度远不如公用经费明显。

图 5-33 和图 5-34 分别呈现了农村小学和初中生均事业经费支出中预算内所占比重。农村小学生均事业经费支出中预算内所占比重总体呈现上升趋势，从 2000 年的 66％ 提升到 2010 年的 85％，累计上升了 19 个百分点。农村初中生均事业经费支出中预算内所占比重同样总体呈现上升趋势，从 2000 年的 66％ 提升到 2010 年的 85％，累计上升了 19 个百分点。

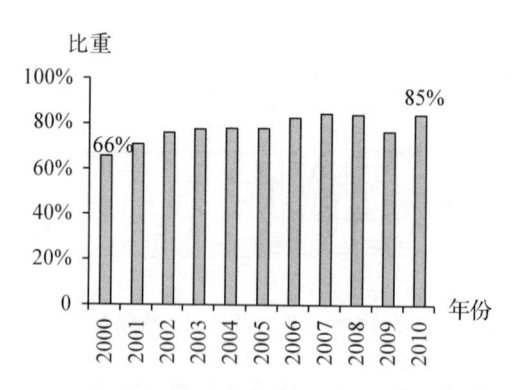

图 5-33 农村小学生均事业经费支出中预算内所占比重

图 5-35 和图 5-36 分别呈现了农村小学和初中生均人员经费支出中预算内所占比重。农村义务教育阶段生均人员经费支出中预算内所占

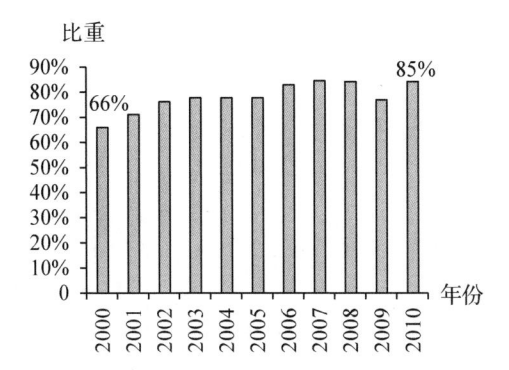

第 5 章 "新机制"实施效果：全国财政性教育经费保障水平和均衡性分析 | 111

图 5-34 农村初中生均事业经费支出中预算内所占比重

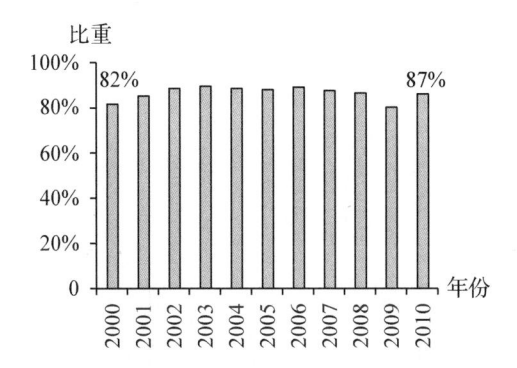

图 5-35 农村小学生均人员经费支出中预算内所占比重

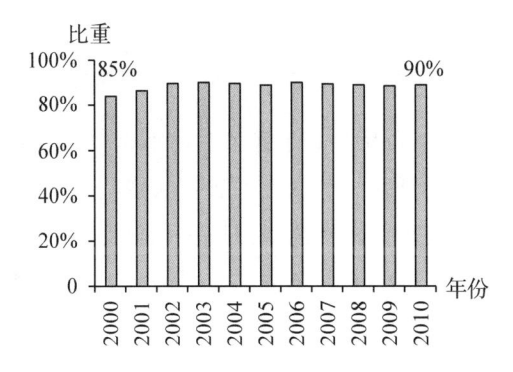

图 5-36 农村初中生均人员经费支出中预算内所占比重

比重变化并不大，小学生均人员经费支出中预算内所占比重从 2000 年 82% 提高到 87%，仅提高了 5 个百分点；初中生均人员经费支出中预算内所占比重从 2000 年到 2010 年都保持在 85%～91%。

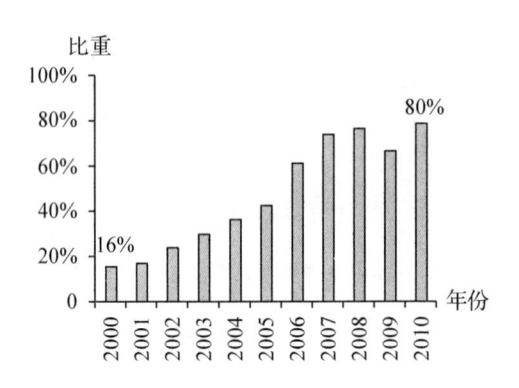

图 5-37　农村小学生均公用经费支出中预算内所占比重

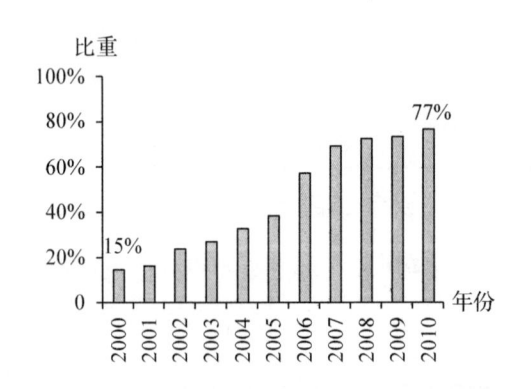

图 5-38　农村初中生均公用经费支出中预算内所占比重

图 5-37 和图 5-38 分别呈现了我国农村小学和初中生均公用经费支出中预算内所占比重及其年度变化趋势。从变化趋势上看，农村义务教育阶段生均公用经费支出中预算内所占比重保持持续快速提高，政府作用非常明显。农村小学阶段生均公用经费支出中预算内所占比重从 2000 年的 16% 提高到 2010 年的 80%，累计提高 64 个百分点。初中阶段生均公用经费支出中预算内所占比重从 2000 年的 15% 提高到 2010 年的 77%，累计提高 62 个百分点。

5.2.2.3 生均基建经费支出中预算内所占比重

从 2000 年到 2010 年，我国义务教育阶段生均基建经费支出中预算内所占比重增幅较大，小学和初中分别累计增长了 77 个百分点和 81 个百分点。全国中小学危房改造工程、农村寄宿制学校建设工程及中小学校舍安全工程成效卓著。

"新机制"要求建立农村义务教育阶段中小学校舍维修改造长效机制，目前的措施是在财政预算内安排一定量的农村中小学校舍维修改造资金(中、西部地区由中央和地方共担)，以弥补学校校舍维修改造经费不足，但这部分经费没有纳入基建经费支出口径。从 2000 年到 2010 年，我国义务教育阶段生均基建经费支出中预算内所占比重增幅较大，小学和初中分别累计增长了 77 个百分点和 81 个百分点。

图 5-39 和图 5-40 分别呈现了我国农村小学和初中生均基建经费支出中预算内所占比重。整体来看，农村义务教育阶段基建支出中政府力量有所增强，农村小学生均基建经费支出中预算内所占比重从 2000 年的 17% 提高到 2010 年的 94%，累计提高 77 个百分点；农村初中生均基建经费支出中预算内所占比重从 2000 年的 13% 提高到 2010 年的 94%，累计提高 81 个百分点。值得关注的是，2001—2005 年实施了"全国中小学危房改造工程"，中央和地方各级政府等投入 430 亿元，累计改造了农村地区中小学危房 7 800 万 m^2，其中新建校舍 6 100 万 m^2，改、扩建 1 700 万 m^2。从图 5-39 和图 5-40 中，可以看出这期间农村中小学校生均基建支出中预算内所占比重增长迅速，尤其是在工程实施的第 2 年(2002 年)，增幅很大。为保证到 2007 年西部地区实现"两基""普九"工作，解决制约西部农村地区普及义务教育的"瓶颈"问题，中央和地方政府从 2004 年开始共同实施"农村寄宿制学校建设工程"。截止到 2007 年，成效显著，2007 年农村中小学校生均基建支出中预算内所占比重增幅也较大。2009—2011 年，即四川省汶川大地震之后，中央启动了"中小学校舍安全工程"，中央投入 280 亿元用于中小学的校舍加固和改造，因而 2010 年的农村中小学校生均基建支出中预算内所占比重达到 11 年间的峰值。

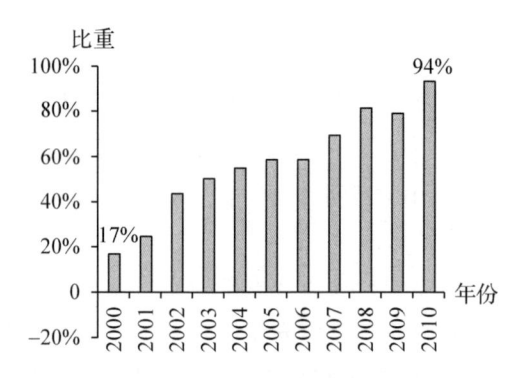

图 5-39 农村小学生均基建经费支出中预算内所占比重

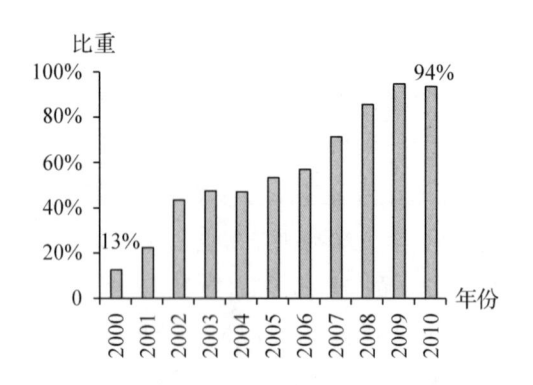

图 5-40 农村初中生均基建经费支出中预算内所占比重

5.3 义务教育阶段经费支出的城乡差异分析

5.3.1 城乡义务教育投入所占比例的差异分析

从 2001 年的"以县为主",到随后几年逐步实施的"两免一补",再到 2005 年年底的"新机制",调整的不仅是对义务教育的管理方式(事权),而且更为重要的是增强政府对义务教育,尤其是农村义务教育投入的努力程度与负担责任。财政性教育经费占教育经费总投入的比例反映了国家财政性经费投入对教育的支持程度。

图 5-41 和图 5-42 分别从农村、城镇财政性教育经费占教育经费总投入的比例和农村、城镇比例差距,呈现了 2000—2010 年我国农村和城镇财政性教育经费占教育经费总投入比例和比例差距变化趋势。农

村和城镇财政性教育经费占教育经费总投入的比例在过去 10 年中都有较大幅度上升，且农村和城镇差距在 2007 年出现峰值，2007 年之后，城镇财政性教育经费占教育经费总投入的比例逐渐上升，与农村所占比例差距逐渐缩小。

图 5-41 呈现了农村和城镇小学财政性教育经费占教育经费总投入各自比例及差距。从各自比例上看，农村和城镇小学财政性教育经费占教育经费总投入的比例在过去 10 年都有提升，农村小学财政性教育经费占教育经费总投入比例从 2000 年的 81% 上升到 2010 年的 98%，上升了 17 个百分点；城镇小学财政性教育经费占教育经费总投入比例从 2000 年的 77% 上升到 2010 年的 90%，上升了 13 个百分点。农村小学财政性教育经费占教育经费总投入的比例一直高于城镇小学财政性教育经费占教育经费总投入的比例。从"农村－城镇"差距上看，"新机制"正式实施的 2006 年之前，城乡之间的差距一直保持稳定，从 2000 年差 4 个百分点到 2005 年差 7 个百分点；2007 年之后，农村小学财政性教育经费占教育经费总投入比例比城镇小学多 15 个百分点，体现了新机制的提升效应。随后，农村小学财政性教育经费占教育经费总投入比例保持高水平稳定，而城镇小学财政性教育经费占教育经费总投入比例逐步上升，农村城镇比例差距逐渐减小。

图 5-42 呈现了农村和城镇初中财政性教育经费占教育经费总投入各自比例及差距。从各自比例上看，农村和城镇初中财政性教育经费占教育经费总投入的比例在过去 10 年都有提升，农村初中财政性教育经费占教育经费总投入比例从 2000 年的 77% 上升到 2010 年的 97%，上升了 20 个百分点；城镇初中财政性教育经费占教育经费总投入比例从 2000 年的 71% 上升到 2010 年的 87%，上升了 16 个百分点。农村初中财政性教育经费占教育经费总投入的比例一直高于城镇初中财政性教育经费占教育经费总投入的比例。从"农村－城镇"差距上看，"新机制"实施的 2006 年之前，城乡之间的差距一直保持稳定，差距从 2000 年的 7 个百分点到 2005 年的 9 个百分点；2005 年到 2007 年，从 9 个百分点上升到 19 个百分点，体现了新机制的提升效应。随后，农村初中财政性教育经费占教育经费总投入比例保持稳定，城镇初中财政性

教育经费占教育经费总投入比例逐步上升，农村城镇比例差距逐渐缩小。

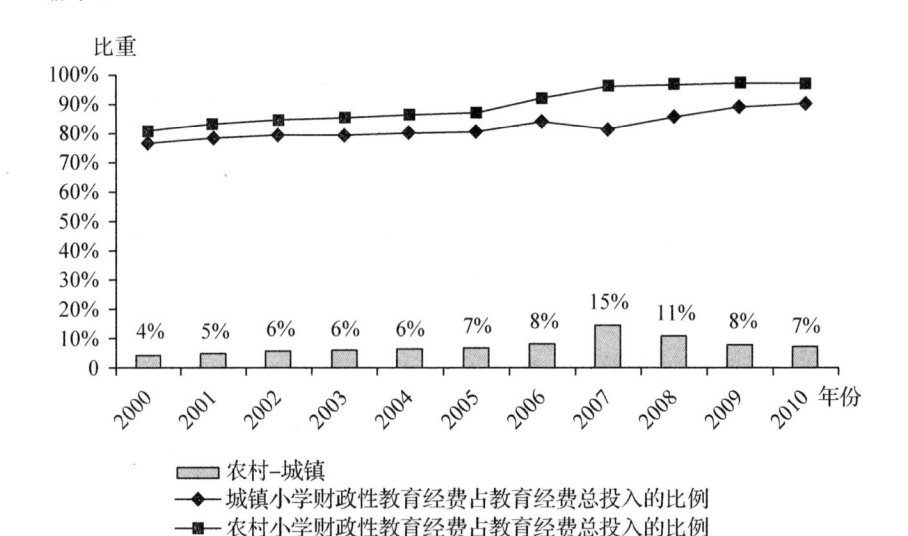

图 5-41 小学财政性教育经费占总投入比例的城乡差异

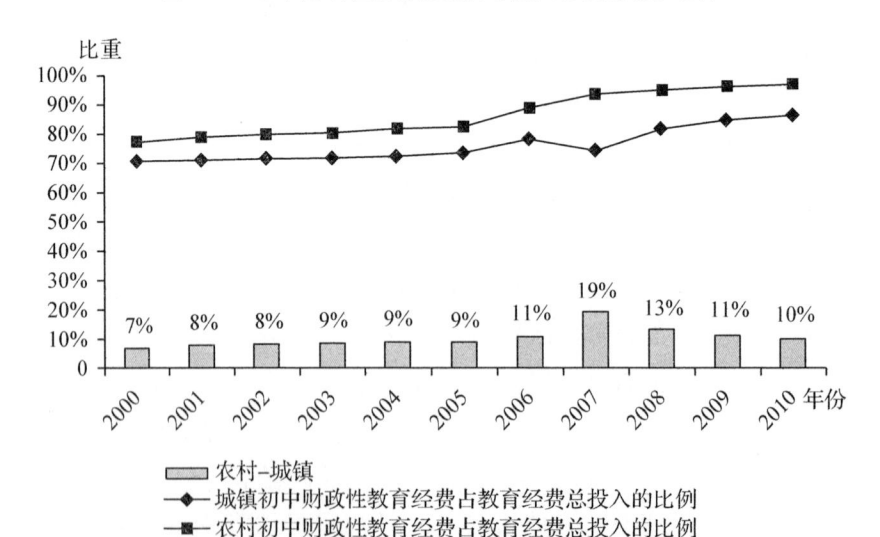

图 5-42 初中财政性教育经费占总投入比例的城乡差异

5.3.2 义务教育阶段经费支出利益归宿的城乡分布

义务教育经费在农村和城镇之间分配不公是社会普遍关注的一个焦点问题。为研究筹资责任的主体上移和保障力度加大是否对义务教育支出农村和城镇分布不均等情况有所改善，我们拟运用利益归宿分析的研究方法。利益归宿分析方法是衡量公共支出公平性的一种常用方法，主要是根据某种福利指标（如收入、消费等）将个人或家庭进行排序，用各群体享有的公共支出份额作为受益的衡量指标，如果一个群体享有的公共支出份额超过其所占总人口比例，此群体则为公共支出的受益者；相反，如果一个群体享有的公共支出份额低于其所占总人口比例，此群体则为公共支出的受损者[①]。赵海利（2007）、范丽萍和李祥云（2010）等研究者分别利用中国不同年份基础教育阶段数据进行教育公共支出的利益归宿研究，发现人均收入越高的地区越有可能成为我国教育公共支出的最大受益者[②]。

在本部分，我们借鉴世界银行的研究方法，基于2000年到2010年近11年的相关数据，对我国义务教育支出利益归宿的城乡分布进行了考察。在分析我国义务教育公共支出利益归宿的城乡分布时，我们需要估计两个指数"EPI"和"ESI"。其中，"EPI"指数主要是考察农村地区和城镇地区分别从义务教育公共支出中的获益情况，若EPI等于或大于1，则该地区为义务教育公共支出的受益者，反之为受损者；而"ESI"指数则侧重于考察义务教育公共支出分别对农村地区和城镇地区义务教育需求的满足程度，若ESI等于或大于1，则义务教育公共支出满足或超过了该地区的义务教育需求，反之为不满足[③]。本部

---

① 桑贾伊·普拉丹. 公共支出分析的基本方法[M]. 北京：中国财经经济出版社，2000.

② 范丽萍，李祥云. 我国义务教育经费保障"新机制"分析[J]. 中南财经政法大学学报，2010(5)：68—73.

赵海利，赵海龙. 谁是我国初等教育公共支出的受益者[J]. 经济社会体制比较，2007(4)：141—144.

③ 李祥云. 税费改革前后义务教育公共支出利益归宿比较——基于省级数据的实证分析[J]. 华中师范大学学报（人文社会科学版），2008(5)：115—120.

分所用数据均来自于《中国统计年鉴》(2011)、《中国教育经费统计年鉴》(2000—2010)、教育部统计数据(2000—2010)。具体的计算公式如下：

$$EPI_i = \frac{RE_i}{RP_i} \quad i=1,为农村地区；i=2,为城镇地区 \quad (5-1)$$

其中：RE_i 表示 i 地区所享受的义务教育公共支出份额；

RP_i 表示该地区人口占总人口份额

$$ESI_i = \frac{RE_i}{RS_i} \quad i=1,为农村地区；i=2,为城镇地区 \quad (5-2)$$

其中：RE_i 表示 i 地区所享受的义务教育公共支出份额；

RS_i 表示该地区义务教育阶段学生数的比例

5.3.2.1 EPI 指数的估计

图 5-43 和图 5-44 分别呈现了基于 EPI 指数估计得到的我国小学阶段和初中阶段公共支出利益归宿的城乡分布。从农村地区和城镇地区享受义务教育公共支出受益份额来看，2007 年之前城镇基本是小学和初中公共支出的受益者，而农村是受损者；其中，2003 年农村税费体制改革及之前实施的"以县为主"义务教育管理体制改革尽管在一定程度上有所扭转农村和城镇的义务教育公共支出利益归宿，但真正使得城乡义务教育公共支出受益状况发生根本性变化的在于 2006 年实施的"新机制"，在 2007 年之后，农村地区在各项经费支出中都逐步成为了受益者，而且受益程度逐年上升，这充分体现出政府对农村地区义务教育的公共财政保障的倾斜力度。

图 5-43 和图 5-44 分别呈现了我国小学和初中阶段财政性教育经费投入总量"EPI"指数城乡对比。从城乡享有的义务教育阶段财政性教育经费投入总量来看，在 2002 年之前，城镇是义务教育阶段财政性教育经费投入的受益者；随着 2003 年税费改革和 2006 年"新机制"的逐步实施，农村逐渐成为了义务教育阶段财政性教育经费投入的受益者，并且在接下来的年份受益程度逐年持续增加，到 2010 年时，农村小学和初中 EPI 指数分别达到 1.27 和 1.11；城镇小学和初中 EPI 指数则分别下降到 0.73 和 0.89。

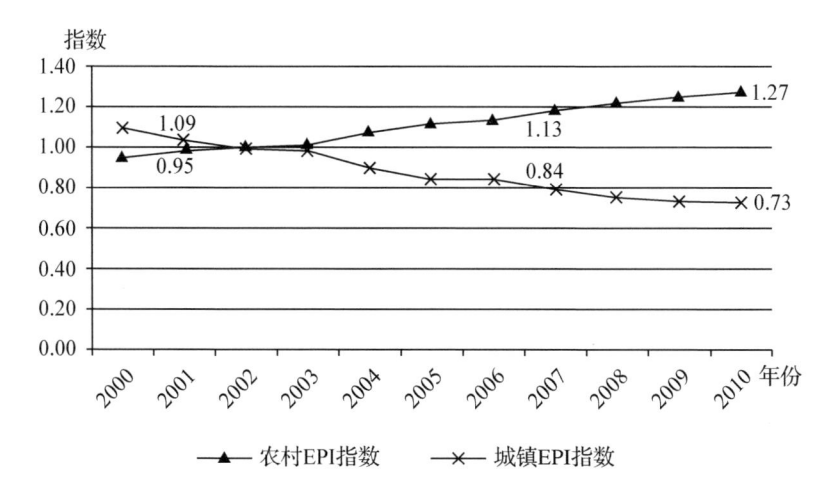

图 5-43　小学阶段财政性教育经费投入总量"EPI"指数城乡对比

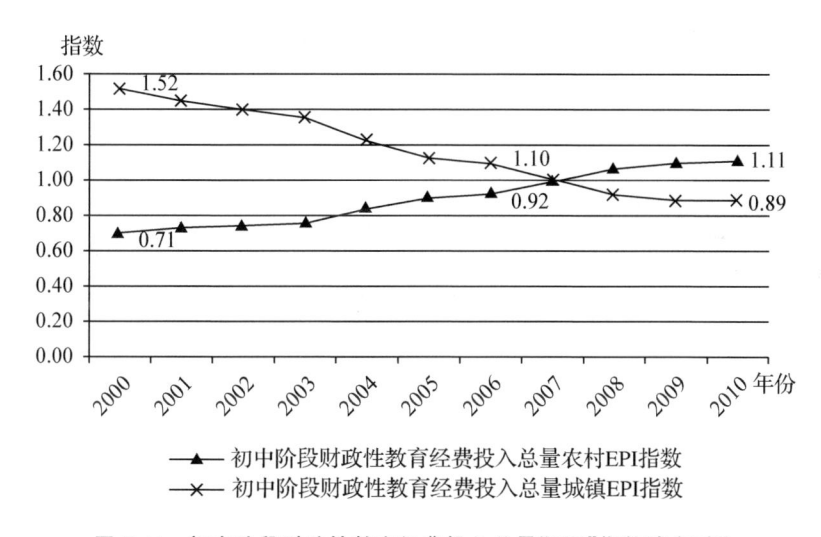

图 5-44　初中阶段财政性教育经费投入总量"EPI"指数城乡对比

图 5-45 和图 5-46 分别呈现了我国小学和初中阶段预算内教育经费支出总量"EPI"指数城乡对比。从城镇和农村享受的预算内教育经费支出受益份额来看，2001 年之前，城镇是义务教育阶段预算内教育经费支出的受益者。随着农村税费改革和"新机制"的实施，利益归宿则出现了截然不同的发展趋势，农村逐渐成为了义务教育阶段财政性教

育经费投入的受益者，并且在接下来的年份受益程度逐年持续增加，到 2010 年时，农村小学和初中 EPI 指数分别达到 1.33 和 1.2；城镇小学和初中 EPI 指数则分别下降到 0.67 和 0.8。

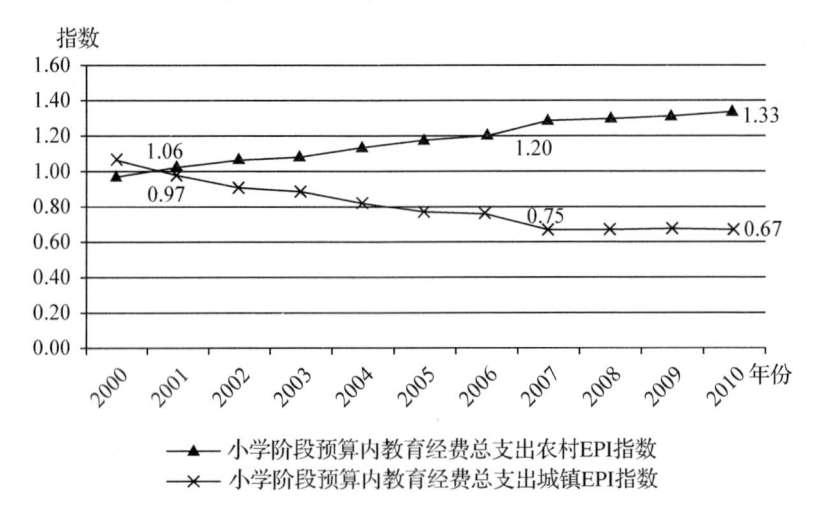

图 5-45　小学阶段预算内教育经费支出总量"EPI"指数城乡对比

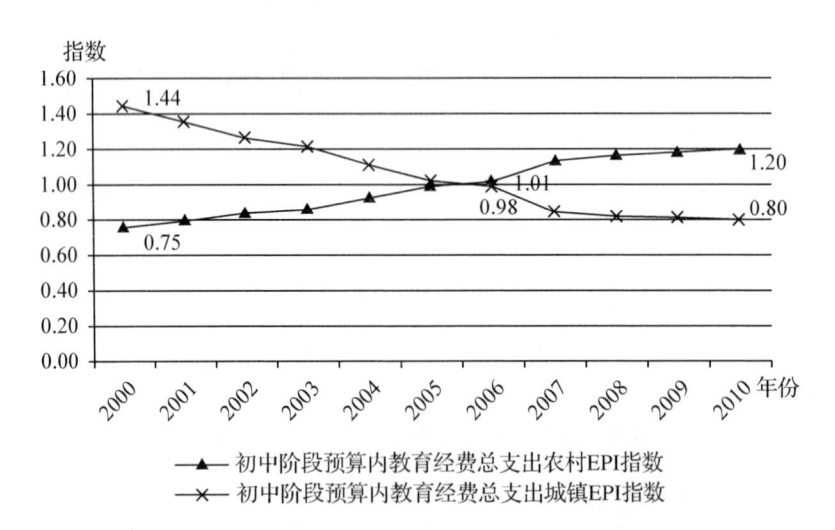

图 5-46　初中阶段预算内经费支出总量"EPI"指数城乡对比

图 5-47 和图 5-48 分别呈现了我国小学和初中阶段预算内人员经费支出总量利益归宿的城乡分布。从城镇和农村享有的义务教育阶段预算内人员经费支出收益份额来看，农村始终是小学阶段预算内人员经

费支出受益者，且 21 世纪以来，EPI 指数逐年升高，受益程度增加。2005 年之前，城镇是初中阶段预算内人员经费支出的受益者，且受益程度逐年下降；2005 年后，农村成为初中阶段预算内人员经费支出受益者。到 2010 年时，农村小学和初中 EPI 指数分别达到 1.35 和 1.20；城镇小学和初中 EPI 指数则分别下降到 0.65 和 0.80。

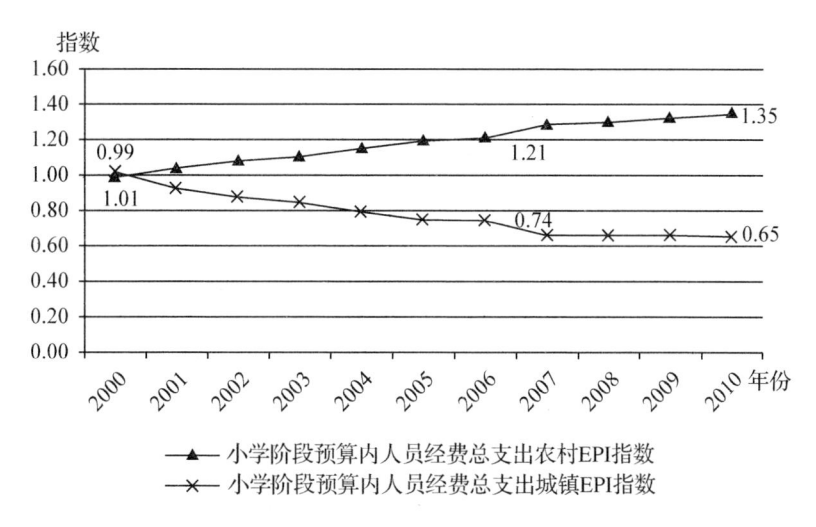

图 5-47 小学阶段预算内人员经费支出总量"EPI"指数城乡对比

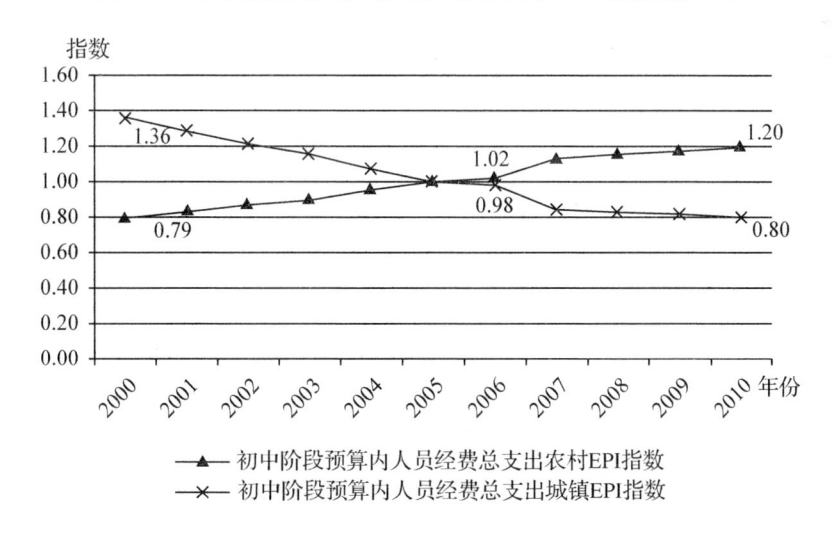

图 5-48 初中阶段预算内人员经费支出总量"EPI"指数城乡对比

图 5-49 和图 5-50 分别呈现了小学和初中阶段预算内公用经费支出总量"EPI"指数城乡对比。从城镇和农村享有的预算内公用经费支出份额来看，2005 年之前，城镇是预算内公用经费支出的受益者，城镇小学 EPI 指数在 2000 年达到最高 1.44，随后逐年下降。2004 年之后，农村成为了预算内公用经费支出的受益者。到 2010 年时，农村小学和初中 EPI 指数分别达到 1.30 和 1.22；城镇小学和初中 EPI 指数则分别下降到 0.69 和 0.78。

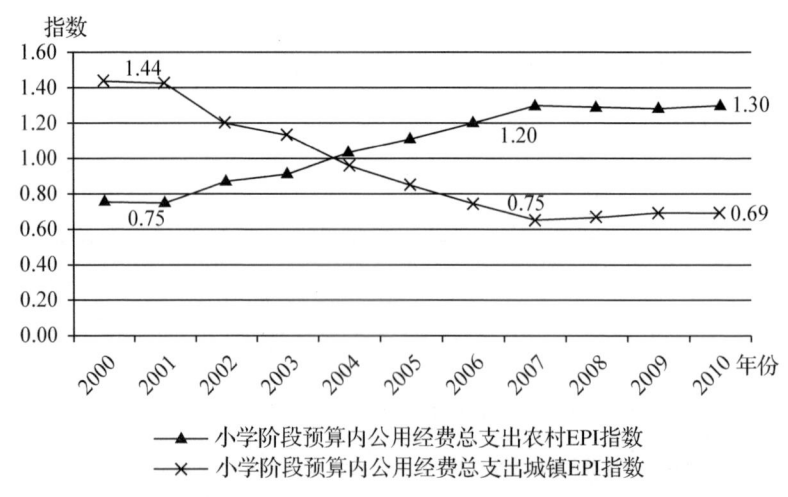

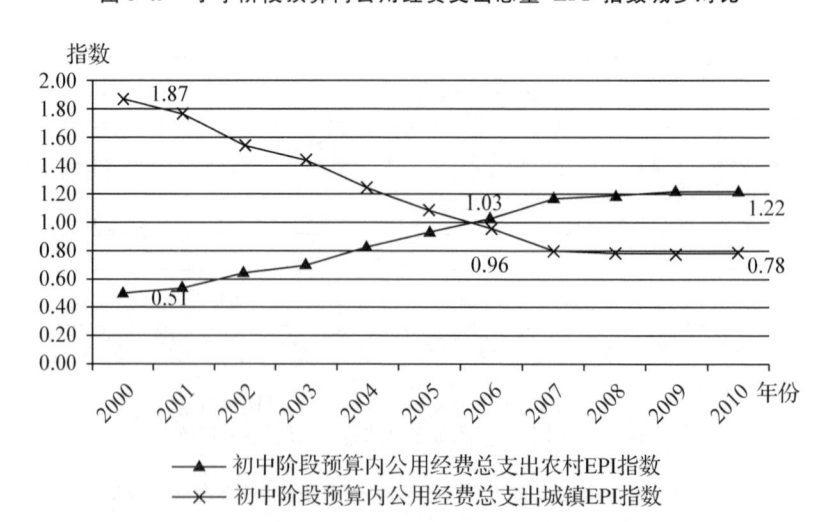

图 5-49 小学阶段预算内公用经费支出总量"EPI"指数城乡对比

图 5-50 初中阶段预算内公用经费支出总量"EPI"指数城乡对比

图 5-49 和图 5-50 分别呈现了初中阶段预算内公用经费支出总量"EPI"指数城乡对比。从城镇和农村享有的预算内公用经费支出份额来看，2006 年之前，城镇是预算内公用经费支出的受益者，EPI 指数在 2000 年达到最高 1.87，随后逐年下降。2006 年"新机制"之后，城镇是预算内公用经费支出的受损者，而农村成为了预算内公用经费支出的受益者。从 2007 年到 2010 年，农村受益程度逐年提升，农村小学和初中 EPI 指数分别稳定在 1.22 和 1.08 左右。

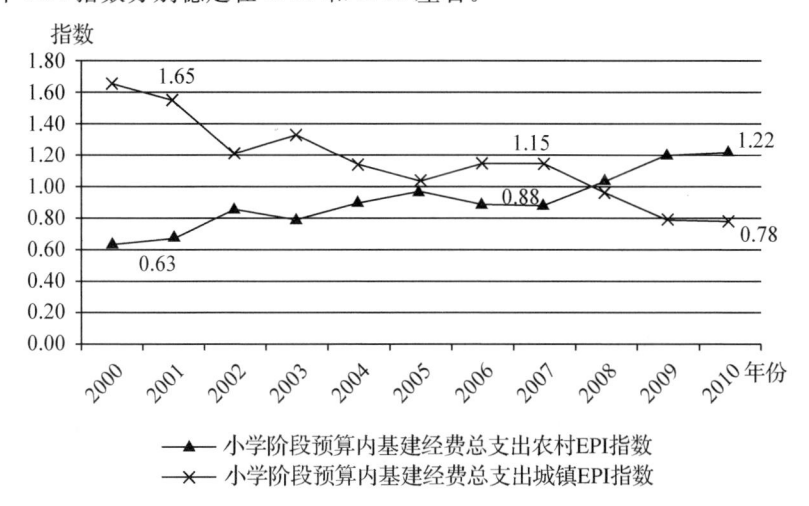

图 5-51　小学阶段预算内基建经费支出总量"EPI"指数城乡对比

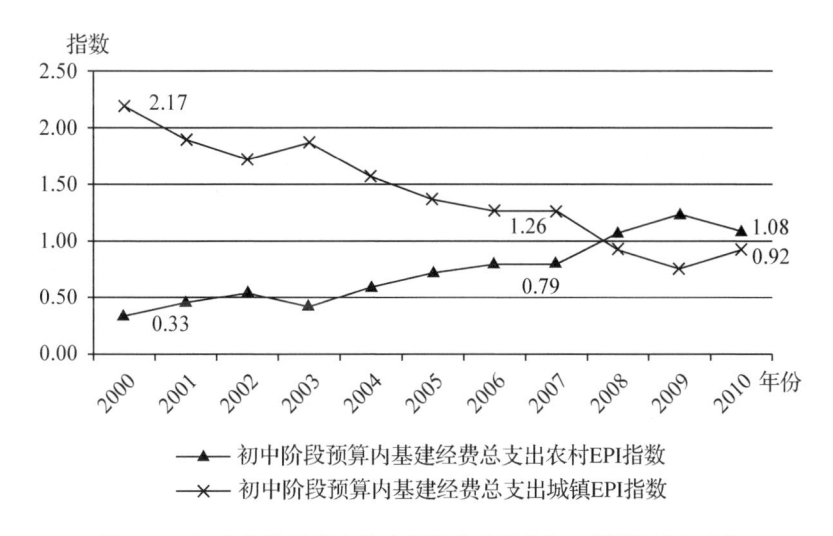

图 5-52　初中阶段预算内基建经费支出总量"EPI"指数城乡对比

图 5-51 和图 5-52 分别呈现了小学和初中阶段预算内基建经费支出总量"EPI"指数城乡对比。2008 年之前，城镇是义务教育阶段预算内基建经费支出受益者，小学 EPI 指数最高达 1.65，初中 EPI 指数最高达 2.17，即城镇所享有的预算内基建经费支出份额远高于城镇所占人口比例。在 2003 年和 2006 年有两次明显的波动，即农村地区 EPI 指数明显有所提升。

5.3.2.2　ESI 指数的估计

考察义务教育公共支出的利益归宿问题不能忽视各地区义务教育阶段学校的实际需求差异。相比较而言，从学校实际需求角度更能客观反映"新机制"实施前后义务教育阶段财政性教育经费投入利益归宿城乡分布变化。2000—2010 年，农村中小学"ESI"指数完成了从小于 1 到大于 1 的转变，即农村所享有的义务教育财政性教育经费投入（包括总投入、预算内总支出、人员经费、公用经费、基建经费支出）份额从不能满足其义务教育的需求转变为能满足其义务教育的需求，且满足程度不断上升。相比"新机制"实施之前，城镇享受的小学与初中公共支出份额超过其需求的程度均有所下降，而农村小学和初中在"新机制"实施之后公共支出对其需求程度的满足程度均有明显提高。这表明税费改革和"新机制"后农村义务教育财政体制调整和旨在增加农村义务教育公共支出等措施，在一定程度上改善了义务教育支出在城乡间分布不合理的状况。

图 5-53 和图 5-54 分别呈现了小学阶段和初中阶段财政性教育经费投入总量"ESI"指数城乡对比。在小学阶段，城镇小学在 2006 年之前财政性教育经费投入份额超过其需求，在 2001 年达到峰值 1.14；2006 年之后城镇小学阶段财政性教育经费投入份额低于其所占学生份额，农村小学阶段财政性教育经费投入份额超过了其学生所占份额，且农村享受的小学财政性教育经费投入份额超过其需求的程度逐年上升。在初中阶段，2004 年之前城镇初中阶段财政性教育经费投入份额超过其需求，在 2000 年达到峰值 1.24；2004 年之后，城镇初中阶段财政性教育经费投入份额低于其所占学生份额，农村初中阶段财政性教育经费投入份额超过了其学生所占份额，且随着 2006 年"新机制"的

实施，农村享受的初中财政性教育经费投入份额超过其需求的程度逐年上升，2010 年 ESI 指数已经达到 1.65。

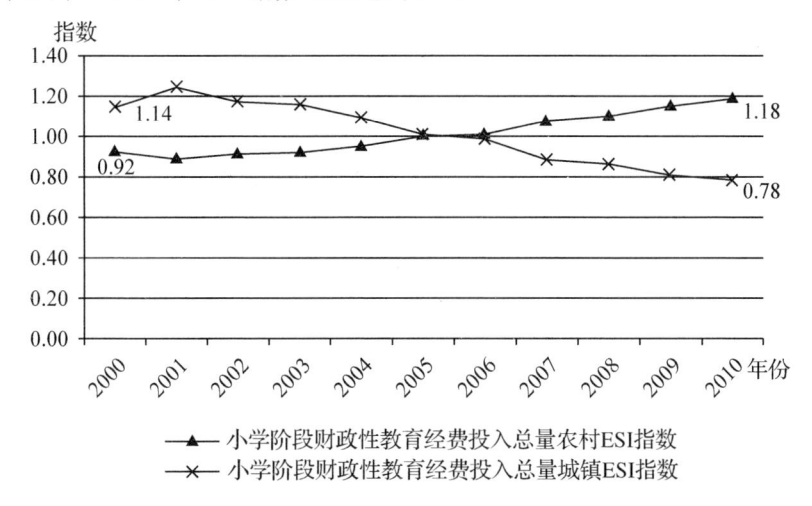

图 5-53　小学阶段财政性教育经费投入总量"ESI"指数城乡对比

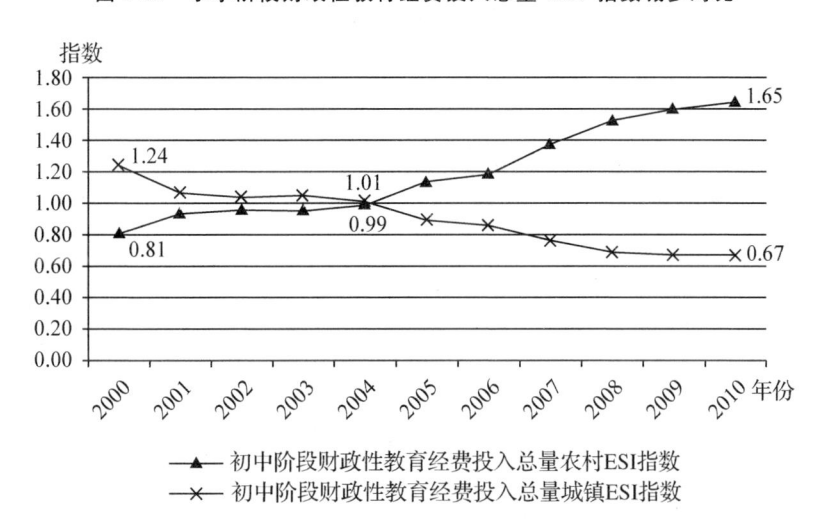

图 5-54　初中阶段财政性教育经费投入总量"ESI"指数城乡对比

图 5-55 和图 5-56 分别呈现了小学阶段和初中阶段预算内教育经费支出总量"ESI"指数城乡对比。在小学阶段，2004 年之前城镇享有的小学阶段预算内教育经费支出份额超过其所占学生份额，农村享有小学预算内教育经费支出份额低于其学生所占份额；但 2004 年之后，城

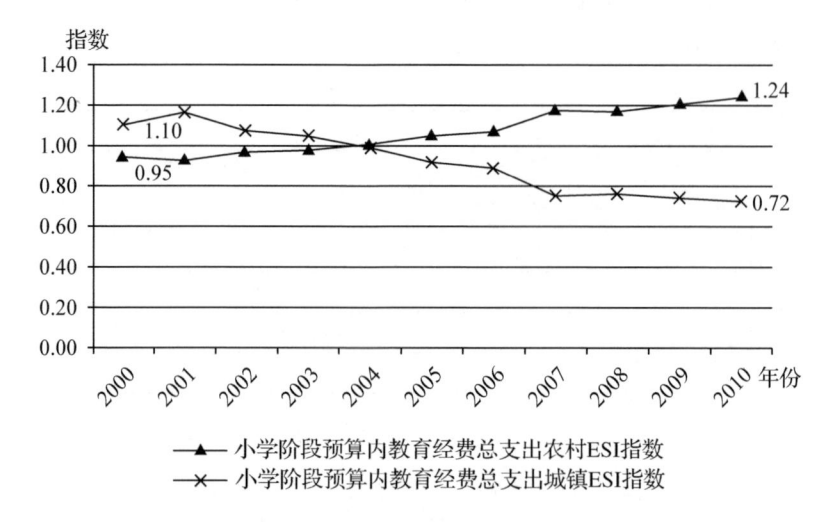

图 5-55　小学阶段预算内教育经费支出总量"ESI"指数城乡对比

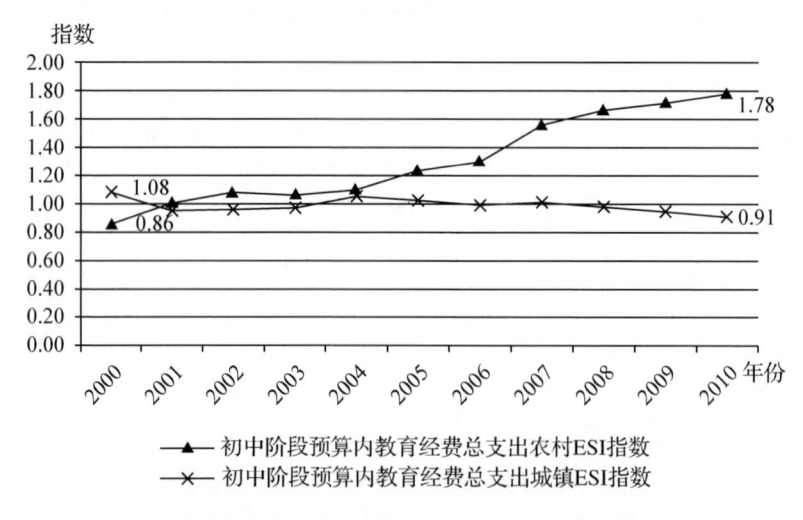

图 5-56　初中阶段预算内教育经费支出总量"ESI"指数城乡对比

镇享有的小学阶段预算内教育经费支出份额低于其学生所占份额，而农村享有小学预算内教育经费支出份额高于其学生所占份额，且超过其需求的程度逐年升高。在初中阶段，2004 年之前城镇享有的初中阶段预算内教育经费支出份额超过其所占学生份额，农村享有初中预算内教育经费支出份额低于其学生所占份额；在 2004 年之后，城镇享有的初中阶段预算内教育经费支出份额低于其学生所占份额,而农村享有初中预算内教育经费支出份额高于其学生所占份额,超过其需求的程度逐年升高,尤其是在 2006 年"新机制"实施后的 2007 年,农村 ESI 指数的明显提升。

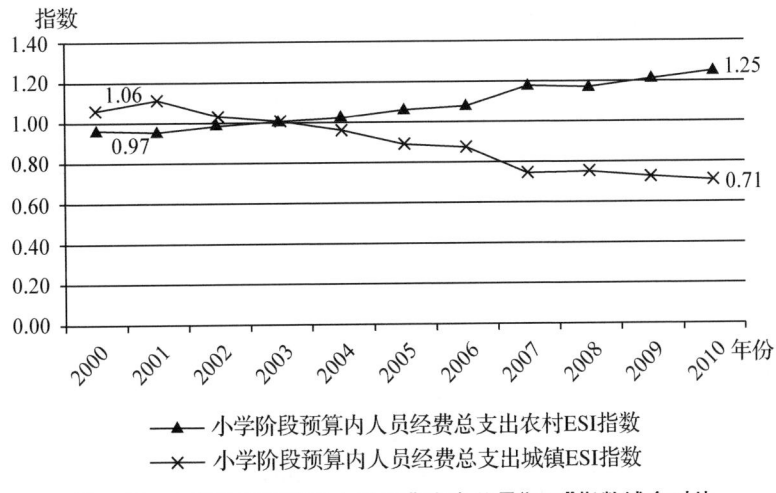

图 5-57 小学阶段预算内人员经费支出总量"ESI"指数城乡对比

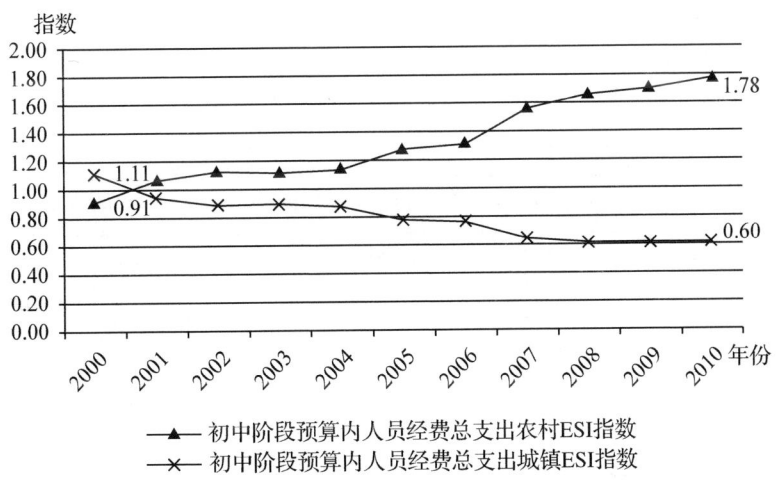

图 5-58 初中阶段预算内人员经费支出总量"ESI"指数城乡对比

图 5-57 和图 5-58 分别呈现了我国小学和初中阶段预算内人员经费支出"ESI"指数城乡对比。在小学和初中阶段，农村享有预算内人员经费支出份额高于其所占学生份额，尤其随着 2006 年"新机制"的实施，农村预算内人员经费支出所占份额超过其需求的程度进一步提升，而城镇则进一步下降。

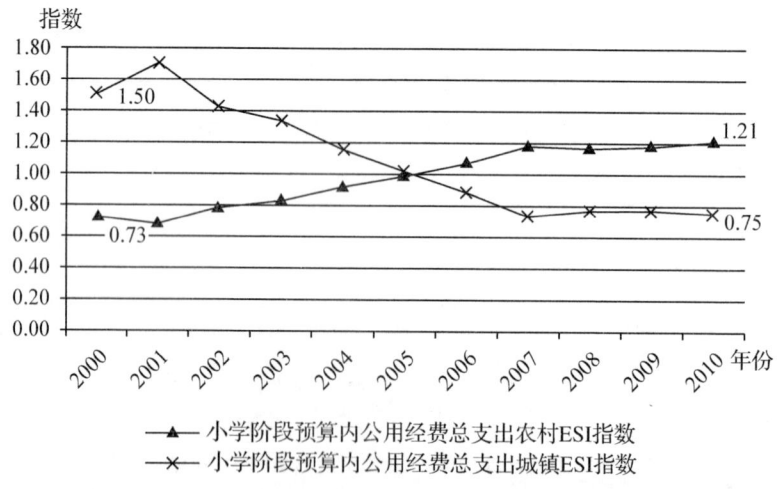

图 5-59 小学阶段预算内公用经费支出总量"ESI"指数城乡对比

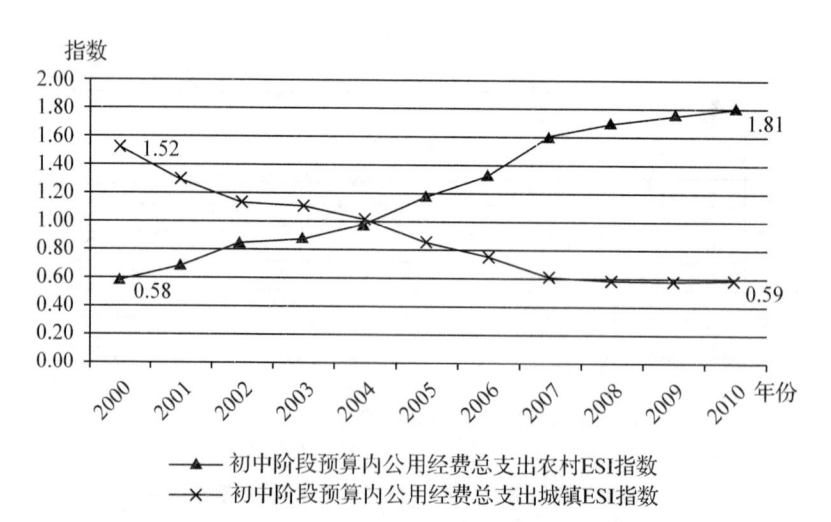

图 5-60 初中阶段预算内公用经费支出总量"ESI"指数城乡对比

第 5 章 "新机制"实施效果：全国财政性教育经费保障水平和均衡性分析 | 129

图 5-59 和图 5-60 分别反映了小学和初中阶段预算内公用经费支出总量"ESI"指数城乡对比。在 2004 年之前，小学阶段城镇预算内公用经费支出远远超过其需求，相应地农村小学预算内公用经费支出不能满足其需求；随着"新机制"的实施，农村小学所享有的预算内公用经费支出份额超过其所占学生份额，而城镇小学所享有的预算内公用经费支出份额低于其所占学生份额。在初中阶段，2000 年，城镇预算内公用经费支出远远超过其需求，ESI 指数达到 1.52；随着 2003 年农村税费改革的实施，2004 年后，农村初中所享有的预算内公用经费支出份额超过其所占学生份额，而城镇初中所享有的预算内公用经费支出份额低于其所占学生份额；"新机制"实施后农村初中享受的预算内公用经费支出份额进一步提升，到 2010 年时 ESI 指数达到 1.81。

图 5-61 和图 5-62 分别呈现了我国小学和初中阶段预算内基建经费支出总量"ESI"指数城乡对比。在小学阶段，2008 年之前，城镇预算内基建经费支出 ESI 指数一直高于农村，最高达 1.85；2007 年之后农村预算内基建经费支出份额逐渐有所扭转。在初中阶段，在 2006 年之前城镇初中预算内基建经费远远高于农村；在"新机制"实施后，农村享有的初中预算内基建经费支出份额逐渐扭转，在 2009 年农村 ESI 指数达到峰值 1.79。

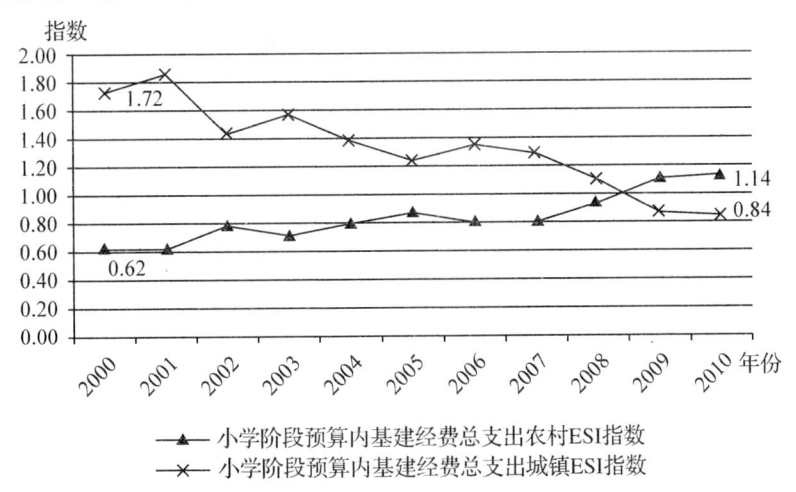

图 5-61 小学阶段预算内基建经费支出总量"ESI"指数城乡对比

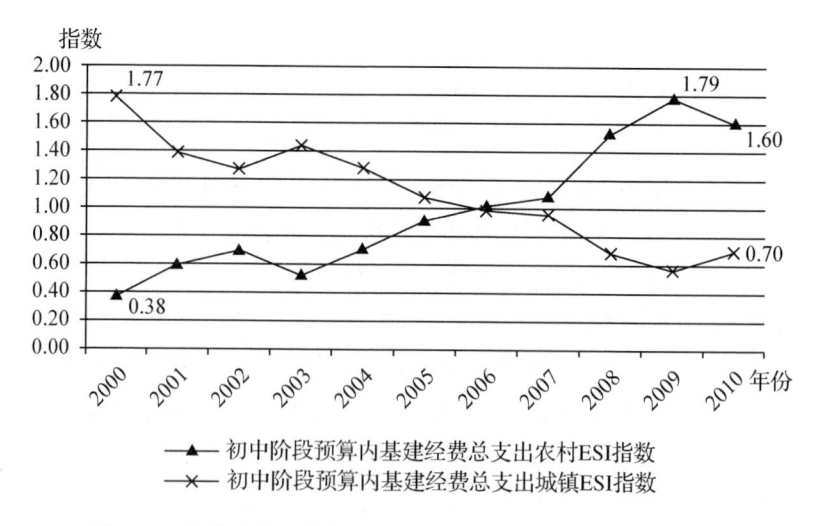

图 5-62　初中阶段预算内基建经费支出总量"ESI"指数城乡对比

5.3.3　生均教育经费支出的城乡差距与地区差异

5.3.3.1　测度义务教育经费支出地区差异的指标

在描述不平等的研究中，有大量统计方法，考虑到泰尔指数能够进一步将不平等分解为组内的不平等和组间的不平等，本文将采用泰尔指数的方法评价城乡差距和地区差距。以全国生均教育经费支出的不平等比例为例，它既可以按照城乡分解，也可以按照地区分解。

按照城乡分解，它包含了城市和农村内部的差距（组内差距），以及城市和农村之间的差距（组间差距），后者即为本部分关注的焦点——城乡差距。由于中国农村义务教育"新机制"的实施是由西到东逐步推进，并且在不同地区不仅"新机制"政策推行时间有先后，中央和省级财政教育经费分担比例也不尽相同。因此，本部分我们还关注东部、中部、西部地区的差距。根据"新机制"推行时期的先后，将东部地区界定为北京、天津、辽宁、上海、江苏、浙江、福建、山东、广东（9个地区）；中部地区界定为河北、山西、吉林、黑龙江、安徽、江西、河南、湖北、湖南、海南（10个地区）；西部地区界定为内蒙古、广西、重庆、四川、贵州、云南、陕西、甘肃、青海、宁夏、新疆(11个地区)①；利用 Theil 指数进行地区之间不平等分解,包含了东部地区、中部地区和西部地区的差距(组内差距),以及这三大区域之间的差距(组间差距),这即为本部分关注的另一焦点——区域差距。

泰尔指数分解为组内差距和组间差距的估算公式为：

$$\text{Theil} = \sum_{k=1}^{m} s_k T_k + \sum_{k=1}^{m} s_k \ln\left(\frac{X_k}{X}\right) \quad (5-3)$$

其中，$W_{\text{组内差距}} = \sum_{k=1}^{m} s_k T_k$

$B_{\text{组间差距}} = \sum_{k=1}^{m} s_k \ln\left(\frac{X_k}{X}\right)$

在(5-3)中,s_k表示第k组支出在全样本总支出中所占份额；T_k是第k组的泰尔系数,$T_k = \frac{1}{N_k}\sum_{i=1}^{N_k}\frac{e_i}{\bar{e}}\ln\left(\frac{e_i}{\bar{e}}\right)$(其中$e_i$是第$k$组中第$i$个样本支出；$\bar{e}$是第$k$组样本的平均支出)；而$X_k$是第$k$组的平均支出,$X$是全样本的平均支出。显然,根据我们的研究设计,在城乡差距的分析中,只有城、乡两个组,每个组内则有 30 个省级行政区；而在地区差距分析中,则有东、中、西三个组,其中,东部有 9 个省级行政区,中部有 10 个行政区,西部则有 11 个行政区。

5.3.3.2 生均教育经费支出的城乡差距

表 5-1 和表 5-2 分别呈现了小学和初中生均教育经费支出城乡差距的变化情况。第 2 列到第 6 列依次是生均教育经费支出从 2000 年到 2010 年全样本的泰尔指数、城镇地区内部的泰尔指数、农村地区内部的泰尔指数、城镇和农村内部省际差异的泰尔指数分解、城市和农村之间省际差异的泰尔指数分解；第 7 列到第 11 列依次是生均预算内教育经费支出从 2000 年到 2010 年的全样本的泰尔指数、城镇地区内部的泰尔指数、农村地区内部的泰尔指数、城镇和农村内部省际差异的泰尔指数分解、城市和农村之间省际差异的泰尔指数分解。

---

① 要注意的是：由于西藏的教育经费投入情况较为特殊,且从新机制各个时期出台的政策文本和法律文本中都单独涉及,因此,在本部分的分析中我们将不考虑西藏。

根据表 5-1 和表 5-2 的估计结果，小学阶段和初中阶段生均教育经费支出和生均预算内教育经费支出差异状况的变动情况基本一致，因此，我们一并进行描述。

在两张表中，第 2 列均反映出小学和初中阶段生均教育经费支出的省际差异在 2000 年和 2010 年整体呈现下降的趋势，其中最为明显的是在 2005 年。从生均教育经费泰尔指数的组内分解和组间分解结果来看，城乡内部省际差异的泰尔指数分解结果在这 11 年期间整体变化不大，甚至还有略微上升的趋势；事实上，我们单独分析生均教育经费城镇内部和农村内部的泰尔指数可以看到，城镇地区内部的泰尔指数明显高于农村地区内部的泰尔指数，但是，不管对于城镇地区还是对于农村地区，地区内部的泰尔指数在这 11 年期间整体变化均不大，同样略有上升。正因为如此，在泰尔指数的分解结果中，城乡内部省际差异的泰尔指数贡献率从 2000 年的 64.6% 上升到 2010 年的 93.5%。对于我们最关心的城乡之间差异的分解结果来看，生均教育

表 5-1　小学生均教育经费支出的城乡差距：2000—2010 年

年份	生均教育经费支出					生均预算内教育经费支出				
	总泰尔指数	分组泰尔指数				总泰尔指数	分组泰尔指数			
		城镇	农村	城乡内部	城乡之间		城镇	农村	城乡内部	城乡之间
2000	0.124	0.097	0.069	0.080	0.044	0.125	0.100	0.083	0.090	0.036
2001	0.122	0.100	0.065	0.079	0.043	0.113	0.094	0.074	0.081	0.032
2002	0.120	0.096	0.069	0.079	0.041	0.097	0.086	0.065	0.072	0.024
2003	0.132	0.114	0.071	0.087	0.045	0.100	0.104	0.056	0.073	0.026
2004	0.129	0.124	0.084	0.099	0.030	0.103	0.111	0.076	0.088	0.015
2005	0.118	0.111	0.083	0.093	0.025	0.102	0.109	0.080	0.090	0.013
2006	0.113	0.112	0.080	0.092	0.021	0.095	0.074	0.074	0.086	0.009
2007	0.096	0.096	0.074	0.082	0.014	0.099	0.152	0.064	0.095	0.004
2008	0.091	0.097	0.073	0.082	0.009	0.096	0.138	0.070	0.093	0.003
2009	0.094	0.099	0.072	0.086	0.008	0.087	0.100	0.079	0.085	0.002
2010	0.097	0.099	0.075	0.090	0.006	0.094	0.104	0.081	0.093	0.001

表 5-2　初中生均教育经费支出的城乡差距：2000—2010 年

| 年份 | 生均教育经费支出 ||||| 生均预算内教育经费支出 |||||
| | 总泰尔指数 | 分组泰尔指数 |||| 总泰尔指数 | 分组泰尔指数 ||||
		城镇	农村	城乡内部	城乡之间		城镇	农村	城乡内部	城乡之间
2000	0.130	0.081	0.062	0.072	0.057	0.118	0.088	0.065	0.077	0.041
2001	0.127	0.087	0.056	0.073	0.054	0.106	0.088	0.057	0.073	0.033
2002	0.134	0.097	0.056	0.078	0.056	0.102	0.099	0.050	0.074	0.027
2003	0.159	0.124	0.065	0.097	0.061	0.122	0.127	0.060	0.093	0.029
2004	0.186	0.117	0.087	0.108	0.078	0.140	0.138	0.074	0.114	0.026
2005	0.144	0.131	0.087	0.108	0.036	0.119	0.136	0.079	0.103	0.015
2006	0.133	0.130	0.083	0.106	0.027	0.106	0.129	0.072	0.097	0.009
2007	0.112	0.106	0.074	0.089	0.024	0.084	0.115	0.062	0.082	0.002
2008	0.084	0.088	0.060	0.072	0.012	0.099	0.142	0.071	0.098	0.001
2009	0.081	0.088	0.063	0.074	0.007	0.081	0.116	0.059	0.080	0.001
2010	0.097	0.099	0.073	0.090	0.006	0.094	0.084	0.070	0.093	0.001

经费支出的城乡之间泰尔指数分解结果的下降速度非常之快，特别是在 2005 年、2006 年这两年；这一结果证实了"新机制"实施后，生均教育经费支出在城乡之间更趋于公平。

由于预算内教育经费支出的变动情况更清晰的显示出政府在义务教育中的作用，我们进一步对第 7 列到第 11 列的数据进行分析。根据第 7 列的数据，生均预算内教育经费支出的泰尔指数在 2005 年前后呈现截然相反的变化方向，由逐年上升变化为逐年下降，这在很大程度上反映出"新机制"的政策效应。从生均预算内教育经费泰尔指数的组内分解和组间分解结果来看，城乡内部省际差异的泰尔指数分解结果在这 11 年期间整体变化不大；事实上，我们单独分析生均预算内教育经费城镇内部和农村内部的泰尔指数可以看到，城镇地区内部的泰尔指数明显高于农村地区内部的泰尔指数，但是，不管对于城镇地区还是对于农村地区，地区内部的泰尔指数在这 11 年期间整体变化均不大，同样略有上升。对于我们最关心的城乡之间差异的分解结果来看，生均预算内教育经费支出的城乡之间泰尔指数分解结果在这 11 年期间均表现出较为明显的下降趋势。在 2005 年之前，在 2001 年国务院颁布了《关于基础教育改革与发展的决定》（以下简称《决定》），提出了农村义务教育管理新体制，即"在国务院领导下，由地方政府负责，分级管理，以县为主"的体制，《决定》将义务教育的投入责任、管理责任中心上移，这标志着我国义务教育"以县为主"管理体制的开端，也预示着我国将逐步开始实施公共财政保障义务教育的财政体制，中国农村义务教育公共投入的主体得以明确；"国家贫困地区义务教育工程"等项目集中于贫困的农村地区，这些政策和项目的实施缩小了城乡义务教育阶段财政经费投入的差距。更进一步，在"新机制"实施之后，2005—2010 年的生均预算内教育经费支出城乡之间泰尔指数分解结果的下降幅度大大超过 2000—2004 年，这一结果再一次证实了"新机制"的广泛推行使得预算内教育经费支出在城乡之间更加趋于公平。

5.3.3.3 农村生均教育经费支出的地区差异

"新机制"依据东、中、西三片地区来确定中央和地方政府对农村义务教育经费承担的项目和比例，各省按照中央与地方间农村义务教育经费投入责任分担原则，结合本省的具体情况，制定出省级政府与各市、县级政府的经费分担规则。对西部 11 个省（区）（陕西、甘肃、新疆、广西、四川、云南、重庆、宁夏、内蒙古、青海、贵州）来说，教科书资金由中央财政全额承担，免学杂费和提高公用经费资金中央承担 80%，地方承担 20%。校舍维修改造资金中央承担 50%，地方承担 50%。家庭经济困难寄宿生的生活费补助，地方财政承担 50%，中央财政照 50% 的比例给予奖励性补助；对中部 10 个省（湖北、安徽、黑龙江、海南、江西、河北、河南、湖南、吉林、山西）来说，教科书资金由中央财政全额承担，免学杂费和提高公用经费资金中央承担 60%，地方承担 40%。校舍维修改造资金中央承担 50%，地方承担 50%。家庭经济困难寄宿生的生活费补助，地方财政承担 50%，中央财政照 50% 的比例给予奖励性补助；对东部 9 个省市（辽宁、北京、天津、山东、江苏、上海、浙江、福建、广东）来说，教科书资金由地方自行承担，免学杂费和提高公用经费资金，除京、津、沪三个直辖市外，按照财力状况分省确定，中央一般承担 18%～40%，地方承担

60%~82%，校舍维修改造所需资金主要由地方自行承担，中央根据其财力状况及校舍维修改造成效等情况，给予适当奖励，家庭经济困难寄宿生的生活费补助由地方自行承担。农村中小学教师工资中央继续按照现行体制，对中西部及东部部分地区农村中小学教师工资经费给予支持，省级人民政府通过转移支付来支持本行政区域内财力薄弱地区，确保农村中小学教师工资按照国家标准按时足额发放。具体参见表5-3。

表5-3 各个地区中央与地方分担农村义务教育经费情况

地区	免杂费资金分担		公用经费补助资金分担		校舍维修改造资金分担		免教科书资金分担		寄宿生生活补助资金分担	
	中央	地方	中央	地方	中央	地方	中央	地方	中央	地方
西部	80%	20%	80%	20%	50%	50%	100%		50%	50%
中部	60%	40%	60%	40%	50%	50%	100%		50%	50%
东部	18%~40%	60%~82%	18%~40%	60%~82%		100%		100%		100%

表5-4和表5-5分别呈现了农村小学和初中生均教育经费支出地区之间不平等分布的程度，为了考察地区差距的变动，泰尔指数进一步被分解为东、中、西部三个地区的地区内部差距和地区之间差距两个部分。和城乡差距部分的测算相一致，我们同时也给出了东部、中部和西部地区内部各省农村生均教育经费和生均预算内教育经费支出的泰尔系数。在表5-4和表5-5中，第2列到第7列依次是农村生均教育经费支出从2000年到2010年全样本的泰尔指数、东部地区内部的泰尔指数、中部地区内部的泰尔指数、西部地区内部的泰尔指数、各地区内部省级差异的泰尔指数分解、地区之间省级差异的泰尔指数分解；第8列到第13列依次是农村生均预算内教育经费支出从2000年到2010年全样本的泰尔指数、东部地区内部的泰尔指数、中部地区内部的泰尔指数、西部地区内部的泰尔指数、各地区内部省级差异的泰尔指数分解、地区之间省级差异的泰尔指数分解。

表 5-4　农村小学生均教育经费支出的地区差距：2000—2010 年

年份	农村生均教育经费支出 总泰尔指数	分组泰尔指数 东部	中部	西部	地区内部	地区之间	农村生均预算内教育经费支出 总泰尔指数	分组泰尔指数 东部	中部	西部	地区内部	地区之间
2000	0.069	0.048	0.031	0.032	0.038	0.031	0.083	0.080	0.052	0.047	0.060	0.023
2001	0.065	0.044	0.041	0.034	0.040	0.025	0.074	0.073	0.057	0.041	0.057	0.017
2002	0.069	0.048	0.045	0.037	0.044	0.025	0.065	0.063	0.051	0.040	0.051	0.014
2003	0.071	0.050	0.045	0.036	0.044	0.026	0.056	0.034	0.051	0.040	0.042	0.014
2004	0.084	0.071	0.038	0.044	0.052	0.032	0.076	0.076	0.043	0.043	0.055	0.021
2005	0.083	0.074	0.046	0.038	0.054	0.028	0.080	0.087	0.053	0.041	0.062	0.019
2006	0.080	0.085	0.047	0.041	0.059	0.021	0.074	0.092	0.052	0.034	0.060	0.014
2007	0.074	0.090	0.042	0.035	0.057	0.017	0.064	0.090	0.043	0.024	0.054	0.010
2008	0.073	0.094	0.048	0.038	0.060	0.013	0.070	0.095	0.051	0.031	0.059	0.011
2009	0.072	0.107	0.047	0.046	0.066	0.006	0.079	0.112	0.052	0.042	0.068	0.011
2010	0.075	0.106	0.052	0.048	0.068	0.006	0.081	0.113	0.061	0.044	0.072	0.008

表 5-5　农村初中生均教育经费支出的地区差距：2000—2010 年

年份	农村生均教育经费支出 总泰尔指数	分组泰尔指数 东部	中部	西部	地区内部	地区之间	农村生均预算内教育经费支出 总泰尔指数	分组泰尔指数 东部	中部	西部	地区内部	地区之间
2000	0.062	0.074	0.017	0.028	0.044	0.018	0.065	0.070	0.015	0.046	0.045	0.019
2001	0.056	0.070	0.015	0.022	0.040	0.015	0.057	0.070	0.020	0.037	0.045	0.012
2002	0.056	0.065	0.022	0.027	0.041	0.015	0.050	0.063	0.019	0.035	0.040	0.010
2003	0.065	0.075	0.020	0.026	0.044	0.021	0.060	0.070	0.021	0.036	0.044	0.016
2004	0.087	0.096	0.019	0.021	0.054	0.033	0.074	0.085	0.022	0.024	0.050	0.025
2005	0.087	0.089	0.025	0.025	0.054	0.033	0.079	0.089	0.032	0.028	0.056	0.023
2006	0.083	0.088	0.025	0.027	0.053	0.029	0.072	0.088	0.027	0.021	0.052	0.020
2007	0.074	0.088	0.022	0.020	0.051	0.023	0.062	0.083	0.017	0.014	0.045	0.017
2008	0.060	0.079	0.027	0.024	0.048	0.012	0.071	0.111	0.023	0.021	0.058	0.012
2009	0.063	0.091	0.031	0.035	0.055	0.008	0.059	0.089	0.028	0.041	0.055	0.005
2010	0.073	0.102	0.027	0.033	0.059	0.013	0.070	0.106	0.020	0.038	0.059	0.011

根据表5-4和表5-5的估计结果，小学阶段和初中阶段农村生均教育经费支出和生均预算内教育经费支出差异状况的变动情况基本一致，因此，我们同样一并进行描述。

第一，农村中小学阶段生均教育经费支出的省际差异在2005年前后呈现完全相反的变化趋势。在2005年之前，农村小学生均教育经费支出的省际差异从2000年的0.069提高到2005年的0.083，上升幅度为16.9%；农村初中生均教育经费支出的省际差异从2000年的0.062提高到2004年的0.087，提升幅度为40.2%。在2005年之后，农村小学生均教育经费支出的省际差异从2005年的0.083下降到2010年的0.075，下降幅度为13.3%；农村初中生均教育经费支出的省际差异从2004年的0.087下降到2010年的0.073，下降幅度为8.9%。

第二，从生均教育支出泰尔系数的地区内部地区之间分解结果来看，农村中小学地区之间泰尔系数分解结果均出现以2005年为分界点的完全相反变化趋势，而地区内部的泰尔系数分解结果则是呈现一致上升的趋势。在2005年之前，农村小学生均教育经费支出地区之间的差异基本变化不大尽管略微有所下降，农村初中生均教育经费支出的地区之间的差异从0.018上升到0.033；2005年之后，农村小学生均教育经费支出地区之间的差异从0.028下降到0.006，农村初中生均教育经费支出的地区之间差异则从0.033下降到0.013。而地区内部的差异状况则是在2000年到2010年呈现波动上升的趋势，农村小学从0.038上升到0.068，农村初中从0.044上升到0.059。

第三，从地区内部来看，不管是东部地区，还是中部地区，还是西部地区，各个地区内部的差异都有上升的趋势。事实上，在各个地区内部，生均教育经费的绝对值都是有所提高的，如何保证经费投入增加的同时不会拉大区域内部不平等状况成为教育财政保障必须考虑的重要问题。

第四，东中西部地区内部的差异在这11年之间逐渐成为农村生均教育经费支出差距的最主要来源。在小学阶段，生均教育经费支出整体不平等状况中来自地区内部的差异贡献率从2000年的55.8%提高到93.5%，与之相对应，生均教育经费支出整体不平等状况中来自地区之间的差异贡献率则从 2000 年的 44％下降到 2010 年的 6％。在初中阶段，生均教育经费支出整体不平等状况中来自地区内部的差异贡献率从 2000 年的 71％提高到 2010 年的 82％，与之相对应，生均教育经费支出整体不平等状况中来自地区之间的差异贡献率则从 2000 年的 29％下降到 2010 年的 18％。这反映出，"新机制"针对不同地区采取不同的财政分担机制在一定程度上起到了缩小农村地区间差异的作用。

由于预算内教育经费支出的变动情况更清晰的显示出政府在义务教育中的作用，我们进一步对第 8 列到第 13 列的数据进行分析。

第一，农村中小学生均预算内教育经费支出的省际差异在 2000 年到 2010 年整体变化不大。农村小学生均预算内教育经费支出的省际差异在 2000 年为 0.083，在 2010 年则为 0.081；农村初中生均预算内教育经费支出的省际差异在 2000 年为 0.065，在 2010 年为 0.07。

第二，从生均预算内教育经费支出泰尔系数的组间和组内分解结果来看，农村小学和初中地区内部的分解结果整体呈现上升趋势；而小学地区之间的分解结果整体呈现下降趋势，特别在 2005 年之后下降速度明显快于前一阶段；农村初中生均预算内教育经费支出地区之间的分解结果呈现以 2005 年为分界点的完全相反变化趋势，2005 年之前差异扩大，2005 年之后则是差异缩小。

第三，从地区内部来看，东部地区和中部地区的地区内部省际间不平等状况有所上升；而西部地区内部省际间不平等状况有所下降。从"新机制""贫困地区义务教育工程"等项目的实施来看，都主要着眼于西部贫困农村地区，这在一定程度上缩小了西部地区内部省际之间财政性经费保障的差异。但事实上，对于中部部分省份和地区，财政性经费的保障状况也并不理想，关注到中部地区的教育经费不平等保障状况也同样重要。

第四，地区内部的差异在这 11 年之间逐渐成为农村预算内生均教育经费差距的最主要来源。在小学阶段，生均预算内教育经费支出整体不平等状况中来自地区内部的差异贡献率从 2000 年的 72.3％提高到 2010 年的 88.9％，与之相对应，生均教育经费支出整体不平等状况中来自地区之间的差异贡献率则从 2000 年的 26.7％下降到 2010 年的11.1%。在初中阶段,生均预算内教育经费支出整体不平等状况中来自地区内部差异的贡献率从2000年的69%提高到2010年的84%,与之相对应,生均教育经费支出整体不平等状况中来自地区之间的差异贡献率则从2000年的31%下降到2010年的16%。这反映出,"新机制"针对不同地区采取不同的财政分担机制在一定程度上起到了缩小农村地区间差异的作用。

如果进一步比较城乡差距和地区差距,可以发现城乡组间差距的下降速度和幅度高于地区组间差距。以初中阶段农村生均预算内教育经费支出为例,在2000—2010年,东中西地区差距累计下降了15个百分点,而初中阶段生均预算内教育经费支出城乡差距累计下降高达38个百分点。可见,"分地区、按比例"承担农村义务教育经费公共支出的"新机制"不仅在缩小地区教育不平等状况中发挥了较好的效果,而且,在解决城乡差距这个问题上更有成效。

5.3.4 城乡义务教育阶段公共教育投入的收敛性分析

收敛是人们考察不同组群间社会经济趋同的重要手段。为了更加科学地分析2000年至今公共教育投入在城乡间、区域间差异的收敛关系,我们借鉴经济收敛研究中的空间计量手段,深入考察"新机制"政策实施前后城乡义务教育阶段公共教育投入的收敛性特征。考察收敛的初始计量模型为:

$$\frac{1}{t}\ln(\frac{e_{it}}{e_{i0}}) = \alpha - \frac{1-e^{-\beta}}{t}\ln e_{i0} + \varepsilon_i \qquad \varepsilon_i \sim N(0,\sigma^2) \qquad (5-4)$$

(5-4)式为估计基期收敛状况的 Barron, R.J 和 Sala-i-martin 收敛模型,e_{it}为第i个样本在t时期的教育投入指标,e_{i0}为初始期的该指标。如果估计的结果为负且在统计意义上是显著的,则说明不同样本之间该项教育投入指标的平均增长率在0~t时段与初始时期的教育投入水平呈现负相关关系,落后地区的教育投入增长要快于发达地区,因而存在β收敛趋势。

从上文的分析中,我们得出义务教育阶段公共教育经费投入的城乡差距在"新机制"政策实施之后有了较为明显的缩小趋势。因此,我们以"新机制"启动的2005年作为分界点,分别考察2000—2005年、

2005—2010 年两个时段农村地区和城镇地区省际间义务教育生均教育经费支出的收敛性。

表 5-6　义务教育阶段生均教育经费支出的收敛性分析：2000—2010 年

		生均经费支出				生均预算内教育经费支出			
		农村地区		城镇地区		农村地区		城镇地区	
		2000—2005 年	2005—2010 年	2000—2005 年	2005—2010 年	2000—2005 年	2005—2010 年	2000—2005 年	2005—2010 年
小学	β	0.0145	−0.0224*	0.0035	−0.0156*	−0.0140	−0.0216*	−0.0036	−0.0141*
	是否收敛	无收敛	收敛	无收敛	收敛	收敛	收敛	收敛	收敛
初中	β	0.0108	−0.0279*	0.0399**	−0.0284**	0.0001	−0.0302**	0.0292*	−0.0249*
	是否收敛	无收敛	收敛	无收敛	收敛	无收敛	收敛	无收敛	收敛

注：* 表示在 10% 水平下显著；** 表示在 5% 水平下显著。为了便于区别比较，所有估计值均保留小数点后三位。

表 5-6 现了农村小学和初中教育经费支出收敛状况，其中，表格上半部分呈现的是小学估计结果；表格下半部分呈现的是初中估计结果；第 5~6 列是生均教育经费支出分别在农村地区和城镇地区的收敛状况；第 9~10 列则是生均预算内教育经费支出的收敛状况。在 Barron, R.J 和 Salai-martin 收敛模型中，主要依据 β 值的正负性和显著性判断收敛性。那么，根据表 5-6 的测算结果，不管在城镇地区，还是在农村地区，不管在小学阶段，还是在初中阶段，2000—2005 年、2005—2010 年两个阶段的收敛状况完全相反：在 2000—2005 年这一阶段，除农村和城镇小学生均预算内教育经费收敛模型估计得到的 β 值为负（但统计意义上不显著），义务教育阶段生均教育经费和生均预算内教育经费在农村地区和城市地区均表现出较为明显的发散趋势；而在 2005—2010 年这一阶段，义务教育阶段生均教育经费和生均预算内教育经费在农村地区和城市地区均表现出较为显著的收敛趋势。

5.3.5　城乡义务教育阶段公共教育投入的财政中立性分析

财政中立的原则是指公立学校中青少年所获得学校教育资源不应该受到其所在地区经济发展状况的影响。在公共经济学领域，财政中立应该作为评价公共财政政策公平性的重要工具。对应于本文，我们主要分析生均教育支出水平与各地区人均 GDP 的相关系数、生均教育支出水平与各地区人均 GDP 的弹性。根据相关研究，如果前述相关系数小于 0.5 且弹性系数小于 0.1，则在一定程度上反映该地区教育财政体制基本满足财政中立性的标准[①]。弹性系数 β 的计算公式如下：

$$\ln e_i = \alpha + \beta \ln(Per\_GDP)_i + \varepsilon_i \quad (5-5)$$

在(5-5)式中，e_i 表示 i 样本地区教育支出水平，$(Per\_GDP)_i$ 表示 i 样本地区人均 GDP，ε_i 是误差项，α 是常数项，β 是我们需要估计的弹性系数。

义务教育财政分权强化了地方教育发展对地方经济发展水平的依赖性，这在某种程度上会因为地区经济实力悬殊而使各地教育投资出现不平衡性，即打破了教育财政的中立性。而"新机制"政策的实施提高了中央政府和省级政府在义务教育经费保障中的作用，为考察提升教育层级后各地区间义务教育阶段教育财政中立性程度是否有所改善，我们分别对 2000—2010 年农村中小学生均教育经费支出和人均 GDP 进行相关和回归分析，与前文类似，生均教育经费支出同样分为总支出和预算内支出两类，具体参见表 5-7。

表 5-7　农村中小学生均教育经费支出与人均 GDP 的相关系数和弹性系数

年份	小学 生均教育经费 相关系数	小学 生均教育经费 双对数回归弹性系数	小学 生均预算内教育经费 相关系数	小学 生均预算内教育经费 双对数回归弹性系数	初中 生均教育经费 相关系数	初中 生均教育经费 双对数回归弹性系数	初中 生均预算内教育经费 相关系数	初中 生均预算内教育经费 双对数回归弹性系数
2000	0.941	0.764	0.894	0.760	0.931	0.756	0.910	0.737
2001	0.919	0.730	0.879	0.708	0.926	0.697	0.903	0.665
2002	0.917	0.742	0.878	0.697	0.918	0.674	0.892	0.644
2003	0.930	0.804	0.736	0.588	0.919	0.748	0.901	0.724
2004	0.925	0.842	0.905	0.803	0.912	0.782	0.902	0.758
2005	0.915	0.826	0.891	0.792	0.900	0.805	0.876	0.768
2006	0.896	0.802	0.880	0.762	0.878	0.836	0.870	0.782
2007	0.896	0.800	0.890	0.776	0.869	0.851	0.874	0.800
2008	0.877	0.807	0.882	0.797	0.820	0.740	0.855	0.840
2009	0.860	0.772	0.864	0.755	0.809	0.712	0.797	0.657
2010	0.823	0.748	0.831	0.739	0.783	0.646	0.767	0.675

---

① 杜育红，孙志军. 中国义务教育财政研究[M]. 北京：北京师范大学出版社，2009.

根据表5-7结果，从相关性看，在2000—2010年，农村中小学生均教育经费支出和生均预算内教育经费支出与人均GDP的相关性都非常强（在1%显著性水平下），但相关系数整体呈现下降的趋势，尤其是在2005年之后。就弹性系数而言，小学生均教育经费与人均GDP的弹性系数在2005年之前呈上升趋势，在2005年之后呈下降趋势；小学生均预算内教育经费与人均GDP的弹性系数在2005年之前波动中略微上升，而在2005年之后呈下降趋势；初中生均教育经费与人均GDP的弹性系数在2006年之前呈上升趋势，在2006年之后呈下降趋势；初中生均预算内教育经费与人均GDP的弹性系数在2008年之前波动中略微上升，而在2008年之后呈下降趋势。因此，整体而言，"新机制"实施后，由于中央政府加大对农村地区教育投入，农村中小学教育支出水平对当地经济发展依赖程度有所降低；但尽管如此，根据财政中性的判断标准，我国农村地区义务教育财政中性程度远远低于国际通行的教育财政中立性标准。

5.4 总结与讨论

考虑到义务教育"新机制"改革始于农村地区，其改革初衷是解决国家税费体制改革和"以县为主"财政体制改革后，各级政府承担义务教育经费责任不明、义务教育经费短缺、学杂费成为农村义务教育经费主要来源后农村学生家长教育负担沉重等问题。因此，本部分基于国家和地区层面财政性经费投入的视角，利用2000—2010年数据着重对中国义务教育"新机制"政策对农村义务教育经费保障状况所带来的变化与效果进行评价。

5.4.1 政策效果

从本部分就全国层面数据的分析结果来看，2005年年底开始启动实施的义务教育"新机制"政策取得了明显的效果，农村小学阶段和初中阶段教育经费持续增加，财政保障的力度不断增强。2005年成为经费保障状况的"分水岭"，在2005年前后经费保障状况存在非常大的差异,主要体现在以下几个方面。

(1)不管从经费总量来看,还是生均经费状况来看,2005年之前教育经费增长波动很大,且增速较缓;而在2005年之后,增速很大程度提升,且基本在2007年前后达到峰值之后趋于平缓。

(2)在财政性教育经费占教育经费总投入比重的城乡对比分析中发现,尽管2000年以来财政性教育经费占教育经费总投入的比重一直是农村地区高于城镇地区,但这一差距在2005年之前基本没有发生变化,而在2005年之后开始缓慢上升至2007年达到峰值,2007年农村小学财政性教育经费占教育经费总投入的比重高出城镇小学15个百分点,而农村初中高出城镇初中19个百分点。

(3)在城乡利益归宿的分析中可以发现,对于各项生均财政性教育经费和预算内教育经费,农村地区都由最开始的公共教育支出受损者逐渐变为受益者,而且,公共支出对于农村义务教育阶段教育需求的满足程度均有较大幅度提高。表明"新机制"在缩小城乡义务教育公共财政保障分布差距上的效果非常明显。

(4)在利用泰尔指数的不平等估算中,同样发现"新机制"带来了平等化的效果,这种效果在缩小城乡差距中的效用尤为明显。小学和初中生均预算内教育经费支出在城乡之间的分配更加公平,农村小学生均预算内教育经费支出的地区差异缩小也非常明显,只有农村初中生均预算内教育经费支出在地区之间的差距缩小相对不是特别明显。根据"新机制"先农村后城镇、先西部后东部的实施步骤,如果以缩小城乡差距、地区差距作为政策目标,那么,总体而言"新机制"政策实施是成功的,在相当程度上实现了缩小差距、促进财政性教育经费投入均衡的目标。

5.4.2 仍待改进问题

本部分的研究同时也发现,尽管义务教育经费保障"新机制"改革在提高农村义务教育经费保障水平、缩小城乡差距和农村义务教育经费保障的地区差异方面取得了一定成效,但是中国农村义务教育经费保障工作还需在以下几个方面加以改进。

（1）农村义务教育阶段人员经费保障水平偏低。从前文对事业经费支出中公用经费和人员经费构成比例来看，农村中小学教育事业经费支出中人员经费所占比重在2005年之后持续下降，尤其是初中阶段。出现这一变化的原因主要源于在"新机制"改革中并未针对教师工资提升保障层级，教师工资发放仍实行"以县为主"的财政体制。尽管随着绩效工资制度的实施，2009年后人员经费保障状况有所好转，但截至2010年，从相对构成比例来看，人员经费保障水平仍然偏低。

（2）农村义务教育阶段基建经费保障水平亟待增强。从本章数据分析来看，基建经费投入水平及其财政保障状况与其他各项经费之间存在几乎完全不同的状况。尽管农村地区基建投入经费基本来源于公共投入，但由于对农村义务教育经费干预力度最强的"新机制"尚未关注到基建经费，使得基建经费保障水平较低。但考虑到一方面近年来，我国地震、泥石流、滑坡、崩塌等自然灾害频发，面对自然灾害的考验，校舍安全隐患暴露无遗；另一方面，尽管农村学校布局结构调整的步伐逐渐放缓，但着眼于城镇化还将继续、人口还将进一步聚集这一不可逆转的趋势，更为科学和合理的学校布局结构调整成为必须面对的问题，这就需要改善学校住宿条件，其前提是有充足的基建经费作为保障。

（3）义务教育经费保障水平在区域内部的均衡状况不佳。对于农村义务教育阶段经费保障水平，2000—2010年，各地区内部尤其是经济水平较高的东部地区内部，义务教育阶段生均教育经费支出和生均预算内教育经费支出的不平等状况均出现缓慢上升的趋势。就整体省际层面的差异来看，地区内部贡献的比例逐年提高。"新机制"实施将农村教育经费的保障层级从县级层面提高到省级层面和中央层面，大大缩小了城乡差距以及西部贫困地区的内部差异，但是，这一政策对缩小地区内部差异的作用仍然有限。

针对以上问题，我们认为，在解决区域内部教育经费保障问题中，中央政府和省级政府需要发挥更加主要的作用，降低省辖范围内经费保障水平的不平等，统筹城乡和各地市县间的义务教育投入均衡。与此同时，重视农村中小学基本建设投入财政保障水平提升，这需要厘清各级政府的责任，扩大国家基本建设支出中教育基本投资的比例，并适当扩大教育事业支出范围，增加对教育基本建设的支持力度。

第 6 章 "新机制"实施效果：三省六县义务教育经费投入状况的评价

本章将根据第 4 章建构的评估"新机制"实施效果的指标体系，从"新机制"经费投入维度考察和评价"新机制"的实施效果。具体来说，在简要分析调研县的社会经济发展状况和义务教育发展状况的基础上，对调研县的农村义务教育各项经费投入落实情况进行分析，并评价地方政府对农村义务教育的投入努力程度。同时，测算教育资源配置的县际差异、校际差异，以评估"新机制"对农村义务教育发展的影响效应。

项目组主要依据社会经济发展水平选择了山东、河北、广西壮族自治区三个省区作为调研省，分别代表社会经济发展水平较高、中等、较低三类省区，在调研省内部也是按照经济发展水平较高、中等和较低三个层面确定调查县样本。最终选择了河北省的定兴县和涿州市、山东省的齐河县和寿光市、广西壮族自治区的融水县和鹿寨县作为基层的调查对象，以 2005—2010 年为研究年限开展样本县农村义务教育经费保障新机制的调查。

6.1 样本县社会经济发展状况

任何地方的教育发展与当地的经济、人口甚至地理位置、环境等都息息相关，因而首先分析比较一下三省六县的社会经济发展状况。六县的地理位置、地形、人口与面积详见表 6-1。从表中可以看出，河北省定兴县和涿州市的面积比较接近，为六个县中占地面积最小的两个；广西壮族自治区融水县和鹿寨县的总人口数接近，为六个县中人口数最少的两个县,而占地面积为样本县中最大的两个县;山东省寿光市在六个样本县中的总人口数最多。

表 6-1 样本县地理位置、地形、总人口、面积概况

六县	地理位置	地形	总人口（万人）	面积（平方公里）
定兴	河北省保定市	冀中平原腹地	58.6	713.7
涿州	河北省保定市	冀中平原	64.6	742
齐河	山东省德州市	鲁西北平原	62.1	1 411
寿光	山东省潍坊市	鲁西地区东北部平原	104	1 990
融水	广西壮族自治区柳州市	云贵高原	50.6	4 624
鹿寨	广西壮族自治区柳州市	平原丘陵	50	3 341

表 6-2 给出了 2010 年六个样本县的部分经济指标数据。由表 6-2 可以看出,在六个县中,寿光市的经济情况最好,2010 年 GDP 总量和人均 GDP 的值均为最高,其次依次为齐河县、涿州市、鹿寨县和定兴县;融水县 GDP 总量和人均 GDP 的值最低,是国家级和省级贫困县。后文经调查发现,2005—2010 年寿光市的中小学教师工资水平在

表 6-2 样本县 2010 年经济概况①

	GDP总量（亿元）	人均GDP（元）	城镇居民人均可支配收入（元）	农民人均纯收入（元）	三产比例结构	是否国家级贫困县	地方财政一般预算收入（万元）	人均地方财政一般预算收入（元）	地方财政一般预算支出（万元）	人均地方财政一般预算支出（元）
定兴	61.14	10 433	23 372	5 996	32：38：30	否	13 481	230	81 422	1 389
涿州	168.36	26 061	—	7 270	9：39：52	否	106 598	1 650	174 434	2 700
齐河	204.72	32 967	16 000	7 300	10：54：36	否	95 181	1 533	161 521	2 601
寿光	473	45 481	20 000	8 700	17：50：33	否	32 300	3 106	356 629	3 429
融水	41.84	10 051	15 422	3 370	29：45：26	是	18 491	365	124 974	2 470
鹿寨	107.67	25 201	16 558	5 595	26：45：29	否	28 187	564	100 485	2 010

① 涿州市城镇居民人均可支配收入缺失。

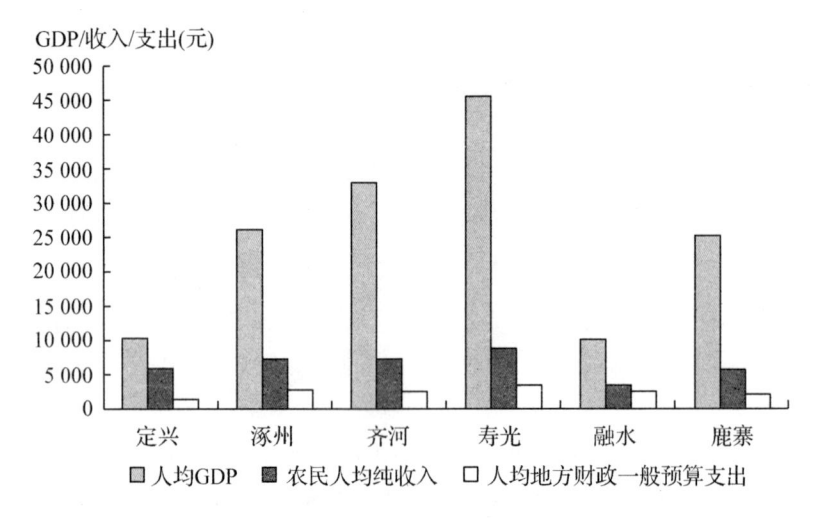

图 6-1 2010 年样本县人均 GDP、农民人均纯收入、
人均地方财政一般预算支出情况图

六个样本县中最高，与当地良好的经济状况不无关联。从六县三产比例结构看，定兴县三产比例结构相当；涿州市的第三产业比重较大，第一产业比重偏低；齐河县和寿光市均为第二产业比重较大，其次为第三产业，第一产业比重最低；融水县和鹿寨县的第二产业比重较大，第一产业和第三产业比重相当。

图 6-1 展示了 2010 年样本县部分人均经济指标数据。从图 6-1 可以看出，不管是人均 GDP，还是农民人均纯收入及人均地方财政一般预算支出，寿光市的值都是最高的，其次是齐河县、涿州市、鹿寨县，融水县和定兴县是较低的。

6.2 样本县义务教育发展状况

下面从学校数、在校生数、专任教师数及变动情况、生师比等方面对样本县义务教育发展情况进行统计分析。

6.2.1 学校数

关于样本县学校数，课题组调查和统计了六县 2005—2010 年小学总数和初中总数的情况。

1. 小学

图 6-2 呈现了样本县 2005—2010 年小学学校数的变化情况。由图 6-2 可以看出，除齐河县小学学校总数呈现小幅上升趋势，其他几个县小学学校总数总体都呈现下降的趋势。

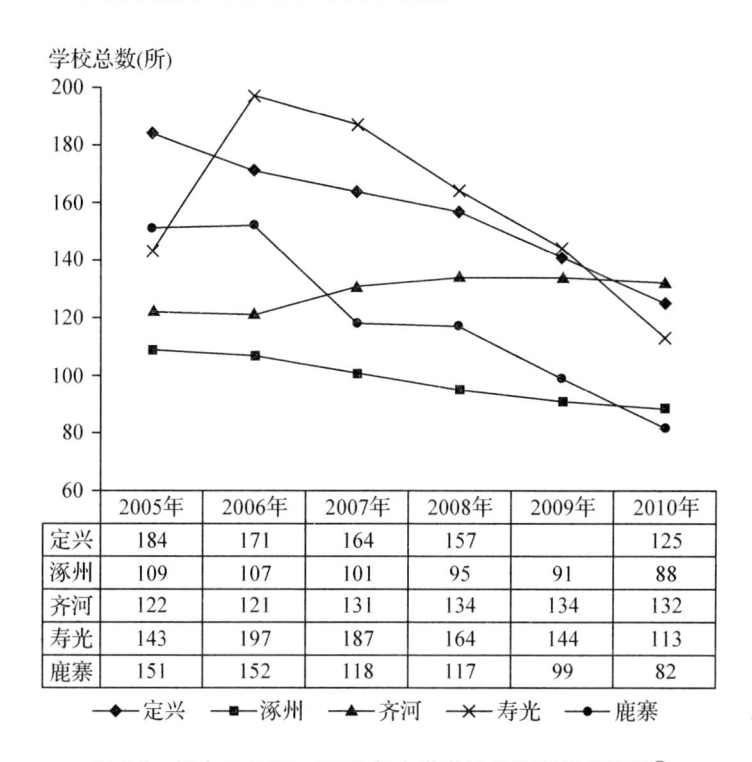

	2005年	2006年	2007年	2008年	2009年	2010年
定兴	184	171	164	157		125
涿州	109	107	101	95	91	88
齐河	122	121	131	134	134	132
寿光	143	197	187	164	144	113
鹿寨	151	152	118	117	99	82

图 6-2 样本县 2005—2010 年小学学校总数变化趋势图[①]

2. 初中

从图 6-3 可以看出样本县 2005—2010 年初中学校数都呈现出减少的趋势，尤其以鹿寨县最为明显，从 2005 年的 35 所下降到 2010 年的 11 所。这与鹿寨县近几年的中小学校布局调整有关，农村初中校均被

---

① 定兴县 2009 年的数据缺失，以缺失值处理；另外由于融水县 2005 年、2007 年、2009 年数据有缺失，因此没有展示融水县的变化趋势，融水县 2006 年、2008 年、2010 年小学学校总数分别为 216 所、392 所、336 所。

并入县城中学,乡村已无初中学校。其他几个县初中学校数呈下降趋势也很可能与学校布局调整、撤校并校有关。

	2005年	2006年	2007年	2008年	2009年	2010年
定兴	37	36	34	32	25	20
涿州	33	33	28	22	22	22
齐河	23	23	20	16	16	16
寿光	28	38	35	33	33	29
鹿寨	35	35	29	23	16	11

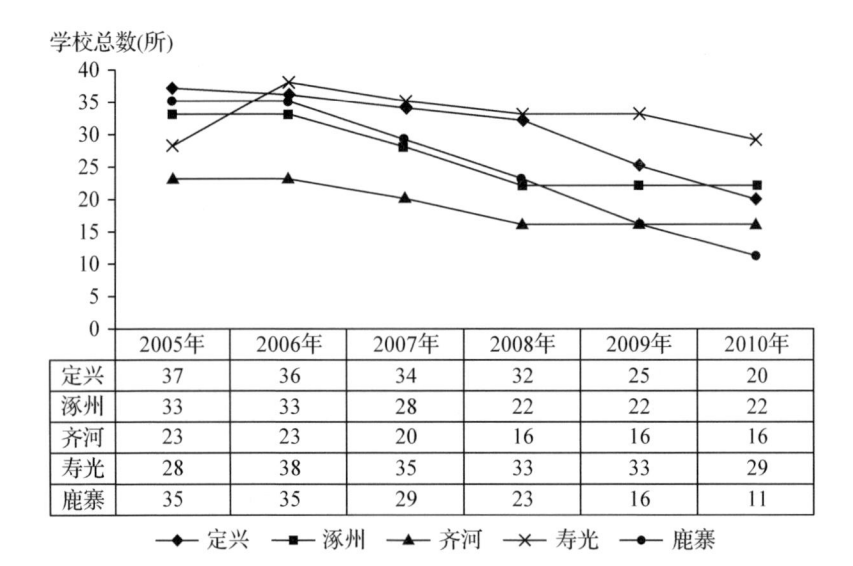

图 6-3　样本县 2005—2010 年初中学校总数变化趋势图[①]

6.2.2　在校生数

关于样本县在校生数,课题组调查和统计了六县 2005—2010 年义务教育学校小学及初中在校生总数、县镇学校在校生数、农村学校在校生数、女生数、少数民族学生数的情况。

1. 小学

样本县 2005—2010 年小学在校生总数定兴县、涿州市及融水县总体呈现下降趋势,定兴县从 2005 年的 42 710 人下降到 2010 年的 34 603 人,涿州市从 2005 年的 34 873 人下降到 2010 年的 33 620 人,融水县从 2005 年的 40 598 人下降到 2010 年的 38 422 人;与之相反,齐河县 2005—2010 年小学在校生总数总体呈现上升趋势,从 2005 年

---

① 由于融水县 2005 年、2007 年、2009 年数据有缺失,因此没有展示融水县的变化趋势,融水县 2006 年、2008 年、2010 年初中学校总数分别为 26 所、26 所、23 所。

的 31 317 人上升到 2010 年的 42 604 人；寿光市 2005—2010 年小学在校生总数呈现先增长再下降的趋势，从 2005 年的 52 216 人上升到 2007 年的 80 553 人，再下降到 2010 年的 55 221 人；鹿寨县 2005 年到 2010 年小学在校生总数呈现先下降再上升的趋势，从 2005 年的 28 139 人下降到 2007 年的 22 673 人，再上升到 2010 年的 25 507 人。

从图 6-4 可以看出样本县在 2005—2010 年农村小学在校生数比例总体都呈现下降的趋势。在调研中也发现，县城里的小学班级数及班额都远大于农村，家长都希望把孩子送到有着优质教育资源的学校接受教育，这也是我国现阶段一个普遍的现象。涿州市与定兴县 2005—2010 年农村小学在校生比例均呈现先上升再下降的趋势，这与河北省城镇与农村区域的不同年份划分有关，其余各县 2005—2010 年农村小学在校生比例均呈现总体下降，局部小幅度增长或下降趋势。

样本县 2005—2010 年小学女生学生比例无大幅度变化。2005—2010 年定兴县与涿州市小学女生比例一直处于小幅下降，定兴县从 46.1% 下降到 45.1%，寿光市与融水县均呈现先小幅下降再小幅上升的趋势；而齐河县与鹿寨县均无明显波动，2005—2010 年小学女生比例均保持在 48%～48.5%。

表 6-3　样本县 2005—2010 年小学在校生数情况表　　单位：人

	指标	2005 年	2006 年	2007 年	2008 年	2009 年	2010 年	均值
定兴	在校学生总数	42 710	38 186	35 657	34 778	33 840	34 603	36 629
	其中：农村学生比例	79.3%	89.9%	75.0%	73.0%	78.2%	76.6%	78.7%
	女生比例	46.1%	45.7%	45.7%	45.3%	45.5%	45.1%	45.6%
	少数民族比例	2.0%	2.1%	2.3%	2.3%	2.4%	2.6%	2.3%
涿州	在校学生总数	34 873	34 533	35 011	32 038	32 238	33 025	33 620
	其中：农村学生比例	55.2%	72.8%	49.8%	54.1%	52.6%	49.7%	55.7%
	女生比例	48.8%	48.2%	48.0%	48.2%	47.7%	47.3%	48.0%
	少数民族比例	0.9%	1.0%	1.3%	1.5%	1.7%	1.6%	1.3%

续表

	指标	2005年	2006年	2007年	2008年	2009年	2010年	均值
齐河	在校学生总数	31 317	36 455	40 311	41 291	42 973	42 604	39 159
	其中：农村学生比例	77.3%	78.2%	72.6%	69.9%	64.9%	63.5%	71.1%
	女生比例	48.1%	46.1%	46.5%	47.1%	46.8%	47.0%	46.9%
	少数民族比例	0.4%	0.3%	0.3%	0.4%	0.4%	0.5%	0.4%
寿光	在校学生总数	52 216	79 774	80 553	70 777	64 281	55 221	67 137
	其中：农村学生比例	79.1%	68.1%	68.1%	56.4%	54.2%	56.2%	63.7%
	女生比例	48.5%	48.2%	48.1%	48.3%	48.2%	48.0%	48.2%
	少数民族比例	0.0%	0.0%	0.0%	0.0%	0.0%	0.0%	0.0%
融水	在校学生总数	40 598	40 183	39 247	38 565	38 773	38 422	39 298
	其中：农村学生比例	76.3%	80.7%	79.7%	78.2%	77.3%	76.2%	78.1%
	女生比例	46.8%	46.7%	36.6%	46.9%	46.8%	47.1%	45.2%
	少数民族比例	76.0%	77.2%	67.1%	77.9%	79.1%	79.0%	76.0%
鹿寨	在校学生总数	28 139	25 711	22 673	24 063	24 582	25 507	25 113
	其中：农村学生比例	66.9%	61.8%	63.4%	57.4%	55.4%	51.4%	59.4%
	女生比例	48.3%	48.4%	48.7%	48.6%	48.5%	48.3%	48.5%
	少数民族比例	57.2%	57.9%	60.0%	58.7%	59.1%	58.4%	58.5%

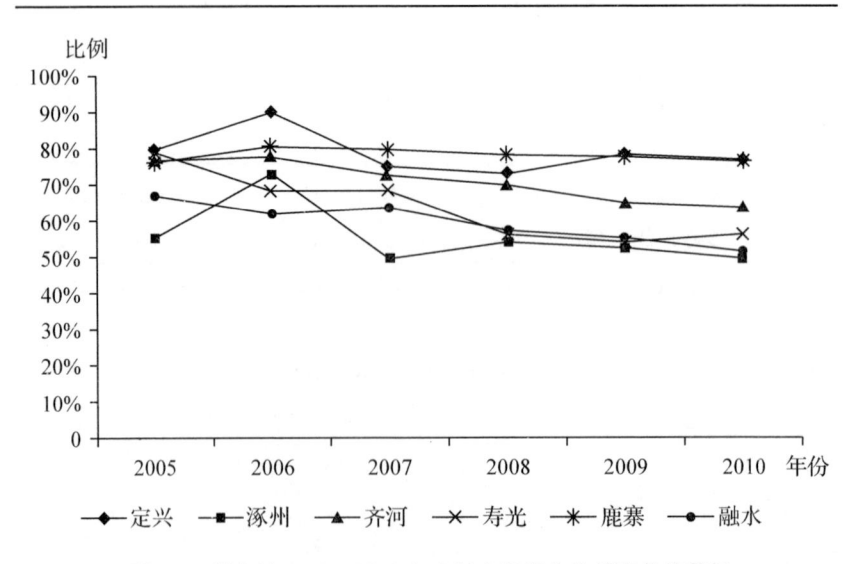

图 6-4　样本县 2005—2010 年农村小学学生比例变化趋势图

样本县 2005—2010 年小学少数民族学生数也无明显变化。由于广西壮族自治区是民族地区，因此融水县和鹿寨县的小学少数民族学生偏多，分别为 77% 和 58% 左右。其他各样本县的少数民族学生比例均很低。

2. 初中

样本县 2005—2010 年初中在校生总数定兴县、涿州市、融水县总体呈现下降趋势。定兴县从 2005 年的 32 834 人下降到 2010 年的 16 065 人，涿州市从 2005 年的 22 396 人下降到 2010 年的 15 872 人，融水县从 2005 年 18 499 人下降到 2010 年的 16 396 人；齐河县 2005—2009 年初中在校生总数均处于下降，从 2005 年的 22 227 人上升到 2009 年的 15 379 人，在 2010 年有小幅上升，上升到 16 775 人；而寿光市 2005—2010 年初中在校生总数一直呈现上升的趋势，从 2005 年的 21 674 人上升到 2010 年的 40 483 人；鹿寨县 2005 年到 2010 年初中在校生总数除 2008 年有小幅上升之外，一直处于下降的趋势。

表 6-4　样本县 2005—2010 年初中在校生数情况表　　单位：人

	指标	2005 年	2006 年	2007 年	2008 年	2009 年	2010 年	均值
定兴	在校学生总数	32 834	28 713	26 317	22 532	19 236	16 065	24 283
	其中：农村学生比例	58.3%	85.9%	57.0%	53.0%	61.9%	60.6%	62.8%
	女生比例	47.5%	48.7%	47.7%	46.6%	46.4%	47.5%	47.4%
	少数民族比例	2.4%	2.9%	3.0%	3.2%	3.1%	3.4%	3.0%
涿州	在校学生总数	22 396	18 979	18 619	16 948	16 699	15 872	18 252
	其中：农村学生比例	31.5%	68.7%	28.4%	21.2%	19.5%	15.9%	30.9%
	女生比例	49.4%	50.0%	48.5%	48.6%	48.6%	48.5%	49.0%
	少数民族比例	1.0%	1.0%	1.5%	2.3%	2.8%	2.6%	1.9%
齐河	在校学生总数	22 227	21 038	16 950	15 362	15 379	16 775	17 955
	其中：农村学生比例	59.2%	68.8%	51.9%	34.1%	20.2%	17.5%	42.0%
	女生比例	47.4%	46.9%	45.7%	47.6%	47.3%	48.1%	47.2%
	少数民族比例	0.2%	0.3%	0.4%	0.4%	0.4%	0.5%	0.4%
寿光	在校学生总数	21 674	26 276	27 099	30 855	37 496	40 483	30 647
	其中：农村学生比例	45.6%	38.7%	41.1%	34.9%	35.2%	35.5%	38.5%
	女生比例	45.9%	46.5%	48.2%	48.6%	48.2%	48.2%	47.6%
	少数民族比例	0.0%	0.0%	0.0%	0.0%	0.0%	0.0%	0.0%

续表

	指标	2005年	2006年	2007年	2008年	2009年	2010年	均值
融水	在校学生总数	18 499	17 709	17 208	17 001	16 657	16 396	17 245
	其中：农村学生比例	68.5%	56.8%	56.0%	56.3%	56.2%	55.0%	58.1%
	女生比例	47.1%	46.3%	51.7%	47.8%	48.4%	47.0%	48.0%
	少数民族比例	73.2%	72.7%	73.0%	75.2%	76.9%	76.9%	74.7%
鹿寨	在校学生总数	20 761	19 188	16 020	18 142	12 191	8 080	15 730
	其中：农村学生比例	46.9%	43.4%	35.8%	20.6%	22.1%	23.8%	32.1%
	女生比例	47.3%	51.2%	50.7%	39.9%	50.0%	51.3%	48.4%
	少数民族比例	60.0%	59.4%	58.9%	46.5%	56.1%	72.2%	58.8%

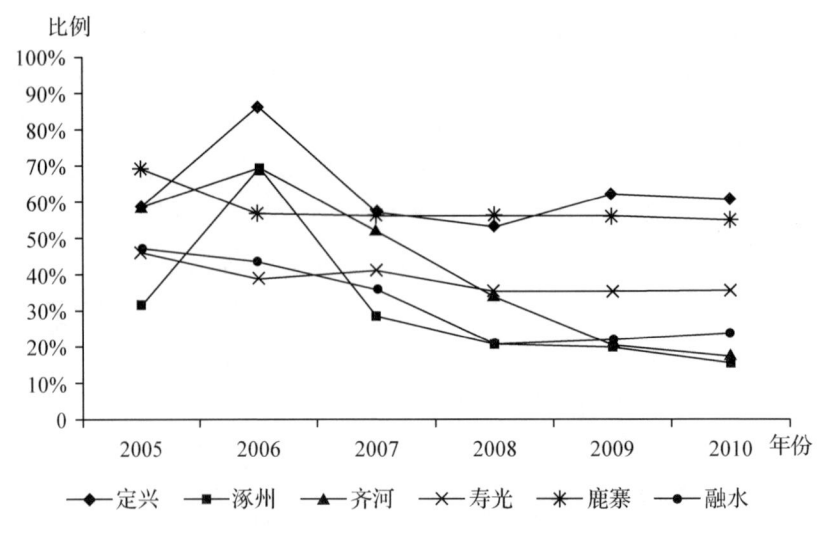

图 6-5　样本县 2005—2010 年农村初中学生比例变化趋势图

从图 6-5 可以看出，样本县在 2005—2010 年农村初中在校生数比例总体都呈现下降的趋势。定兴县、涿州市及齐河县 2005—2010 年农村初中在校生比例均呈现先上升再下降的趋势，其余各县 2005—2010 年农村小学在校生比例均呈现总体下降，局部小幅度增长或下降趋势。这可能与近几年的中小学校布局调整有关，农村初中校均被并入县城中学，乡村初中校已经很少。比如鹿寨县的规划是中学全部并入县城，乡村不设中学。由表 6-4 可以看出，样本县 2005—2010 年初中女生比例除鹿寨县外均无大幅度变化。鹿寨县 2008 年突然降至 39.9%，其他年份均保持在 50% 左右；其他各县均无大幅度变化，均保持在

46%~50%。

从表 6-4 可以看出,样本县 2005—2010 年定兴县、涿州市、齐河县与寿光市初中少数民族学生比例均较低。由于广西壮族自治区是民族地区,因此融水县和鹿寨县的小学少数民族学生偏多,融水县少数民族学生比例呈现总体上升趋势,从 2005 年的 73.2% 上升到 2010 年的 76.9%,鹿寨县则呈现先下降再上升的趋势,从 2005 年的 60% 下降到 2008 年的 46.5%,再上升到 2010 年的 72.2%。

6.2.3 专任教师数

关于样本县专任教师数及变动情况,课题组调查和统计了 6 个样本县 2005—2010 年专任教师数、新录用毕业生及自然减员等指标数据。

1. 小学

(1) 专任教师数。

表 6-5 呈现了样本县 2005—2010 年小学专任教师数情况。从专任教师总数来看,2005—2010 年定兴县、涿州市、融水县及鹿寨县总体均呈递减的趋势,这与在校学生数递减的趋势是一致的;也与四县教师变动数据是一致的,自然减员数远高于新进毕业生数,导致专任教师总数下降。而齐河县和寿光县 2005—2010 年小学专任教师数总体呈现增长趋势。一方面,这可能与齐河和寿光这几年小学在校生总数上升的趋势有关;另一方面,齐河与寿光的经济状况比较好,教师工资水平较高,因此教师劳动力市场供给较为充裕,教师变动中新录用毕业生数也印证了这一点。

表 6-5　样本县 2005—2010 年小学专任教师数情况表　　单位:人

	指标	2005年	2006年	2007年	2008年	2009年	2010年	均值
定兴	专任教师总数	2 661	2 472	2 341	2 147	2 135	2 183	2 323
	其中:女教师比例	78.3%	77.6%	77.2%	78.6%	79.2%	79.1%	78.3%
	少数民族教师比例	2.1%	1.6%	1.4%	1.7%	2.6%	2.4%	2.0%

续表

	指标	2005年	2006年	2007年	2008年	2009年	2010年	均值
涿州	专任教师总数	2 194	2 381	2 375	2 155	2 133	2 033	2 212
	其中：女教师比例	69.7%	70.7%	70.7%	70.3%	69.4%	69.8%	70.1%
	少数民族教师比例	0.9%	1.1%	0.9%	0.8%	0.9%	0.9%	0.9%
齐河	专任教师总数	2 638	2 696	2 726	3 041	3 219	3 225	2 924
	其中：女教师比例	48.7%	49.2%	48.9%	48.8%	49.1%	49.1%	49.0%
	少数民族教师比例	0.3%	0.3%	0.4%	0.2%	0.3%	0.3%	0.3%
寿光	专任教师总数	2 715	4 291	4 314	3 856	3 931	3 509	3 769
	其中：女教师比例	41.6%	47.2%	46.5%	42.8%	45.1%	45.8%	44.8%
	少数民族教师比例	0.0%	0.0%	0.0%	0.0%	0.0%	0.0%	0.0%
融水	专任教师总数	2 176	2 057	2 132	2 141	2 142	2 080	2 121
	其中：女教师比例	36.4%	41.3%	41.1%	42.0%	43.3%	43.0%	41.2%
	少数民族教师比例	88.6%	76.8%	83.8%	86.8%	85.1%	85.0%	84.3%
鹿寨	专任教师总数	1 732	1 649	1 561	1 542	1 564	1 497	1 591
	其中：女教师比例	60.7%	61.9%	58.9%	60.2%	60.7%	61.4%	60.6%
	少数民族教师比例	56.9%	56.8%	56.7%	58.6%	58.6%	58.5%	57.7%

从表6-5可以看出，样本县2005—2010年小学女专任教师比例无明显变化，但是可以看出各样本县之间小学女专任教师比例有显著的差异。定兴县的小学女专任教师比例最高，2005—2010年均保持80%左右；其次是涿州市，达到70%左右；鹿寨县小学女专任教师比例6年均保持在60%左右；齐河县小学女专任教师比例一直在50%左右；小学女专任教师比例较低的为寿光和融水，均在40%左右。

从表6-5可以看出，样本县2005—2010年小学少数民族专任教师比例无显著变化。由于广西壮族自治区是民族地区，融水县和鹿寨县的小学少数民族教师比例偏高，鹿寨县少数民族教师比例在58%左右，融水县甚至达到85%以上；其他四个县的少数民族教师比例均较低。

(2)专任教师变动情况。

表6-6呈现了2005—2010年样本县小学专任教师变动情况。从表6-6可以看出，除齐河县和寿光市，其他各样本县新录用毕业生人数均很低，基本在10人以下，不到对应年份专任教师数的1%；齐河县和寿光市在新录用毕业生均在10人以上，占当年专任教师比例在1%

左右，寿光市在 2009 年新录用毕业生甚至达到 125 人，占当年专任教师数的 3% 以上。出现这一现象一方面可能反映广西、河北样本县小学教师岗位对于大学毕业生没有吸引力；另一方面可能反映广西和河北样本县的新增教师编制较为匮乏，导致这些年新录用毕业生很少。

从表 6-6 可以看出，样本县 2005—2010 年小学自然减员数无显著变化，基本都保持在 1%～3%，但有个别样本县个别年份特例，如鹿寨县 2005 年自然减员达 142 人，占当年专任教师数的 8.2%。从 6 个县来看，基本都是自然减员数高于新录用毕业生数，而且河北、广西的样本县这两个指标的差额相当大（参见图 6-6）。

表 6-6　样本县 2005—2010 年小学专任教师变动情况①　单位：人

	指标	2005 年	2006 年	2007 年	2008 年	2009 年	2010 年	均值
定兴	新录用毕业生数	2(0.1)	7(0.3)	0(0.0)	0(0.0)	0(0.0)	0(0.0)	1.5(0.1)
	自然减员数	26(1.0)	30(1.2)	24(1.0)	35(1.6)	24(1.1)	30(1.4)	28(1.2)
涿州	新录用毕业生数	0(0.0)	1(0.0)	0(0.0)	0(0.0)	0(0.0)	0(0.0)	0(0.0)
	自然减员数	28(1.3)	37(1.6)	44(1.9)	51(2.4)	33(1.5)	75(3.7)	45(2.0)
齐河	新录用毕业生数	27(1.0)	54(2.0)	36(1.3)	29(1.0)	25(0.8)	54(1.7)	38(1.3)
	自然减员数	25(1.0)	56(2.1)	44(1.6)	51(1.7)	85(2.6)	70(2.2)	55(1.9)
寿光	新录用毕业生数	16(0.6)	53(1.2)	41(1.0)	36(0.9)	125(3.2)	53(1.5)	54(1.4)
	自然减员数	29(1.0)	40(0.9)	41(1.0)	62(1.6)	70(1.8)	65(1.9)	52(1.4)
融水	新录用毕业生数	5(0.2)	4(0.9)	4(0.2)	1(0.0)	0(0.0)	1(0.0)	2.5(0.1)
	自然减员数	34(1.6)	32(4.0)	40(1.9)	55(2.6)	74(3.5)	69(3.3)	51(2.4)
鹿寨	新录用毕业生数	22(1.1)	1(0.1)	0(0.0)	0(0.0)	4(0.2)	5(0.3)	5(0.3)
	自然减员数	142(8.2)	11(0.7)	21(1.3)	23(1.5)	26(1.7)	36(2.4)	43(2.6)

新录用毕业生远少于自然减员数，使得教师老龄化与结构断层问题严重。受编制所限，部分样本县（如定兴、涿州）10 年未引进新教师，各县教师平均年龄在 40 岁以上；而农村学校中相对优秀和年轻的教师往往努力通过各种途径流向城镇或农村优势校，这加剧农村教师队伍年龄结构问题（部分农村校教师校均年龄超过 50 岁），而优秀教师单向流动加剧农村教育系统内部老龄教师不能自我消化与转移，而结

---

① 表中括号中数为各指标占当年专任教师数的比例。

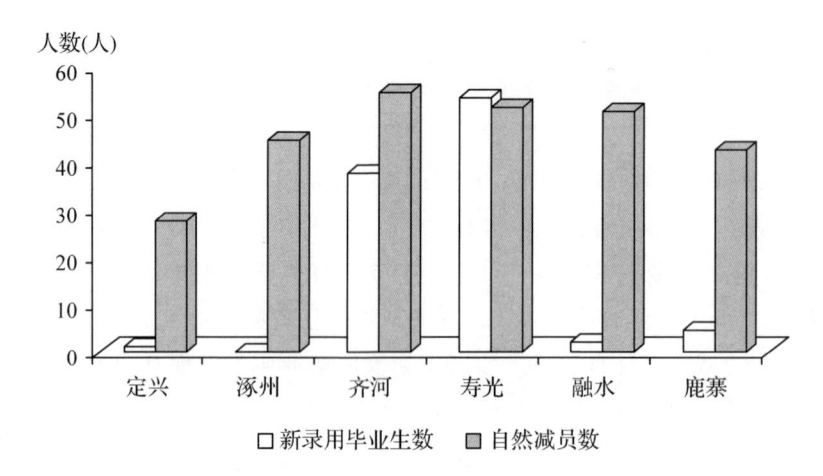

图 6-6 样本县 2005—2010 年小学专任教师变动均值比较

构性缺编岗位无法补缺与平衡,进一步加剧学校教师队伍质量下滑。

2. 初中

(1)专任教师数。

表 6-7 呈现了样本县 2005—2010 年初中专任教师数情况。从专任教师总数来看,2005—2010 年定兴县、涿州市及鹿寨县总体均呈递减的趋势;融水县则呈现总体小幅增长的趋势;齐河县和寿光县 2005—2010 年初中专任教师数总体呈现先增长后减少的趋势。各县初中专任教师数变化的趋势基本与初中在校生总数的变化趋势是一致的。

表 6-7 样本县 2005—2010 年初中专任教师数情况表 单位:人

	指标	2005年	2006年	2007年	2008年	2009年	2010年	均值
定兴	专任教师总数	1 472	1 387	1 300	1 129	1 003	887	1 196
	其中:女教师比例	62.1%	62.1%	63.2%	64.1%	66.8%	63.6%	63.7%
	少数民族教师比例	2.1%	2.2%	2.2%	2.0%	3.2%	2.8%	2.4%
涿州	专任教师总数	1 595	1 568	1 509	1 408	1 446	1 450	1 496
	其中:女教师比例	61.9%	63.2%	62.5%	61.1%	60.4%	61.0%	61.7%
	少数民族教师比例	—	—	—	—	—	—	—
齐河	专任教师总数	1 562	1 672	1 802	1 533	1 250	1 274	1 516
	其中:女教师比例	42.6%	42.8%	44.0%	46.7%	47.8%	47.4%	45.2%
	少数民族教师比例	0.0%	0.0%	0.0%	0.0%	0.0%	0.2%	0.0%

续表

	指标	2005年	2006年	2007年	2008年	2009年	2010年	均值
寿光	专任教师总数	1 974	2 998	3 132	2 851	2 776	2 595	2 721
	其中：女教师比例	43.6%	46.4%	47.8%	46.0%	47.3%	48.8%	46.7%
	少数民族教师比例	0.0%	0.0%	0.0%	0.0%	0.0%	0.0%	0.0%
融水	专任教师总数	1 050	1 134	1 191	1 101	1 111	1 152	1 123
	其中：女教师比例	46.8%	46.9%	46.6%	48.6%	50.2%	50.6%	48.3%
	少数民族教师比例	35.1%	87.8%	85.1%	82.0%	83.2%	84.4%	76.3%
鹿寨	专任教师总数	1 215	1 200	1 133	1 137	1 111	840	1 106
	其中：女教师比例	52.6%	52.8%	53.3%	55.0%	56.3%	55.5%	54.2%
	少数民族教师比例	55.1%	57.3%	56.9%	58.0%	55.3%	56.1%	56.4%

从表6-7可以看出，样本县2005—2010年初中女专任教师比例无明显变化，但是可以看出各样本县之间初中女专任教师比例有显著的差异。定兴县与涿州市的初中女专任教师比例较高，2005—2010年均保持60%以上；其次是鹿寨县，2005—2010年均在50%以上；齐河县、寿光市及融水县初中女专任教师比例较低，6年均在40%~50%。

从表6-7可以看出，定兴县、齐河县及寿光市初中少数民族专任教师比例均较低，2005—2010年也无显著变化；融水县初中少数民族专任教师比例在2006年有显著增加，从2005年的35.1%上升到2006年的87.8%，之后一直保持在85%左右；鹿寨县2005—2010年初中少数民族专任教师比例在55%~60%波动。

（2）专任教师变动情况。

表6-8呈现了2005—2010年样本县初中专任教师变动情况。从表6-8可以看出，定兴县与涿州市2005年与2006年新录用毕业生均在1%左右，在2006年之后几乎都没有新录用毕业生；除了2005年寿光市与融水县新录用毕业生为0.4%，其他各县各年份新录用毕业生均达到1%以上，齐河县在2006年初中新录用毕业生甚至达到74人，占当年专任教师数的4.4%。定兴与涿州2007年之后几乎没有新进毕业生，这与两县的无新增的教师编制有关；齐河与寿光的新增毕业生数与初中在校生人数的增加和自然减员数均相关，其中齐河2007年的新录用毕业生人数与教师基本工资大幅增加有很大关系，2007年基本

工资的明显增加，背后的原因是这一年开始落实了岗位绩效工资中对基本工资的套改，即将职务工资套改成岗位工资和薪级工资。从表6-8可以看出，样本县2005—2010年初中自然减员比例均在3%以下，也无大幅度变化情况。

表6-8 样本县2005—2010年初中专任教师变动情况　　单位：人

指标		2005年	2006年	2007年	2008年	2009年	2010年	均值
定兴	新录用毕业生数	8(0.5)	19(1.4)	0(0.0)	0(0.0)	0(0.0)	0(0.0)	4.5(0.3)
	自然减员数	11(0.7)	1(0.1)	18(1.4)	7(0.6)	3(0.3)	0(0.0)	7(0.5)
涿州	新录用毕业生数	18(1.1)	29(1.8)	2(0.1)	0(0.0)	0(0.0)	5(0.3)	9(0.6)
	自然减员数	19(1.2)	6(0.4)	6(0.4)	6(0.4)	10(0.7)	26(1.8)	12(0.8)
齐河	新录用毕业生数	28(1.8)	74(4.4)	22(1.2)	24(1.6)	22(1.8)	24(1.9)	32(2.1)
	自然减员数	11(0.7)	19(1.1)	7(0.4)	13(0.8)	6(0.5)	6(0.5)	10(0.7)
寿光	新录用毕业生数	8(0.4)	24(0.8)	70(2.2)	53(1.9)	31(1.1)	73(2.8)	43(1.5)
	自然减员数	21(1.1)	30(1.0)	29(0.9)	21(0.7)	31(1.1)	17(0.7)	25(0.9)
融水	新录用毕业生数	4(0.4)	25(2.2)	44(3.7)	33(3.0)	30(2.7)	26(2.3)	27(2.4)
	自然减员数	16(1.5)	5(0.4)	14(1.2)	23(2.1)	18(1.6)	9(0.8)	14(1.3)
鹿寨	新录用毕业生数	41(3.4)	32(2.7)	13(1.1)	20(1.8)	19(1.7)	14(1.7)	23(2.1)
	自然减员数	30(2.5)	5(0.4)	3(0.3)	9(0.8)	5(0.5)	4(0.5)	9(0.8)

注：表中括号中数字为相应指标占当年该县专任教师数的比例。

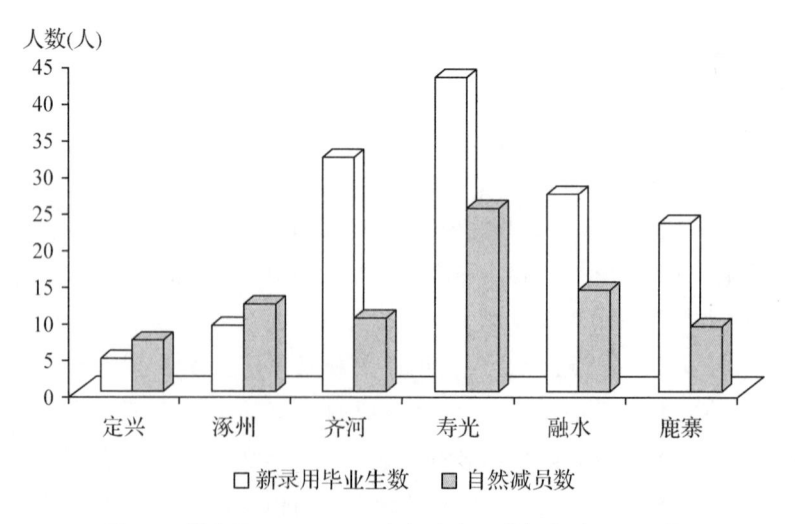

图6-7　样本县2005—2010年初中专任教师变动均值比较

6.2.4 生师比

关于样本县生师比情况,课题组调查和统计了六县 2005—2010 年生师比和农村学校生师比情况。

1. 小学

图 6-8 展示了样本县 2005—2010 年小学生师比的变化趋势,从图 6-8 可以看出,样本县均没有大幅度的变化。齐河县与融水县都呈现出先上升再下降的趋势;定兴县、涿州市及鹿寨县均呈先下降再上升的趋势;而寿光市则一直呈下降的趋势。从图 6-8 还可以看出,融水县和寿光市的生师比一直高于其他几个样本县,齐河县的生师比最低。定兴县与涿州市虽然教师编制紧缩,没有新教师的加入,但是由于前几年学生数递减比较多,所以生师比呈现一个下降的趋势,但是当学生数趋于稳定,而无新教师的加入及自然减员数的原因,使得后几年生师比又呈上升的趋势。寿光市的经济状况较好,教师劳动力市场供给充裕,使得专任教师数一直呈现上升的趋势,虽然学生数也在增加,但是增加比例没有专任教师多,因此生师比还是一直处于下降的趋势。鹿寨县小学教师数一直趋于一个下降的趋势,而学生数趋于

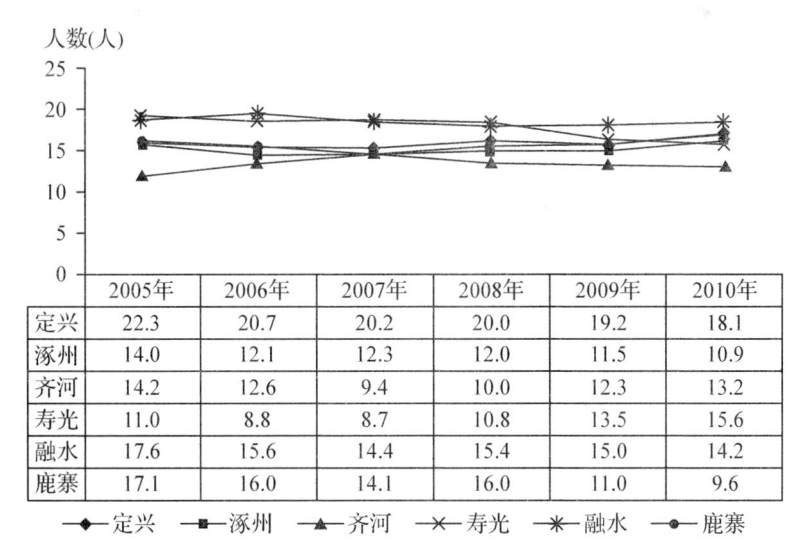

人数(人)	2005年	2006年	2007年	2008年	2009年	2010年
定兴	22.3	20.7	20.2	20.0	19.2	18.1
涿州	14.0	12.1	12.3	12.0	11.5	10.9
齐河	14.2	12.6	9.4	10.0	12.3	13.2
寿光	11.0	8.8	8.7	10.8	13.5	15.6
融水	17.6	15.6	14.4	15.4	15.0	14.2
鹿寨	17.1	16.0	14.1	16.0	11.0	9.6

图 6-8 样本县 2005—2010 年小学生师比变化趋势图

一个先下降再上升的趋势，导致生师比出现先下降再上升的趋势。

2. 初中

图 6-9 展示了样本县 2005—2010 年初中生师比的变化趋势，从图 6-9 可以看出，定兴县、涿州市、融水县及鹿寨县总体均呈下降的趋势，这可能与初中在校生数呈大幅下降趋势有关，而教师数却下降不多，升至融水县还呈现小幅上升。齐河县与寿光市呈先下降再上升的趋势，齐河县和寿光县 2005—2010 年初中专任教师数总体呈现先增长后减少的趋势。从图 6-9 还可以看出，定兴县的初中生师比明显高于其他几个样本县，其次为融水县，2005—2008 年齐河县与寿光市较低，但 2007 年之后则较高。

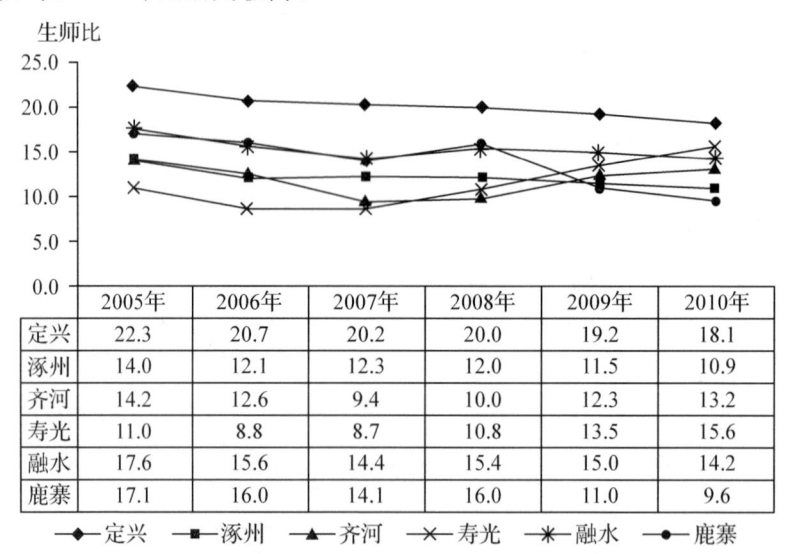

生师比	2005年	2006年	2007年	2008年	2009年	2010年
定兴	22.3	20.7	20.2	20.0	19.2	18.1
涿州	14.0	12.1	12.3	12.0	11.5	10.9
齐河	14.2	12.6	9.4	10.0	12.3	13.2
寿光	11.0	8.8	8.7	10.8	13.5	15.6
融水	17.6	15.6	14.4	15.4	15.0	14.2
鹿寨	17.1	16.0	14.1	16.0	11.0	9.6

图 6-9 样本县 2005—2010 年初中生师比变化趋势图

这两节简要介绍了三省样本县经济与教育发展状况：在经济发展发面，可以看出齐河县与寿光市属于经济状况较好，其次为涿州市和鹿寨县，融水县和定兴县属于经济状况较差的县。而各个县的经济发展状况与各县的教育发展息息相关，例如寿光市和齐河县的经济状况较好，新录用毕业生数明显高于其他县，给教师队伍注入新的活力。但是齐河县与寿光市也面临一个新的问题，那就是初中生师比近几年处于上升趋势。而定兴县、涿州市、鹿寨县等县专任教师数逐年减少，教师队伍缩减，尤其新录用的毕业生人数几乎为零，导致教师老龄化与结构断层问题严重。

6.3 样本县义务教育投入整体状况

"新机制"将农村义务教育全面纳入公共财政的保障范围，旨在提高农村义务教育的经费保障水平。本小节基于样本县上报的教育经费统计数据，运用教育经费投入与支出的相关指标，考察"新机制"实施以来，样本县义务教育经费的变化情况，以分析"新机制"的实施对样本县义务教育经费产生的影响、取得的成效及存在的问题，为进一步改进和完善"新机制"提出对策。在分析时，本小节依次使用了样本县中小学教育经费总投入、生均教育经费投入、生均教育事业费、生均公用经费支出、教师培训费、专项项目支出、基本建设费等指标。

6.3.1 教育经费总投入

县级教育经费投入总额反映了县层面教育事业发展的经费总量大小。表6-9和表6-10分别呈现了样本县小学和初中教育经费投入总额。从表中可以看出，样本县小学和初中教育经费总投入整体呈现逐年增长的趋势。自2005年到2010年，样本县小学和初中均实现了教育经费总投入翻两番；其中，齐河县2010年小学教育经费投入总额约为2005年的3.9倍，融水县2010年的初中教育经费投入总额为2005年的3.2倍。可以说，伴随着"新机制"的实施，样本县小学和初中教育经费总投入出现了很大幅度的增长。

表6-9　样本县小学教育经费投入总额　　　单位：千元

	2005年	2006年	2007年	2008年	2009年	2010年	均值
定兴	64 344	64 459	95 561	114 876	138 348	148 028	104 269
涿州	68 915	74 555	87 674	125 626	128 004	145 932	105 118
齐河	38 844	53 074	61 771	88 065	104 029	149 782	82 594
寿光	150 712	162 686	210 173	264 936	298 681	327 427	235 769
融水	58 911	77 372	99 788	140 383	158 448	160 066	115 828
鹿寨	59 785	69 803	85 730	108 853	135 765	158 515	103 075

表 6-10　样本县初中教育经费投入总额　　　单位：千元

	2005 年	2006 年	2007 年	2008 年	2009 年	2010 年	均值
定兴	31 318	36 580	52 714	54 033	82 351	80 359	56 226
涿州	41 851	46 332	61 901	75 789	89 033	107 063	70 328
齐河	28 342	42 367	52 610	57 057	57 029	58 621	49 337
寿光	176 417	214 213	245 518	275 267	320 685	449 733	28 031
融水	23 200	28 682	40 000	63 822	74 864	74 683	50 875
鹿寨	33 845	39 615	58 100	67 599	72 486	92 467	60 685

6.3.2　生均教育经费投入

除了用教育经费投入总额，我们还用生均教育经费投入来进一步分析各县教育经费投入状况。表 6-11 和表 6-12 分别呈现了样本县小学和初中生均教育经费投入的变化情况。从表中可以看出，样本县小学和初中生均教育经费投入整体呈现逐年增长的趋势。不管小学还是初中，各样本县 2010 年的生均教育经费均为 2005 年的 2 倍以上。2005 年，六个样本县的小学(初中)生均教育经费投入均值为 1 615 元(1 811 元)，到 2010 年该值已经上升到 4 551 元(6 740 元)，后者是前者的 2.8 倍(3.7 倍)。可见，"新机制"实施以来，样本县小学和初中生均教育经费投入均出现了很大幅度的上升。

表 6-11　样本县小学生均教育经费投入　　　单位：元

	2005 年	2006 年	2007 年	2008 年	2009 年	2010 年	均值
定兴	1 507	1 688	2 680	3 303	4 088	4 278	2 924
涿州	1 976	2 159	2 504	3 921	3 971	4 419	3 158
齐河	1 234	1 535	1 750	2 133	2 512	3 550	2 119
寿光	1 401	1 418	2 006	3 021	3 722	4 707	2 712
融水	1 449	1 894	2 502	3 588	4 101	4 139	2 945
鹿寨	2 125	2 715	3 781	4 524	5 523	6 215	4 105

表 6-12　样本县初中生均教育经费投入　　　　　单位：元

	2005 年	2006 年	2007 年	2008 年	2009 年	2010 年	均值
定兴	954	1 274	2 003	2 398	4 281	5 002	2 652
涿州	1 869	2 441	3 325	4 472	5 332	6 745	4 031
齐河	1 283	2 004	2 840	3 398	3 663	3 823	2 835
寿光	3 789	4 430	6 880	6 663	6 491	8 883	6 189
融水	1 340	1 625	2 286	3 784	4 470	4 541	3 008
鹿寨	1 630	2 065	3 627	3 726	5 946	—	3 399

注：—表示未获得数据，下同。

为了保证政府对教育的投入，《中华人民共和国教育法》规定了国务院和地方各级人民政府的教育经费要做到"三个增长"。其中一个"增长"是指"保证按照在校学生人数平均的义务教育经费逐步增长"。从样本县的小学和初中生均教育经费投入来看，六个样本县的小学和初中生均教育经费均实现了逐步增长。

6.3.3　生均教育事业费

以上两个指标都是从教育经费投入的角度，本文还从教育经费支出的角度来考察样本县义务教育经费的变化。教育经费支出可以分为教育事业费和基本建设经费，其中，教育事业费包括人员经费和公用经费。接下来，本文分别分析每一类经费支出的变化情况。

表 6-13 和表 6-14 分别呈现了样本县小学和初中生均教育事业费的变化情况。从表中可以得出，样本县小学和初中生均教育事业费呈逐年上升的趋势。每个样本县 2010 年的小学或初中生均教育事业费均为 2005 年的 2 倍以上。特别是，鹿寨县 2010 年的小学生均教育事业费为 2005 年的 3.1 倍，定兴县 2010 年的初中生均教育事业费为 2005 年 5.1 倍。伴随着"新机制"的实施，样本县小学和初中生均教育事业费均实现了较大幅度的增长。

表 6-13　样本县小学生均教育事业费　　　　　　单位：元

	2005 年	2006 年	2007 年	2008 年	2009 年	2010 年	均值
定兴	1 507	1 688	2 679	3 303	3 794	4 278	2 875
涿州	1 982	2 137	2 514	3 917	3 987	4 381	3 153
齐河	1 219	1 157	1 529	2 133	2 421	3 516	1 996
寿光	2 815	1 962	2 526	3 766	4 697	6 042	3 635
融水	1 473	1 884	2 536	3 543	4 094	4 240	2 962
鹿寨	1 883	2 532	3 777	4 443	5 200	5 901	3 956

表 6-14　样本县初中生均教育事业费　　　　　　单位：元

	2005 年	2006 年	2007 年	2008 年	2009 年	2010 年	均值
定兴	954	1274	2 002	2 398	3 647	4 890	2 527
涿州	1 822	2 434	3 234	4 507	5 320	6 544	3 977
齐河	1 300	2 014	2 972	3 714	3 708	3 417	2 854
寿光	7 846	7 460	8 223	8 875	8 844	11 177	8 737
融水	1 232	1 609	2 340	3 564	4 633	4 766	3 024
鹿寨	1 583	999	3637	3 807	5 805	11 477	4 551

6.3.4　生均公用经费支出

公用经费是用于学校正常运转、教学活动和后勤服务等方面开支的费用，是学校完成教学任务、提高教育质量和正常运行的重要保障。长期以来，农村义务教育公用经费一直非常紧张，学校无法开全、开足所有课程，学校的运行保障处于非常低的水平。[①] "新机制"明确提出，要"提高农村义务教育阶段中小学公用经费保障水平"。

表 6-15 和表 6-16 分别呈现了样本县小学和初中生均公用经费的变化情况。从表中可以得出，2005—2010 年，样本县小学和初中生均公用经费均实现了较大幅度的增长。各县 2010 年的小学和初中生均公用经费均为 2005 年的 2 倍以上。尤其是，融水县 2005 年小学生均公用

---

① 杜育红，孙志军. 中国义务教育财政研究[M]. 北京：北京师范大学出版社，2009.

经费仅为68元，到2010年已经上升为788元，后者是前者的11倍。定兴县2005年初中生均公用经费仅为314元，到2010年已经上升为2 421元，后者是前者的7.7倍。从六个县的整体水平来看，2005年样本县小学生均公用经费的均值为269元，到2010年已经上升为1 005元；2005年样本县初中生均公用经费的均值为551元，到2010年上升为1 964元。可见，"新机制"的实施，让农村中小学校的公用经费水平有了很大幅度的提高。这对于改善农村中小学校的基本办学条件，改进教育教学质量具有重要意义。

表 6-15 样本县小学生均公用经费　　　　　单位：元

	2005年	2006年	2007年	2008年	2009年	2010年	均值
定兴	268	294	641	877	848	1 349	713
涿州	234	250	308	392	473	506	360
齐河	385	251	352	490	495	1 255	538
寿光	363	393	568	494	619	1 029	578
融水	68	172	306	287	486	788	351
鹿寨	293	371	460	875	907	1 105	668

表 6-16 样本县初中生均公用经费　　　　　单位：元

	2005年	2006年	2007年	2008年	2009年	2010年	均值
定兴	314	444	875	876	1 375	—	1 051
涿州	360	379	587	756	958	—	655
齐河	512	695	656	956	1 409	—	903
寿光	1 412	1 588	2 035	1 763	2 019	—	2 179
融水	314	305	459	432	830	—	520
鹿寨	397	651	1 247	985	1 226	—	1 125

6.3.5 教师培训费

培训费是公用经费中的一项重要内容。《农村中小学公用经费支出管理暂行办法》对教师培训费做出规定：按照学校年度公用经费预算总额的5%安排，用于教师按照学校年度培训计划参加培训所需的差旅费、伙食补助费、资料费和住宿费等开支。

表 6-17 和表 6-18 分别呈现了样本县小学和初中师均培训费的变化情况，表中括号里的数字表示培训费占公用经费的比例。从表中可以看出，定兴县、寿光市、涿州市和齐河县的小学师均培训费上升趋势较为明显，其他两县的上升趋势较为缓慢。相对于小学来说，初中的师均培训费上升幅度更大。从定兴县、融水县这两个数据比较齐全的县来看，定兴县的起始值较低，仅为 69 元，但是到 2010 年已经上升到了 682 元。融水县的起始值本来就较高，为 534 元，到 2010 年已经上升为 1018 元，后者是前者的 1.9 倍。可见，"新机制"实施以来，样本县小学和初中的师均培训费都有一定程度的提高，但是小学的提高幅度没有初中大。推测其原因，有可能是因为初中的学科门类更多、升学压力更大，初中教师的培训更容易引起重视，而小学教师的培训则容易遭到忽视。未来提高教师的培训费用和增加培训机会，需要加强对小学教师培训的重视。

表 6-17 样本县小学师均培训费及培训费占公用经费的比例

单位：元

	2005 年	2006 年	2007 年	2008 年	2009 年	2010 年	均值
定兴	49 (1.1%)	67 (1.5%)	73 (0.7%)	196 (1.4%)	395 (2.9%)	405 (1.9%)	198 (1.7%)
涿州	—	—	183 (4.0%)	94 (1.6%)	379 (5.3%)	358 (4.3%)	253 (4.5%)
齐河	—	—	206 (4.6%)	368 (5.8%)	349 (5.9%)	400 (2.6%)	331 (5.1%)
寿光	—	—	202 (1.9%)	386 (4.3%)	557 (5.5%)	621 (3.8%)	442 (2.9%)
融水	311 (30.1%)	329 (12.0%)	335 (7.0%)	436 (9.9%)	431 (5.8%)	489 (4.0%)	389 (7.2%)
鹿寨	—	—	—	435 (3.2%)	369 (2.6%)	470 (2.5%)	425 (3.9%)

表 6-18　样本县初中师均培训费及培训费占公用经费的比例

单位：元

	2005 年	2006 年	2007 年	2008 年	2009 年	2010 年	均值
定兴	69 (1.0%)	102 (1.1%)	127 (0.7%)	296 (1.7%)	1 081 (4.1%)	682 (1.6%)	393 (1.9%)
涿州	—	—	153 (2.1%)	174 (1.9%)	474 (4.3%)	630 (6.4%)	358 (4.5%)
齐河			281 (5.0%)	566 (6.0%)	766 (5.0%)	595 (4.6%)	552 (5.6%)
寿光			209 (1.3%)	934 (5.4%)	958 (3.8%)	1 475 (2.2%)	894 (2.4%)
融水	534 (9.8%)	558 (11.1%)	584 (7.9%)	551 (7.9%)	768 (5.7%)	1 018 (9.2%)	669 (8.1%)
鹿寨				429 (2.7%)	366 (2.7%)	806 (3.8%)	534 (3.4%)

从培训费占公用经费的比例来看，样本县小学和初中教师培训费占公用经费的比例达到 5% 的情况并不多。整体而言，融水县的比例较高，除 2010 年小学教师培训费占公用经费的比例低于 5% 以外，其他年份的小学和初中该比例都超过了 5%。定兴县、鹿寨县的比例偏低，基本上每年都没有达到 5% 的要求。教师培训费普遍低于规定的比例要求，这无疑会削弱教师培训的机会，不利于农村中小学教师专业发展和教师队伍的建设。郭正、赵彬（2010）、张志越（2011）等研究表明，由于教师培训费的保障不足，一些教师参加培训需要自付费用，打消了教师参加培训的积极性，影响了培训的实效。

6.3.6　专项项目支出

专项项目支出包括房屋建筑物购建和大型修缮费用。表 6-19 和表 6-20 分别呈现了样本县小学和初中专项项目支出的变化情况。从表中可以看出，虽然样本县小学和初中的专项项目支出在年度之间表现出金额不稳定的特点，但基本上每年都能保证有一定额度的专项项目支出。

表 6-19　样本县小学专项项目支出　　　　　单位：千元

	2005 年	2006 年	2007 年	2008 年	2009 年	2010 年	均值
定兴	2 813	3 000	6 028	5 750	3 790	21 393	7 129
涿州	5 723	10 926	8 315	14 226	9 452	25 514	12 359
齐河	0	10 890	1 687	4 657	1 882	28 946	8 010
寿光	3 389	3 281	2 752	3 264	4 705	16 630	5 670
融水	538	1 048	648	213	2 336	1 970	1 126
鹿寨	—	—	505	11 401	10 991	10 598	8 374

表 6-20　样本县初中专项项目支出　　　　　单位：千元

	2005 年	2006 年	2007 年	2008 年	2009 年	2010 年	均值
定兴	2 487	3 782	7 418	2 500	3 250	16 809	6 041
涿州	10 844	9 768	8 218	4 764	6 442	26 337	11 062
齐河	50	0	38	4012	3 700	4 801	2 100
寿光	8 006	8 407	5 170	15 379	31 291	136 487	34 123
融水	433	761	747	394	3 432	1 330	1 183
鹿寨	—	—	1 106	9 164	5 743	8 081	6 024

6.3.7　基本建设费

基本建设费不仅包括土建费用，也包括大型仪器设备的购置费用。"新机制"实施后，教师工资和公用经费等学校经常性支出相对得到了保障，学校的日常运转问题基本得到解决。然而，虽然"新机制"提出了建立校舍维修改造的长效保障机制，但并没有从根本上建立起中小学的基本建设费用保障机制。基本建设费的缺乏，将在很大程度上影响学校的办学条件改善。

表 6-21 和表 6-22 分别呈现了样本县小学和初中基本建设支出的变化情况。从表中可以发现，除了涿州市和融水县每年都有基本建设支出以外，其他四个样本县的小学和初中只在个别年份有基本建设支出。结合上文对专项项目支出的分析来看，基本建设费的来源不稳定，很多年份几乎没有基本建设费，而专项项目支出的来源则相对更加稳定。长期以来，我国义务教育办学条件和基本建设的投入重点在城市学校，

农村学校尤其是村小的办学条件和基本建设投入严重滞后，无法适应我国义务教育均衡发展的需求。丁延庆、薛海平(2008)建议，我国的义务教育学校基本建设应该适时进入标准化、一致化阶段。

表 6-21 样本县小学基本建设支出　　　　　单位：千元

	2005 年	2006 年	2007 年	2008 年	2009 年	2010 年	均值
定兴	0	0	0	0	9 950	0	1 658
涿州	11 000	12 000	13 000	6 000	8 000	21 000	11 833
齐河	0	10 890	30	0	0	0	1 820
寿光	1 627	1 110	0	0	0	0	456
融水	538	1 048	648	213	2 336	1 970	1 126
鹿寨	0	0	0	135	0	8 250	1 398

表 6-22 样本县初中基本建设支出　　　　　单位：千元

	2005 年	2006 年	2007 年	2008 年	2009 年	2010 年	均值
定兴	0	0	0	0	12 200	1 802	2 334
涿州	7 300	9 000	10 000	6 500	7 110	14 710	9 103
齐河	50	0	2 227	0	0	1 300	596
寿光	4 195	18 896	209	0	0	0	3 883
融水	433	761	747	394	3 432	1 330	1 183
鹿寨	0	0	0	0	0	0	0

6.4　样本县义务教育政府投入努力程度分析

"新机制"带给农村义务教育经费投入的一项重要变化，即强调政府在筹资中的主导作用，从而减轻农民负担，实现"人民教育政府办"。本书第 4 章对义务教育政府投入努力程度的监测与评价指标进行了梳理，结合数据的可获得性，本小节主要运用财政性教育经费占教育经费总投入的比例、预算内教育经费占教育经费总投入的比例、财政性教育经费占地方财政一般预算支出的比例三个指标来反映和评价政府在农村义务教育投入中的努力程度。

6.4.1 财政性教育经费占教育经费总投入的比例

我国教育经费总投入包括财政性教育经费、社会团体和公民个人办学经费、社会捐资和集资办学经费、学费和杂费、其他教育经费。其中财政性教育经费包括预算内教育经费、教育税费、企业办学经费和勤工俭学和校办企业用于教育的经费。用财政性教育经费占教育经费总投入的比例，可以说明教育经费投入中政府财政投入的比重。

表 6-23 和表 6-24 分别呈现了样本县小学和初中 2005—2010 年财政性教育经费占教育经费总投入的比例。从表中可以看出，样本县小学和初中财政性教育经费占教育经费总投入的比例均呈现出逐年上升的趋势。从六个县整体的情况来看，2005 年样本县小学（初中）财政性教育经费占教育经费总投入的比例均值为 88.7%（77.1%），到 2010 年该比例上升到 99.1%（97.8%）。2010 年六个样本县的小学（初中）财政性教育经费占教育经费总投入的比例均在 98%（94%）以上。财政性教育经费占据了教育经费投入的绝大部分比例。

特别是，融水县和鹿寨县（均属广西壮族自治区）作为西部地区的县，其教育经费投入中财政性教育经费所占的比重普遍高于其他四个样本县。在其他四个样本县，财政性教育经费占教育经费投入的比例一开始较低，但是随着"新机制"的实施，该比例在不同年份开始陆续上升。到 2010 年，各样本县初中财政性教育经费占教育经费投入的比例几乎都达到了 100%，样本县之间的差异很小。

表 6-23　样本县小学财政性教育经费占教育经费投入的比例(%)

	2005 年	2006 年	2007 年	2008 年	2009 年	2010 年	均值
定兴	87.7	89.7	96.3	96.8	99.5	99.0	94.8
涿州	89.4	88.1	93.3	83.3	99.2	99.2	92.1
齐河	80.7	84.1	96.8	95.5	96.6	98.3	92.0
寿光	79.9	77.8	86.4	97.8	98.1	98.6	89.8
融水	100.0	100.0	99.3	98.9	90.7	99.8	98.1
鹿寨	94.7	99.6	99.5	99.2	99.4	99.3	98.6

表 6-24　样本县初中财政性教育经费占教育经费投入的比例(%)

	2005 年	2006 年	2007 年	2008 年	2009 年	2010 年	均值
定兴	69.8	67.5	83.0	89.9	99.0	99.2	84.7
涿州	75.3	80.7	82.7	81.2	96.3	97.5	85.6
齐河	63.6	74.7	84.9	84.0	82.7	94.5	80.7
寿光	76.7	75.3	88.3	96.4	98.0	97.3	88.7
融水	100.0	100.0	98.7	99.0	93.4	98.7	98.3
鹿寨	—	—	97.6	98.2	98.6	99.7	98.6

6.4.2　预算内教育经费占教育经费投入的比例

本文进一步分析了预算内教育经费占教育经费投入的比例。图 6-10 和图 6-11 分别以折线图的形式呈现了 2005—2010 年样本县小学和初中预算内教育经费占教育经费投入比例的变动趋势。从图中可以发现如下变化趋势。第一，样本县中小学教育经费总投入中预算内教育经费所占比重不断上升。从小学的情况来看，在定兴、融水和鹿寨这三个县，小学预算内教育经费占教育经费投入的比例起始值较高，在这六年间呈小幅度上升趋势；在涿州、齐河和寿光三个县，小学预算内教育经费占教育经费投入的比例起始值偏低，在 2005—2010 年表现出较大幅度的上升。以寿光为例，2005 年该地小学预算内教育经费占教育经费投入的比例为 76.6%，到 2010 年该比例上升到了 96.5%。初中也表现出与此类似的变化趋势。

第二，预算内教育经费占教育经费投入的比例在样本县之间的差异缩小，逐步走向收敛。从小学的情况来看，2005 年和 2006 年该比例在样本县之间呈现出较大的差异，差值最大达到 26.8 个百分点。但是 2007 年以后，该比例在样本县之间的差异缩小，呈现出收敛的趋势。到 2010 年，齐河县的小学预算内教育经费占教育经费投入的比例在样本县之间最低，但是也超过了 80%。从初中的情况来看，2005 年、2006 年和 2007 年该比例在样本县之间呈现出较大的差异，差值最大达到 29.8 个百分点。但是 2008 年以后，该比例在样本县之间的差异缩小，呈现出收敛的趋势。到 2010 年，定兴县的初中预算内教育经费占教育经费投入的比例在样本县之间最低，但是也超过了80%。这说明，在六个样本县，预算内教育经费都占据了义务教育经费总投入的"大头"，预算内教育经费成为义务教育投入的最主要来源。

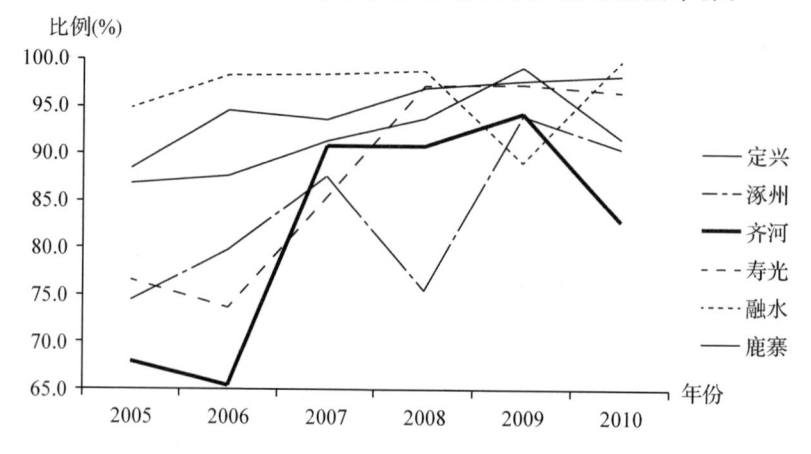

图 6-10 样本县小学预算内教育经费占教育经费投入的比例

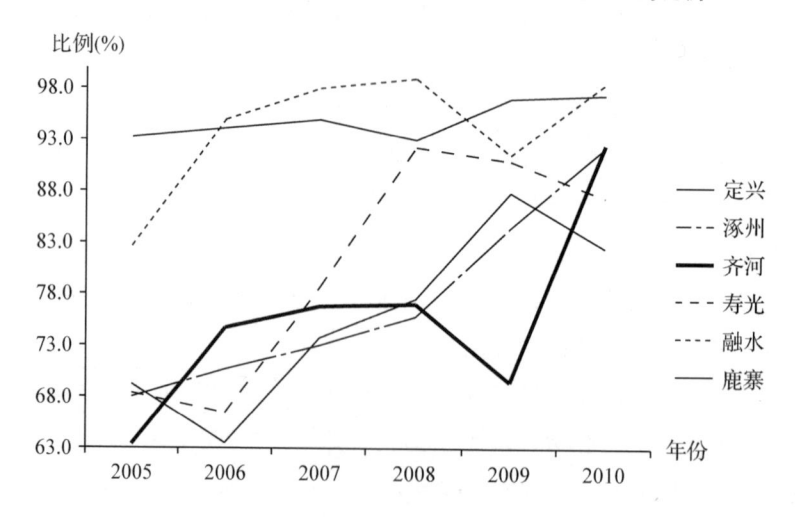

图 6-11 样本县初中预算内教育经费占教育经费投入的比例

第三，融水县和鹿寨县作为两个来自西部地区的县，其小学和初中预算内教育经费占教育经费投入的比例高于其他四个样本县。出现这样的情况原因可能有二：一是这两个县的义务教育投入努力程度高；二是这两个县的教育经费相对缺乏，主要来自于政府财政，而其他相对富裕的县则有其他途径的教育经费来源。从相对富裕的县该比例上升较快可以推断,其主要原因是后者。

可见,"新机制"实施后,样本县小学和初中教育经费总投入中预算内教育经费所占比重不断上升。该比例在样本县之间的差异缩小,逐步走向收敛。相对贫困地区的县义务教育经费投入几乎全部来自预算内教育经费。

6.4.3 财政性教育经费占地方财政一般预算支出的比例

地方财政一般预算支出是财政性教育经费来源的主要渠道,用财政性教育经费占地方财政一般预算支出的比例也可以反映出地方政府义务教育投入的努力程度。图 6-12 呈现了 2005—2010 年样本县义务教育财政性教育经费占地方财政一般预算支出的比例。从图中可以看出,该比例在各样本县均呈现出一定的波动。在融水县和鹿寨县两县,该比例还表现出一定的下降趋势。笔者推测,随着"新机制"的实施,中央对西部地区义务教育的支持力度加大,可能对西部地区的县级政府义务教育投入产生"挤出效应"。各地政府应该明确教育长期发展的战略目标,更加重视义务教育公共投入力度,避免"挤出效应"。

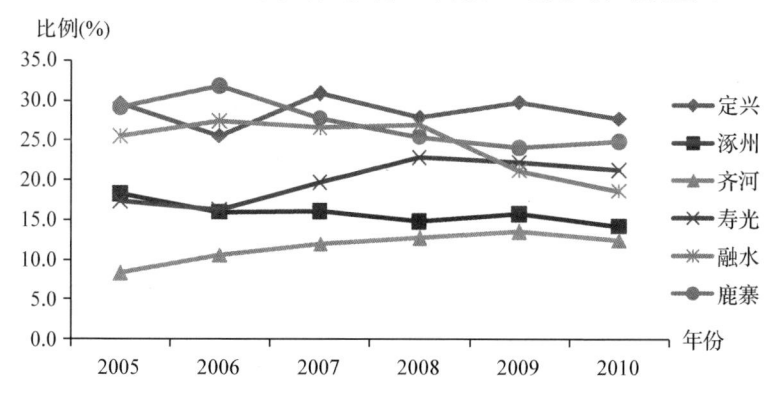

图 6-12 样本县义务教育财政性教育经费占地方财政一般预算支出的比例

6.5 本章小结

本章通过分析和评价河北、山东、广西三省六县小学和初中教育经费的整体状况及义务教育政府投入的努力程度,从经费投入的角度评价"新机制"实施效果。研究发现以下两个方面内容。

第一,"新机制"实施以后,样本县的义务教育经费投入不管就总量而言还是就生均而言都有较大幅度的上升,样本县按照在校学生人数平均的教育费用逐步增长,生均公用经费逐年增长。这些都说明,"新机制"基本实现了提升农村义务教育经费保障水平的政策目标,对于改善农村义务教育办学条件和整体水平意义重大。

第二,"新机制"实施后,教育经费投入中财政性教育经费所占比重、预算内教育经费所占比重在样本县呈逐年上升趋势。而且,上述两个比重在样本县之间的差异逐渐缩小,呈现收敛趋势。这说明,"新机制"实施后,义务教育经费的财政保障力度大大加强,真正实现了义务教育"政府办"。

总的来说,"新机制"实现了提升农村义务教育经费保障水平的政策目标,义务教育经费的财政保障力度大大加强,真正实现了义务教育"政府办",对于改善农村义务教育办学条件和整体水平意义重大。尽管如此,本章也发现"新机制"实施过程中的经费投入方面仍存在一定问题。

第一,样本县的教师培训费占公用经费的比例普遍低于规定要求。一方面,应尽快研究制定科学、规范、可行的公用经费支出的结构比例,确保各项公用经费支出按比例执行,不挪用、不挤占其他类型的公用经费。另一方面,应建立一定的监督机制和约束条件以确保教师培训费达到规定的比例要求。在制定培训计划时,不应忽视小学教师的培训。

第二,样本县中小学校的基本建设费用来源不稳定,甚至有些县连续多年全县中小学校都没有基本建设费用。这对于进一步改进农村中小学校办学条件、保障农村中小学校校舍安全等埋下了隐患。建议制定农村中小学基本建设费用的保障机制,推进中小学校标准化建设。

第三,从财政性教育经费占地方财政一般预算支出的比例来看,融水、鹿寨两个西部地区的县在"新机制"实施后,该比例表现出小幅的下降趋势。这说明,义务教育经费保障机制的进一步完善需要思考如何调动地方政府义务教育投入的积极性,强化地方政府在保障义务教育发展中的责任意识,防止"挤出效应"的发生。

第7章 "新机制"实施效果：三省六县义务教育办学条件的评价

办学条件是学校所拥有资源中最为直观的表现[①]。从微观上来说，只有一定的办学条件作为保障，学校的各项教育教学活动才能顺利有效开展；从宏观上来说，促进义务教育均衡发展，维护教育公平，也迫切需要改善农村地区、落后地区学校的办学条件，推进学校标准化建设。由于学术界目前对于办学条件还没有形成明确的界定，因此本章在分析时，主要依据样本县上报的教育事业统计数据，对事业统计数据中所包含的一些重要指标进行分析。首先，本章基于体育运动场（馆）面积达标率、音体美器材配备达标率、数学自然实验仪器配备达标率、生均图书册数、生均校舍面积、生均普通教室面积、生均危房面积、每百生计算机台数、建立校园网的学校比例等指标，对这些指标在样本县实施"新机制"前后的变化情况及在样本县之间的差异进行分析，以考察"新机制"对样本县中小学校办学条件产生的影响及存在的问题。进一步，本章利用项目组在样本县进行的学校问卷调查，对抽样学校的办学条件进行简要分析，并尝试对样本县内的农村学校和乡镇学校办学条件进行对比。

[①] 杜育红，孙志军. 中国义务教育财政研究[M]. 北京：北京师范大学出版社，2009.

7.1 样本县办学条件基本状况描述

7.1.1 生均图书册数

表 7-1 和表 7-2 分别呈现了样本县小学和初中生均图书册数的变化情况。从表中可以发现，除寿光县的小学生均图书册数在 2005 年至 2010 年有较大幅度的上升以外，其他几个样本县的小学生均图书册数基本保持稳定，或者只有很小幅度的上升。2010 年，定兴县的小学生均图书册数达到 30 本，而同一年份齐河县的生均图书册数为 12 本，前者是后者的两倍多。

初中的生均图书册数高于小学。2010 年，涿州市和寿光县的初中生均图书册数为 33 本，齐河县的生均图书册数为 14 本，前者是后者的两倍多。从变化趋势来看，2005—2010 年，样本县的初中生均图书册数并没有明显的上升趋势。

表 7-1 样本县小学生均图书册数　　　　　　单位：册

	2005 年	2006 年	2007 年	2008 年	2009 年	2010 年	均值
定兴	29	29	32	30	31	30	30
涿州	21	—	20	21	25	21	22
齐河	13	11	10	12	12	12	12
寿光	10	16	16	15	17	18	15
融水	—	—	—	—	—	—	—
鹿寨	—	—	—	—	14	14	14

表 7-2 样本县初中生均图书册数　　　　　　单位：册

	2005 年	2006 年	2007 年	2008 年	2009 年	2010 年	均值
定兴	30	32	33	35	30	25	31
涿州	32	38	38	34	36	33	35
齐河	15	16	21	19	15	14	17
寿光	41	47	46	39	33	33	39
融水	15	25	25	25	25	25	23
鹿寨	—	—	—	—	—	—	—

7.1.2 生均校舍面积

表 7-3 和表 7-4 分别呈现了样本县小学和初中生均校舍面积的变化情况。从表中可以发现，2005—2010 年，样本县小学生均校舍面积呈小幅度上升的趋势。鹿寨县的小学生均校舍面积最大，达到 8 m² 以上。初中的生均校舍面积普遍高于小学。2005—2010 年，样本县初中生均校舍面积呈上升趋势。生均校舍面积最高的为寿光市，均值达到 17.2 m²，其次是鹿寨县，为 12.0 m²。2007 年，"中西部农村初中校舍改造工程"开始实施。融水县作为西部地区的少数民族自治县，在"中西部农村初中校舍改造工程"的覆盖范围之内，该县 2008 年的初中生均校舍面积有较大幅度的上升。

表 7-3 样本县小学生均校舍面积　　　　单位：m²

	2005 年	2006 年	2007 年	2008 年	2009 年	2010 年	均值
定兴	5.0	5.7	6.0	6.1	5.8	5.8	5.7
涿州	3.9	4.3	4.4	4.6	4.5	4.4	4.4
齐河	4.4	3.7	3.6	4.5	5.5	5.6	4.5
寿光	4.4	4.4	4.4	4.7	5.1	5.2	4.7
融水	5.7	5.7	5.9	6.1	6.2	6.2	5.9
鹿寨	—	8.4	8.5	8.2	8.2	8.6	8.4

表 7-4 样本县初中生均校舍面积　　　　单位：m²

	2005 年	2006 年	2007 年	2008 年	2009 年	2010 年	均值
定兴	5.5	6.6	6.9	7.7	7.8	8.0	7.1
涿州	5.9	7.1	6.7	6.6	7.3	8.1	7.0
齐河	8.2	8.8	12.1	10.6	9.0	9.1	9.7
寿光	15.9	21.1	21.1	17.1	15.1	14.5	17.2
融水	5.8	7.2	7.8	10.6	8.9	9.1	8.2
鹿寨	—	8.4	10.0	8.8	13.2	19.9	12.0

7.1.3 生均普通教室面积

表 7-5 和表 7-6 分别呈现了样本县小学和初中生均普通教室面积的

变化情况。从表中可以发现，2005—2010年，样本县小学生均普通教室面积基本保持稳定。融水县、鹿寨县和定兴县的生均普通教室面积较大，而寿光市、齐河县和涿州市的生均普通教室面积较小。

初中的生均普通教室面积基本保持稳定(除了鹿寨有明显的上升)。从绝对值来看，寿光市的生均普通教室面积较大，而定兴县、融水县的生均普通教室面积较小。结合表7-4和7-6来看，融水县的初中生均校舍面积在2008年有较大幅度的上升，但是其初中生均普通教室面积却没有明显上升，这是因为"中西部农村初中校舍改造工程"主要致力于改善学校的学生生活设施，如宿舍、食堂和厕所等，而不是教学设施。

表 7-5　样本县小学生均普通教室面积　　　　单位：m²

	2005年	2006年	2007年	2008年	2009年	2010年	均值
定兴	3.0	3.3	3.5	3.4	3.1	2.9	3.2
涿州	2.2	2.3	2.4	2.5	2.4	2.1	2.3
齐河	2.4	2.1	2.0	2.1	2.3	2.3	2.2
寿光	1.9	1.9	1.9	2.0	2.0	2.0	1.9
融水	3.5	3.4	3.5	3.4	3.5	3.5	3.5
鹿寨	—	4.5	4.2	3.9	3.8	3.9	4.1

表 7-6　样本县初中生均普通教室面积　　　　单位：m²

	2005年	2006年	2007年	2008年	2009年	2010年	均值
定兴	1.8	2.0	2.4	2.6	2.0	2.0	2.1
涿州	2.7	3.1	2.9	2.5	2.6	3.0	2.8
齐河	2.4	2.5	3.4	2.8	2.2	2.5	2.6
寿光	4.0	5.0	4.6	3.8	3.4	2.9	3.8
融水	2.4	1.9	2.1	2.2	3.5	2.3	2.4
鹿寨	—	2.0	2.3	2.1	3.1	4.6	2.8

7.1.4　生均危房面积

表7-7和表7-8分别呈现了样本县小学和初中生均危房面积的变化情况。就小学的危房面积而言，寿光市的生均危房面积最小，几乎为0 m²，涿州市的生均危房面积最大，为0.36 m²。从变化趋势来看，除

融水县和鹿寨县的小学生均危房面积表现出比较明显的递减趋势外，在其他几个样本县，生均危房面积呈现出年度之间的波动。这可能是因为，一方面随着各种加固、维修、改造或新建工程的实施，学校危房面积不断减少；但另一方面，每年都可能有新的危房出现。2009年，"中小学校舍安全工程"开始实施，该工程要求对全国所有中小学校进行全面排查、鉴定，对不符合要求的校舍进行加固改造或重新建设。工程的主要加固改造施工环节在2010年进行(2009年完成总工作量的30%，2010年完成60%，2011年完成10%)。从表7-7来看，定兴县和鹿寨县的小学生均危房面积在2010年均有所下降。

初中的情况与小学较为类似。寿光市的生均危房面积最小，几乎为0，但鹿寨县和涿州市的生均危房面积较大。从变化趋势上来看，除寿光市每年都没有危房，融水县的生均危房面积在递减以外，其他几个样本县的初中生均危房面积呈现出年度之间的波动。新的危房不断出现，这说明样本县需要继续加大每年专项项目经费投入，以支付大型的维修修缮费用。

表7-7　样本县小学生均危房面积　　　　　单位：m²

	2005年	2006年	2007年	2008年	2009年	2010年	均值
定兴	0.03	0.07	0.27	0.09	0.09	0.07	0.10
涿州	0.38	0.29	0.23	0.16	0.29	0.79	0.36
齐河	0.01	0.05	0.03	0.03	0.23	0.23	0.09
寿光	0.00	0.00	0.00	0.00	0.00	0.02	0.00
融水	0.42	0.32	0.00	0.00	0.00	0.02	0.13
鹿寨	—	0.33	0.19	0.09	0.11	0.09	0.16

表7-8　样本县初中生均危房面积　　　　　单位：m²

	2005年	2006年	2007年	2008年	2009年	2010年	均值
定兴	0.03	0.05	0.19	0.15	0.19	0.12	0.12
涿州	0.53	0.45	0.09	0.11	0.10	0.40	0.28
齐河	0.11	0.12	0.17	0.00	0.71	0.19	0.22
寿光	0.00	0.00	0.00	0.00	0.00	0.00	0.00
融水	0.40	0.30	0.00	0.00	0.00	0.00	0.12
鹿寨	—	0.23	0.27	0.24	0.36	0.54	0.33

7.1.5 每百生计算机台数

表 7-9 和表 7-10 分别呈现了样本县每百名小学和初中学生所拥有的计算机台数。从表中可以发现，样本县小学和初中每百生计算机台数的变化趋势不一致。就小学而言，定兴县、齐河县的小学每百生计算机台数呈现出增长趋势，其他四个样本县的增长趋势不明显。就初中而言，涿州市和寿光县的每百名初中生拥有计算机台数较高，但是涿州市在 2007—2010 年基本保持稳定，寿光市在 2009 年开始出现大幅的下滑（这可能与寿光市的初中在校生数在 2009 年出现很大幅度的上升有关）。齐河县、融水县和定兴县的每百名初中生拥有计算机台数较低，定兴县的该指标表现出逐步上升的趋势。整体而言，除定兴县以外，其他样本县都表现出初中的计算机配备情况好于小学。

表 7-9 样本县小学每百名学生拥有计算机台数　　单位：台

	2005 年	2006 年	2007 年	2008 年	2009 年	2010 年	均值
定兴	6.5	7.3	7.7	8.0	8.5	9.1	7.9
涿州	6.8	—	6.6	6.8	6.4	6.1	6.5
齐河	1.0	1.0	1.0	1.8	2.6	2.6	1.0
寿光	6.8	6.8	6.8	6.9	5.8	6.8	6.7
融水	2.1	2.1	2.3	2.3	2.3	2.3	5.6
鹿寨	—	—	—	—	3.7	4.0	3.9

表 7-10 样本县初中每百名学生拥有计算机台数　　单位：台

	2005 年	2006 年	2007 年	2008 年	2009 年	2010 年	均值
定兴	5.1	5.9	6.1	6.8	8.0	8.7	6.8
涿州	11.5	14.3	12.5	12.3	12.4	12.6	12.3
齐河	4.0	5.0	6.0	6.2	5.3	5.5	5.0
寿光	16.0	20.3	19.4	16.2	9.6	8.3	14.1
融水	7.0	7.0	7.0	7.3	7.3	7.3	7.2
鹿寨	—	—	—	—	—	—	—

另外，计算机配备情况在样本县之间表现出较大的差异。例如，寿光市和定兴县的计算机配备率较高，2010年每百名小学生分别拥有6.8台和9.1台计算机，而融水县、齐河县的配备率较低，分别为2.3台和2.6台。

7.1.6 建立校园网的学校比例

表7-11和表7-12分别呈现了样本县小学和初中建立校园网的学校比例。就小学而言，寿光市建立校园网的学校比例最高，在2010年达到了100%，其次为涿州市。在定兴县、齐河县和鹿寨县，建立校园网的小学比例还非常低。

初中学校建立校园网的比例要高于小学。寿光市的所有初中学校都建立了校园网络，涿州市在2010年有81.8%的初中学校建立了校园网，鹿寨县在2010年有63.6%的初中学校建立了校园网。但是，定兴县和齐河县初中学校建立校园网的比例偏低。可见，相对于前文所分析的各类教学仪器配备达标率等指标来说，建立校园网的比例这一指标在样本县之间呈现出更大的差异。正如已有研究所表明的那样，相对于传统型的办学条件，一些现代型的办学条件在地区之间表现出的差异更大[1]。

表7-11 样本县小学建立校园网的学校比例(%)

	2005年	2006年	2007年	2008年	2009年	2010年	均值
定兴	1.1	1.2	0.6	0.6	2.4	0.8	1.1
涿州	35.8	—	34.7	30.5	36.3	20.5	31.5
齐河	1.6	2.5	4.0	6.1	0.8	0.8	2.6
寿光	88.1	92.4	92.5	92.7	92.4	100.0	93.0
融水	—	—	—	—	—	—	—
鹿寨	4.0	3.3	3.4	2.5	0.8	9.8	4.0

---

[1] 冯羽，胡咏梅．我国农村义务教育办学条件省际差异及特殊地区差异研究[J]．北京师范大学学报(社会科学版)，2011(6)：98-105．

表 7-12　样本县初中建立校园网的学校比例(%)

	2005 年	2006 年	2007 年	2008 年	2009 年	2010 年	均值
定兴	2.7	2.8	2.9	3.1	8.0	5.0	4.1
涿州	66.7	66.7	75.0	81.8	77.3	81.8	74.9
齐河	26.1	26.1	50.0	55.0	6.3	12.5	29.3
寿光	100.0	100.0	100.0	100.0	100.0	100.0	100.0
融水	—	—	—	—	—	—	—
鹿寨	8.6	20.0	24.1	21.7	6.3	63.6	24.1

7.2　样本县办学条件达标状况评价

7.2.1　体育运动场(馆)面积达标率

表 7-13 和表 7-14 分别呈现了样本县小学和初中体育运动场(馆)面积达标率的变化情况。从表中可以发现,"新机制"实施后,寿光县、鹿寨县的体育运动场(馆)面积达标率在波动中有所上升,定兴县、涿州市、齐河县的该比例在波动中有所下降。初中的体育运动场(馆)面积达标率普遍高于小学。

体育运动场(馆)面积达标率在样本县之间的差异较大。具体而言,定兴县和寿光市的小学和初中体育运动场(馆)面积达标率较高,定兴县各年份的小学和初中达标率均高于 80%,寿光市各年份的小学和初中达标率均高于 90%。涿州市和齐河县的小学和初中体育运动场(馆)

表 7-13　样本县小学体育运动场(馆)面积达标率(%)

	2005 年	2006 年	2007 年	2008 年	2009 年	2010 年	均值
定兴	84.2	85.4	86.0	86.0	85.9	80.0	84.6
涿州	67.9	—	63.4	56.8	58.2	55.7	60.4
齐河	66.4	72.7	73.8	74.8	32.1	34.1	59.0
寿光	90.2	92.9	95.2	94.5	95.1	95.6	93.9
融水	—	—	—	—	—	—	—
鹿寨	34.4	22.4	24.6	26.5	35.4	35.4	29.8

表 7-14　样本县初中体育运动场(馆)面积达标率(%)

	2005 年	2006 年	2007 年	2008 年	2009 年	2010 年	均值
定兴	89.2	91.7	88.2	90.6	96.0	85.0	90.1
涿州	69.7	63.6	64.3	77.3	77.3	68.2	70.1
齐河	91.3	87.0	87.5	85.0	56.3	43.8	75.1
寿光	92.9	94.7	94.3	93.9	93.9	100.0	94.9
融水	—	—	—	—	—	—	—
鹿寨	37.1	31.4	41.4	43.5	62.5	54.5	45.1

面积达标率较低。鹿寨县的达标率更低，这可能与鹿寨县的地形有关。由于地处丘陵地区，受地形限制，鹿寨县有的学校没有操场，有的学校操场面积很小，导致该县的体育运动场(馆)面积达标率偏低。

7.2.2　体育器械配备达标率

表 7-15 和表 7-16 分别呈现了样本县小学和初中体育器械配备达标率的变化情况。从表中可以发现，"新机制"实施后，样本县的中小学体育器械配备达标率没有明显一致的变化趋势。以小学为例，融水县的体育器械配备情况最好，在 2006 年以后一直保持 100% 达标。定兴县和寿光市的配备情况也比较好，尽管定兴县近几年的达标率波动中维持稳定，寿光的达标率有小幅下降。齐河县的达标率一开始比较低，从 2009 年开始显著上升。涿州市和鹿寨县的达标率出现下降趋势，这两个县 2010 年的达标率低于 2005 年的水平。

体育器械配备达标率在样本县之间的差异比较大。就小学而言，2010 年融水县的体育器械配备达标率达到了 100%，而鹿寨县仅为 34.1%。就初中而言，2010 年，齐河县、寿光市和融水县的体育器械配备达标率都达到了 100%，而鹿寨县仅为 54.5%。

将体育运动场(馆)面积达标率和体育器械配备达标率相结合来看，样本县还有较高比例的学校体育配套设施不达标。这对中小学校体育课程的顺利开展、青少年学生的身心健康发展带来不利影响。

表 7-15　样本县小学体育器械配备达标率(%)

	2005 年	2006 年	2007 年	2008 年	2009 年	2010 年	均值
定兴	90.8	91.8	90.9	91.1	91.8	89.6	91.0
涿州	74.3	—	73.3	60.0	60.4	55.7	64.7
齐河	70.5	69.4	73.0	73.3	91.0	96.2	78.9
寿光	90.2	92.9	93.6	92.1	91.0	87.6	91.2
融水	87.0	100.0	100.0	100.0	100.0	100.0	97.8
鹿寨	42.4	22.4	28.0	28.0	35.4	34.1	31.7

表 7-16　样本县初中体育器械配备达标率(%)

	2005 年	2006 年	2007 年	2008 年	2009 年	2010 年	均值
定兴	89.2	91.7	88.2	87.5	84.0	75.0	85.9
涿州	72.7	75.8	78.6	81.8	81.8	77.3	78.0
齐河	100.0	95.7	91.7	90.0	100.0	100.0	96.2
寿光	100.0	100.0	100.0	100.0	100.0	100.0	100.0
融水	100.0	100.0	100.0	100.0	100.0	100.0	—
鹿寨	51.4	37.1	65.5	43.5	62.5	54.5	52.4

7.2.3　音乐器材配备达标率

表 7-17 和表 7-18 分别呈现了样本县小学和初中音乐器材配备达标率的变化情况。从表中可以发现,"新机制"实施后,样本县中小学校的音乐器材配备达标率没有明显一致的变化趋势。就小学而言,融水县的配备情况最好,从 2006 年开始达标率一直保持 100%。齐河县的达标率在 2005—2010 年保持上升,寿光市的达标率从 2008 年开始下降,其他三个县的达标率均在波动中呈现下降,涿州市的下降趋势更为明显。就初中而言,寿光县和融水县的初中音乐器材配备达标率基本保持 100%,齐河县在 2009 年和 2010 年的达标率也实现了 100%。定兴县和涿州市的达标率在波动中有所下降,鹿寨县的达标率在波动中有所上升。初中的音乐器材配备情况好于小学。

音乐器材配备达标率在样本县之间的差异比较大。2010 年,融水县的小学音乐器材配备达标率达到 100%,而鹿寨县仅为 31.7%。同年，齐河县、寿光市和融水县的初中音乐器材配备达标率都达到了100%，而鹿寨县的达标率均值仅为45.1%。

表 7-17　样本县小学音乐器材配备达标率(%)

	2005 年	2006 年	2007 年	2008 年	2009 年	2010 年	均值
定兴	89.7	90.1	88.4	88.5	90.6	87.2	89.1
涿州	78.9	—	77.2	53.7	56.0	50.0	63.2
齐河	63.1	64.5	65.9	66.4	89.6	95.5	74.2
寿光	87.4	90.4	92.0	90.2	88.9	86.7	89.3
融水	75.0	100.0	100.0	100.0	100.0	100.0	95.8
鹿寨	41.1	19.7	24.6	23.7	28.8	31.7	28.3

表 7-18　样本县初中音乐器材配备达标率(%)

	2005 年	2006 年	2007 年	2008 年	2009 年	2010 年	均值
定兴	89.2	91.7	88.2	90.6	84.0	75.0	86.5
涿州	75.8	66.7	67.9	77.3	72.7	72.7	72.2
齐河	95.7	95.7	91.7	90.0	100.0	100.0	95.5
寿光	100.0	100.0	100.0	100.0	100.0	100.0	100.0
融水	—	100.0	100.0	100.0	100.0	100.0	100.0
鹿寨	28.6	31.4	58.6	34.8	62.5	54.5	45.1

7.2.4　美术器材配备达标率

表 7-19 和表 7-20 分别呈现了样本县小学和初中美术器材配备达标率的变化情况。从表中可以发现，"新机制"实施后，样本县中小学校的美术器材配备达标率没有明显一致的变化趋势。就小学而言，融水县、寿光市、定兴县的美术器材配备情况较好，齐河县的美术器材配备情况在 2009 年和 2010 年有较显著的改善，涿州市的达标率在 2008 年至 2010 年反而有所下降，鹿寨县的美术器材配备情况在六个样本县之间最低。就初中而言，寿光市、融水县和齐河县的达标率基本实现了 100%，定兴县和涿州市的达标率较高，但鹿寨县的达标率偏低。初中的美术器材配备情况略好于小学。

美术器材配备达标率在样本县之间的差异比较大。2010 年，融水县的小学美术器材配备达标率达到 100%，而鹿寨县仅为 31.7%。2009 年，齐河县、寿光市和融水县的初中美术器材配备达标率都达到了 100%，而鹿寨县的达标率仅为 45.5%。

表 7-19　样本县小学美术器材配备达标率(%)

	2005 年	2006 年	2007 年	2008 年	2009 年	2010 年	均值
定兴	91.3	91.8	90.2	90.4	91.8	88.0	90.6
涿州	78.0	—	79.2	57.9	59.3	53.4	65.6
齐河	65.6	66.1	67.5	67.2	90.3	94.7	75.2
寿光	86.7	89.8	91.4	89.6	88.9	86.7	88.9
融水	62.0	100.0	100.0	100.0	100.0	100.0	93.7
鹿寨	39.1	20.4	23.7	23.7	28.8	31.7	27.9

表 7-20　样本县初中美术器材配备达标率(%)

	2005 年	2006 年	2007 年	2008 年	2009 年	2010 年	均值
定兴	89.2	91.7	88.2	90.6	88.0	80.0	88.0
涿州	72.7	66.7	67.9	72.7	68.2	68.2	69.4
齐河	100.0	95.7	91.7	90.0	100.0	100.0	96.2
寿光	100.0	100.0	100.0	100.0	100.0	100.0	100.0
融水	—	100.0	100.0	100.0	100.0	100.0	100.0
鹿寨	28.6	31.4	55.2	30.4	45.5	—	38.2

将样本县中小学校体育、音乐和美术配套设施的配备情况综合起来看，可以发现，"新机制"对样本县中小学校的体育、音乐和美术配套设施配备情况没有显著的影响。各样本县的以上三类设施配备达标率在"新机制"实施后的变化趋势不一，没有表现出明显的变化特征。从达标率的绝对值来看，样本县中小学校仍有较高比例的学校"音体美"配套设施不达标。王正惠、袁桂林(2007)、张力跃、于伟(2008)等研究表明，农村中小学校"音体美"教师短缺，导致这些学校无法按照国家课程的要求开齐、开足"音体美"课程，即使开设也只能由其他科目的教师兼任，影响了课程的质量。本文的分析表明，"音体美"配套设施的不完善，进一步影响了农村中小学生接受全面发展的义务教育，不利于农村中小学校素质教育的开展。

7.2.5 数学自然实验仪器配备达标率

表 7-21 和表 7-22 分别呈现了样本县小学和初中数学自然实验仪器达标率的变化情况。从表中可以发现，就小学的数学自然实验仪器达标率而言，融水县的配备情况最好，基本每年都保持 100% 达标。定兴县和寿光市的配备情况较好，虽然表现出一定的波动，但始终在高位徘徊。齐河县的达标率保持上升趋势，鹿寨县的达标率在 2006 年出现大幅下降后，开始表现出小幅回升。

就初中的数学自然实验仪器达标率而言，寿光市、齐河县和定兴县的达标率较高，尤其是寿光市，每年的达标率都为 100%。鹿寨县的达标率较低，与其他样本县存在较大差距。

表 7-21 样本县小学数学自然实验仪器达标率(%)

	2005 年	2006 年	2007 年	2008 年	2009 年	2010 年	均值
定兴	93.5	93.0	92.7	93.0	94.1	91.2	92.9
涿州	92.7	—	86.1	74.7	75.8	70.5	80.0
齐河	73.0	68.6	69.8	71.8	91.8	95.5	78.4
寿光	93.7	94.4	94.7	93.9	90.3	88.5	92.6
融水	—	100.0	100.0	100.0	100.0	100.0	100.0
鹿寨	47.0	28.3	32.2	31.4	33.9	36.6	34.9

表 7-22 样本县初中数学自然实验仪器达标率(%)

	2005 年	2006 年	2007 年	2008 年	2009 年	2010 年	均值
定兴	94.6	97.2	94.1	93.8	96.0	85.0	93.4
涿州	78.8	72.7	75.0	81.8	77.3	77.3	77.1
齐河	95.7	95.7	91.7	90.0	100.0	100.0	95.5
寿光	100.0	100.0	100.0	100.0	100.0	100.0	100.0
融水	—	—	—	—	—	—	—
鹿寨	65.7	37.1	65.5	43.5	75.0	63.6	58.4

7.3 抽样学校办学条件评价

7.3.1 抽样学校的基本情况

除了利用样本县上报的教育事业统计数据来分析样本县的义务教育学校办学条件变化情况以外,课题组还通过校长问卷收集了抽样学校的办学条件信息。表 7-23 反映了抽样学校的基本信息。从该表来看,每个县所抽取的学校数存在较大差异,而且初中的学校数普遍较少。因此,这部分数据并不能反映样本县的总体情况,而只能反映抽样学校的办学条件。

表 7-23 抽样学校的基本情况

		小学			初中		
		学校数（所）	学生数（人）	寄宿生人数（人）	学校数（所）	学生数（人）	寄宿生人数（人）
定兴	县镇	15	7 646	0	1	1 720	1 239
	农村	10	2 429	0	2	985	320
涿州	县镇	1	2 745	0	1	4 923	1 506
	农村	5	5 042	0	4	2 625	0
齐河	县镇	9	1 969	0	1	683	683
	农村	22	5 554	1 114	3	2 430	1 670
寿光	县镇	13	4 619	0	1	1 929	0
	农村	20	9 242	627	5	7 380	6 589
融水	县镇	6	2 437	271	1	1 378	289
	农村	11	4 312	1 291	2	1 254	1 230
鹿寨	县镇	8	5 740	26	3	2 693	72
	农村	23	4 402	107	2	1 612	73

表 7-23 中的学生数表示的是所有抽样学校 2010 年在校生总数之和,寄宿生人数表示的是所有抽样学校 2010 年寄宿生人数之和。从表 7-23 来看,各样本县寄宿生人数存在较大差异。例如,定兴县和涿州市的小学寄宿生人数为 0 人,齐河县和寿光市只有农村小学有寄宿生,而融水县和鹿寨县则不管是县镇,还是农村都有小学生寄宿。尤其是

融水县，可能是受地形等因素影响，县镇和农村的中小学校都有较多数量的寄宿生。

7.3.2 抽样学校的办学基本状况描述

表 7-24 抽样小学的部分生均办学条件指标

		生均学校面积（m²）	生均建筑面积（m²）	生均图书室面积（m²）	生均图书册数（册）	师均办公室面积（m²）
定兴	县镇	31.1	6.8	0.2	21	—
	农村	44.6	6.1	0.2	29	—
涿州	县镇	15.8	4.9	0.1	40	—
	农村	44.0	5.0	0.2	17	—
齐河	县镇	35.6	6.5	0.1	10	7.1
	农村	52.7	8.7	0.1	12	12.4
寿光	县镇	68.9	20.6	0.2	30	12.6
	农村	46.9	10.7	0.2	32	21.9
融水	县镇	10.4	3.0	0.1	20	5.1
	农村	11.9	4.5	0.1	9	4.0
鹿寨	县镇	24.0	5.6	0.2	10	5.1
	农村	60.3	10.9	0.4	20	14.5

表 7-24 反映了抽样小学的生均学校面积、生均建筑面积、生均图书室面积、生均图书册数和师均办公室面积等情况。根据学校所在地，该表将所有抽样小学分为县镇小学和农村小学两类，试图对这两类学校的办学条件进行比较。如该表所示，就生均学校面积、生均建筑面积、生均图书室面积和师均办公室面积而言，农村小学要高于县镇小学（寿光市除外）。就生均图书册数而言，定兴县、齐河县、寿光市、鹿寨县的农村小学略高于县镇小学，涿州市和融水县的县镇小学明显高于农村小学。这反映出，一方面，农村地区的土地资源相对丰富，农村小学的占地面积较大；另一方面，农村小学的图书资源相对比较缺乏。在解释表中的数据时，还需要注意农村和县镇学校在校生数的差异，可能影响生均指标的比较。正如本章第二节所表明的那样，鹿

寨县、寿光市和齐河县的小学在校生数中农村学生所占比重不断下降。已有学者指出，学校规模（在校生数）的差异导致生均指标往往不能敏锐地反映学校办学条件的差异[①]。

表 7-25 反映了抽样初中的生均学校面积、生均建筑面积、生均图书室面积、生均图书册数和师均办公室面积等情况。该表显示，除了融水县以外，其他五个样本县的以上五项指标均表现出农村初中高于县镇初中。正如本章第二节的分析表明，除了定兴县以外，其他五个样本县初中在校生数中农村学生所占的比例不断下降。近年来，由于进城务工人员随迁子女、学校布局结构调整、农村家庭将子女送到城市学校就读等诸多原因，农村初中在校生数锐减。这导致用生均指标来进行城乡对比时可能会出现一定的问题。

表 7-25　抽样初中的部分生均办学条件指标

		生均学校面积（m^2）	生均建筑面积（m^2）	生均图书室面积（m^2）	生均图书册数（册）	师均办公室面积（m^2）
定兴	县镇	14.4	3.4	0.1	28	—
	农村	65.6	7.7	0.3	75	—
涿州	县镇	11.7	4.7	0.4	11	—
	农村	55.2	8.5	0.2	48	—
齐河	县镇	74.6	—	—	—	—
	农村	76.4	19.0	0.1	15	11.3
寿光	县镇	15.5	4.3	0.1	41	7.6
	农村	48.3	16.9	0.2	42	14.8
融水	县镇	25.6	7.7	0.1	16	13.5
	农村	14.1	6.9	0.1	53	2.8
鹿寨	县镇	18.6	6.4	0.1	28	5.8
	农村	43.2	16.9	0.1	—	11.6

表 7-26 反映了抽样小学其他办学条件（如开水房、水厕、卫生室和环形跑道）的建设情况。就开水房而言，只有涿州市的县镇小学每所

[①] 丁延庆，薛海平. 我国义务教育基本建设费保障机制研究[J]. 中国教育学刊，2008(3)：11-15.

学校都有开水房,寿光市的农村小学有63.2%的学校有开水房。在齐河县的农村小学、融水县和鹿寨县的县镇和农村小学,虽然有较高数量的寄宿学生,但是只有较低比例的学校有开水房。

就水厕而言,除了寿光市和鹿寨县的县镇小学有较高比例的学校有水厕以外,其他地区的小学有水厕的比例偏低。2007年我国开始实施"新农村卫生新校园建设工程",旨在通过综合利用沼气和太阳能,解决农村中小学旱厕卫生等问题,改善校园环境卫生状况。从抽样小学的情况来看,2010年齐河县农村小学没有学校有水厕,寿光市、融水县和鹿寨县的农村小学有水厕的比例都低于50%。总体来看,样本县农村小学有水厕的学校比例依然偏低。

就卫生室而言,涿州市的每所县镇小学都有卫生室,寿光市的县镇和农村小学有卫生室的比例较高,其他地区的小学有卫生室的比例偏低。在鹿寨县的县镇和农村小学,有一定数量的寄宿学生,但是没有学校配套建设卫生室。

就环形跑道而言,齐河县、融水县和鹿寨县的县镇小学有环形跑道的比例较低,齐河县、寿光市的农村小学有环形跑道的比例相对较高。正如本小节之前所分析的那样,融水县和鹿寨县由于受地形限制,体育场(馆)建设受限,影响了环形跑道的建设。

表 7-26 抽样小学有开水房、水厕、卫生室和环形跑道的比例(%)

		有开水房	是水厕	有卫生室	有环形跑道
定兴	县镇	18.2	—	50.0	—
	农村	25.0	—	50.0	—
涿州	县镇	100.0	—	100.0	—
	农村	0.0	—	20.0	—
齐河	县镇	14.3	0.0	42.9	12.5
	农村	5.9	0.0	36.8	61.1
寿光	县镇	25.0	81.8	83.3	60.0
	农村	63.2	40.0	78.9	89.5
融水	县镇	16.7	33.3	—	0.2
	农村	9.1	45.5	—	—
鹿寨	县镇	14.3	62.5	0.0	12.5
	农村	9.5	30.4	0.0	50.0

综合表 7-26 来看，样本县小学的学生生活配套设施仍然有待改善。

对比表 7-26 和表 7-27，初中的情况明显好于小学。就开水房而言，所有的县镇初中基本都有开水房，高于 50% 的农村初中有开水房。就水厕而言，融水县和鹿寨县的所有初中、寿光市的县镇初中都有水厕，但齐河县、寿光市的农村初中水厕较少。就卫生室而言，融水县和鹿寨县、定兴县的农村初中有卫生室的比例较低。就环形跑道而言，融水县和鹿寨县的初中学校有环形跑道的比例偏低，这也验证了上文关于融水县和鹿寨县体育运动场（馆）面积达标率偏低的结论。

综合表 7-27 来看，虽然样本县初中学校的学生生活配套设施建设好于小学，但是有些地区的水厕、卫生室和环形跑道建设依然需要改善。

表 7-27　抽样初中有开水房、水厕、卫生室和环形跑道的比例(%)

		有开水房	是水厕	有卫生室	有环形跑道
定兴	县镇	100.0	—	100.0	—
	农村	50.0	—	0.0	—
涿州	县镇	100.0	—	100.0	—
	农村	75.0	—	75.0	—
齐河	县镇	—	0.0	—	—
	农村	100.0	0.0	100.0	66.7
寿光	县镇	—	100.0	100.0	100.0
	农村	80.0	20.0	80.0	80.0
融水	县镇	100.0	100.0	0.0	0.0
	农村	50.0	100.0	—	—
鹿寨	县镇	100.0	100.0	66.7	33.3
	农村	100.0	100.0	0.0	50

7.4　本章小结

本小节首先利用样本县上报的教育事业统计数据，对样本县的小学和初中办学条件进行了分析。然后利用抽样学校的校长调查问卷，对抽样学校的办学条件进行了简要分析，试图对样本县内县镇学校和农村学校的办学条件进行对比。综合本小节的内容，样本县义务教育办学条件表现出如下问题。

第一，"新机制"实施后，样本县义务教育办学条件的改善不显著。各类办学条件指标在"新机制"实施后并没有明显提高，一些县的教学仪器设备配备达标率仍然偏低。这严重制约了样本县义务教育学校开齐开足各类课程、促进学生的全面综合发展。建议今后进一步提高公用经费保障水平，改善学校办学条件。

第二，义务教育办学条件在样本县之间表现出较大的差异。例如，各类教学仪器的配备情况、生均图书册数、生均普通教室面积和每百生拥有计算机台数等指标，在样本县之间仍然存在一定的差异。一些现代型的办学条件（如校园网建设），相对于传统型的办学条件，在地区之间的差异更大。这不利于义务教育的均衡发展，不利于维护所有学生平等享有高质量教育机会的权利。今后如何促进义务教育资源在校际之间、城乡之间和区域之间的均衡分配，是义务教育经费保障机制改革的重点与难点。

第三，样本县中小学校仍有一定比例的危房存在。尽管有"全国中小学危房改造工程""中小学校舍安全工程"在全国范围内的实施及"新机制"中校舍维修改造长效机制的建立，每年仍不断有新的危房出现。这给中小学校师生的人身安全带来隐患，不利于党中央国务院实现"要把学校建成最安全、家长最放心的地方"的承诺。建议认真落实校舍维修改造长效机制，合理测算年度所需资金。

第四，样本县中小学校的学生生活配套设施（如水厕、卫生室等）亟待改善。尤其是寄宿学生较多的学校，学生生活配套设施的不完善将严重影响学生的身心健康发展。建议公用经费保障水平应该考虑寄宿制学校的特殊情况，对寄宿制学校和非寄宿制学校采取区别对待。

第8章 "新机制"实施效果：三省六县农村家庭义务教育负担状况的评价

家庭教育负担问题一直是教育经济学中的热点研究领域，它不仅关涉一个家庭的教育支出情况，也是国家在制订各种教育援助计划和扶持政策时所必须要考虑的重要因素。"新机制"相关政策的制定，主要目的之一就是减轻农民教育负担。本章将采用影响力评价的思路，根据样本县学生及家庭调查数据，对"新机制"的政策目标之一——减轻义务教育阶段家庭农民教育负担状况进行评价。

8.1 农村家庭义务教育负担文献综述

目前在我国，家庭教育负担的研究呈现出一个较为明显的分水岭，即义务教育和高等教育，但两者在研究思路上呈现出很大的不同，前者以教育支出和教育负担为主要议题，而后者则主要从高等教育收益率和高等教育成本分担的角度来进行讨论。

纵观现有关于家庭义务教育负担的文献，有这样几个特点。(1)研究者对"家庭教育负担率"的计算已经达成共识，一般有"教育支出占家庭总收入的比重"和"教育支出占家庭总支出的比重"两种[①]，但前者更为通用，因此本节中也采用这种方式。丁小浩和薛海平(2005)利用1997—2000年国家统计局"城市调查队"数据，估算出城镇居民的义务

---

① 胡咏梅，吴爽. 北京市居民家庭义务教育负担实证研究[J]. 教育科学研究，2008(6)：28—32.

教育负担率在6%~6.9%[1]；而涂瑞珍和林荣日(2009)利用2008年上海城乡调查数据，估算出小学为11.84%，初中为13%[2]；张瑛和路宏(2007)采用2006年四川、湖北两省农村调研数据，估算出这一比例在9%~10%[3]。(2)在研究方法上存在明显的城乡差异，即以城镇为对象的研究，多采用计量模型进行讨论[4]，而以农村为对象的研究，多采用描述统计[5]，也有一些城乡比较研究[6]。(3)微观研究为主，宏观研究不多见。在现有文献中，以微观、个体层面的数据为多，不仅涉及了家庭的教育支出，还进行了细分，考虑了教育支出的结构。但在宏观层面，由于缺少直接的加总数据，使得相关研究较少。雷万鹏和钟宇平(2003)利用《中国农村住户调查年鉴》进行过一个宏观的估计[7]，但由于该年鉴未直接提供家庭教育支出的数据，因此他们使用了"人均文化教育支出"来代替。

"新机制"的提出，其政策的重点就在于切实减轻农民教育负担，让农村孩子上学难、上学贵的问题成为历史。但是，就现有文献来看，专门针对"新机制"在减轻农民教育负担上的研究并不多见，更缺乏从影响力评价的角度对"新机制"政策的落实进行具体分析的研究。本节将在这方面进行一些尝试。考虑到在农村义务教育负担的研究上，采

---

[1] 丁小浩，薛海平．我国城镇居民家庭义务教育支出差异性研究[J]．教育与经济，2005(4)：39-44．

[2] 涂瑞珍，林荣日．上海城乡居民家庭教育支出及教育负担状况的调查分析[J]．教育发展研究，2009(21)：21-25．

[3] 张瑛，路宏．农村家庭义务教育支出与负担实证分析研究——基于四川省、湖北省两省八县的调研报告[J]．中国农业教育，2007(3)：5-8．

[4] 丁小浩，薛海平．我国城镇居民家庭义务教育支出差异性研究[J]．教育与经济，2005(4)：39-44；迟巍，钱晓烨，吴斌珍．我国城镇居民家庭教育负担研究[J]．清华大学教育研究，2012(3)：75-82．

[5] 黄超英．河南某县农村家庭教育负担实证研究[J]．上海教育科研，2007(6)：24-27；张瑛，路宏．农村家庭义务教育支出与负担实证分析研究——基于四川、湖北两省八县的调研报告[J]．中国农业教育，2007(3)：5-8．

[6] 涂瑞珍，林荣日．上海城乡居民家庭教育支出及教育负担状况的调查分析[J]．教育发展研究，2009(21)：21-25．

[7] 雷万鹏，钟宇平．中国农村家庭教育支出的实证研究：1985—1999[J]．教育理论与实践，2003(7)：38-42．

用计量方法较为困难,因此本节仍然以"家庭教育负担率"的计算和分析为主,并对教育支出结构进行一些讨论。

8.2 入户调研样本的分布情况

本节主要针对新机制改革以后家庭教育负担状况进行分析。由于家庭负担的各项数据无法从现有的统计资料中获得,所以本节使用的数据完全来自于课题组在各县通过问卷调查所采集的数据。鉴于本研究涉及家庭义务教育负担问题,因此,相关数据来自对义务教育阶段的学生及其家长的调查。

表 8-1 样本县学生分布情况

调研地点	学校类型	样本量（户）	来自低保家庭（户）	来自低保户家庭的学生占比	寄宿生数（人）	寄宿生占比
河北县镇	小学	615	44	7.2%	1	0.2%
	初中	139	4	2.9%	69	49.6%
	小计	754	48	6.4%	70	9.3%
河北农村	小学	593	18	3.0%	4	0.7%
	初中	268	15	5.6%	29	10.8%
	小计	861	33	3.8%	33	3.8%
山东县镇	小学	809	26	3.2%	3	0.4%
	初中	94	3	3.2%	37	39.4%
	小计	903	29	3.2%	40	4.4%
山东农村	小学	1587	44	2.8%	154	9.7%
	初中	430	14	3.3%	399	92.8%
	小计	2017	58	2.9%	553	27.4%
广西县镇	小学	685	63	9.2%	49	7.2%
	初中	168	38	22.6%	73	43.5%
	小计	853	101	11.8%	122	14.3%
广西农村	小学	835	164	19.6%	280	33.5%
	初中	226	25	11.1%	179	79.2%
	小计	1061	189	17.8%	459	43.3%
总计		6449	458	7.1%	1277	19.8%

表 8-1 呈现了学生样本的分布情况，三省共计 6 449 个有效样本，其中山东省最多，占 45.3%，广西壮族自治区和河北省分别占 29.7% 和 25%。另外，表 8-1 也显示了不同类型家庭所占的比重。这里需要指出的是，在抽样方案设计时，我们并没有特别考虑低保家庭和寄宿家庭。因此，在不同省份的样本中，家庭类型的分布情况不免呈现出较大的差异。比如河北省，无论是县镇还是农村的小学，寄宿家庭都很少。在山东省也有类似的情况，而在广西壮族自治区，寄宿家庭的比例就非常高，特别是在农村地区，将近 80% 的学生都寄宿。这与我们调研的县地形多为山区有关，而且其中一个县（鹿寨县）刚刚完成学校布局调整，初中学校已经全部迁至乡镇和县城，因而寄宿生比例较高。

考虑到样本分布和回答率问题，这里我们对后续数据分析使用样本和变量的情况做如下说明。

(1)对于某些明显缺乏代表性的家庭类型，如河北省城镇初中仅有 4 户低保家庭，山东省城镇初中仅有 3 户低保家庭、河北省城镇小学仅 1 个寄宿家庭，河北省农村小学仅 4 个寄宿家庭，山东省城镇小学仅 3 个寄宿家庭，后续不再进行分析。

(2)对于问卷中某些问题，回答率明显偏低、回答人数明显太少的，作为无效处理。具体地，对于全部家庭（分县镇、农村及中小学），回答率在 20% 以下的变量视为无效；对于低保户家庭和寄宿家庭，回答人数在 10 人以下视为无效。对于以上无效变量数据，在后续的表格中均以"—"表示。

(3)考虑到本节主要是分析家庭负担率，而且同一家庭的子女在同一班级就学的情况很少。因此，在后续分析中，我们将学生情况与家庭情况视为等同，也就是贫困生等同于该生来自低保户家庭，寄宿生则等同于该生来自有寄宿生的家庭（简称"寄宿家庭"）。

8.3 样本学生家庭义务教育支出及负担状况分析

8.3.1 家庭教育支出结构分析

8.3.1.1 小学家庭教育支出结构

表 8-2 对小学生在校期间可能的花费进行了分项统计，包括交给学校的费用、购买学习用品的费用、在校期间的伙食费、往返的路费和补课费等。从总体的情况来看，县镇全样本家庭开支最大的是补课费、饭费，各占 26% 左右，其次是路费，约占 22%；而农村家庭开支最大的是交给学校的费用，占将近三分之一，其次饭费，约占 23%，然后是路费，约占 22%。对于低保家庭和寄宿家庭，区位因素的作用也非常明显。县镇低保和寄宿家庭都是饭费比重偏大，占 33%~36%；农村低保和寄宿家庭则是交给学校的费用比重偏大，占 29%~31%。另外对于农村的寄宿家庭来说，孩子饭费的支出也较高，约 776 元，占总花费的 29.4%。由此可以看出，虽然政府采取了各种减免措施，但在农村地区，小学生向学校缴纳一定费用（如校服费、班费等）仍是不可避免的；目前寄宿生的生活费补助仍不足以满足寄宿生的基本生活需求开支。另一需要关注的现象是，在那些较为重视教育的家庭，补课费也是一项较大的支出。

表 8-2 各类家庭教育支出结构（小学） 单位：元

省	区位	类型	学校费用	学习用品	饭费	路费	补课费	合计
三省	县镇	全样本	563.26	298.90	881.61	764.06	882.10	3 389.92
		（%）	16.62	8.82	26.01	22.54	26.02	
		低保家庭	656.36	233.75	886.44	241.18	626.67	2 644.40
		（%）	24.82	8.84	33.52	9.12	23.70	
		寄宿家庭	586.66	260.38	1 126.78	332.54	794.91	3 101.28
		（%）	18.92	8.40	36.33	10.72	25.63	

续表

省	区位	类型	学校费用	学习用品	饭费	路费	补课费	合计
三省	农村	全样本	899.03	251.73	689.88	640.45	410.48	2 891.58
		(%)	31.09	8.71	23.86	22.15	14.20	
		低保家庭	775.35	196.67	612.02	603.71	287.94	2 475.69
		(%)	31.32	7.94	24.72	24.39	11.63	
		寄宿家庭	773.63	257.68	775.75	481.83	350.04	2 638.93
		(%)	29.32	9.76	29.40	18.26	13.26	
河北	县镇	全样本	391.17	280.01	690.10	477.11	671.74	2 510.12
		(%)	15.58	11.16	27.49	19.01	26.76	
		低保家庭	300.00	291.15	450.00	60.00	422.78	1 523.93
		(%)	19.69	19.11	29.53	3.94	27.74	
		寄宿家庭	—	—	—	—	—	
		(%)						
	农村	全样本	430.96	270.49	693.60	1 340.74	303.36	3 039.15
		(%)	14.18	8.90	22.82	44.12	9.98	
		低保家庭	257.50	293.85	1 000.00	900.00	320.00	2 771.35
		(%)	9.29	10.60	36.08	32.48	11.55	
		寄宿家庭(%)	—	—	—	—	—	
山东	县镇	全样本	734.26	352.50	979.29	786.38	881.46	3 733.89
		(%)	19.66	9.44	26.23	21.06	23.61	
		低保家庭	645.91	279.71	3 600.00	193.33	653.33	5 372.28
		(%)	12.02	5.21	67.01	3.60	12.16	
		寄宿家庭	—	—	—	—	—	
		(%)						
	农村	全样本	1 033.84	270.01	709.72	809.08	443.93	3 266.57
		(%)	31.65	8.27	21.73	24.77	13.59	
		低保家庭	808.26	268.55	487.27	1 760.00	324.55	3 648.62
		(%)	22.15	7.36	13.35	48.24	8.90	
		寄宿家庭	1 157.92	418.66	926.09	648.06	382.70	3 533.42
		(%)	32.77	11.85	26.21	18.34	10.83	
广西	县镇	全样本	406.78	248.43	906.60	808.39	1 132.59	3 502.79
		(%)	11.61	7.09	25.88	23.08	32.33	
		低保家庭	696.89	186.38	883.17	266.15	919.17	2 951.77
		(%)	23.61	6.31	29.92	9.02	31.14	
		寄宿家庭	622.40	215.06	940.46	345.33	493.85	2 617.09
		(%)	23.78	8.22	35.94	13.20	18.87	

续表

省	区位	类型	学校费用	学习用品	饭费	路费	补课费	合计
广西	农村	全样本	676.18	181.47	665.17	321.93	368.79	2 213.53
		（%）	30.55	8.20	30.05	14.54	16.66	
		低保家庭	816.42	150.66	606.89	345.09	150.00	2 069.05
		（%）	39.46	7.28	29.33	16.68	7.25	
		寄宿家庭	472.88	159.50	759.48	324.04	291.18	2 007.07
		（%）	23.56	7.95	37.84	16.14	14.51	

注：(1)"学校费用"表示学校2010年交给学校的全部费用；(2)"学习用品"表示2010年购买学习用品的费用；(3)"饭费"表示2010年学生在食堂或者校外就餐所需的全部费用；(4)"路费"表示2010年学生往返学校的费用；(5)"补课费"表示2010年学生参加补习班的费用；(6)"合计"表示前面五项费用的加总。

下面结合不同类型家庭的支出结果(见图8-1到图8-2)，进行具体分析。

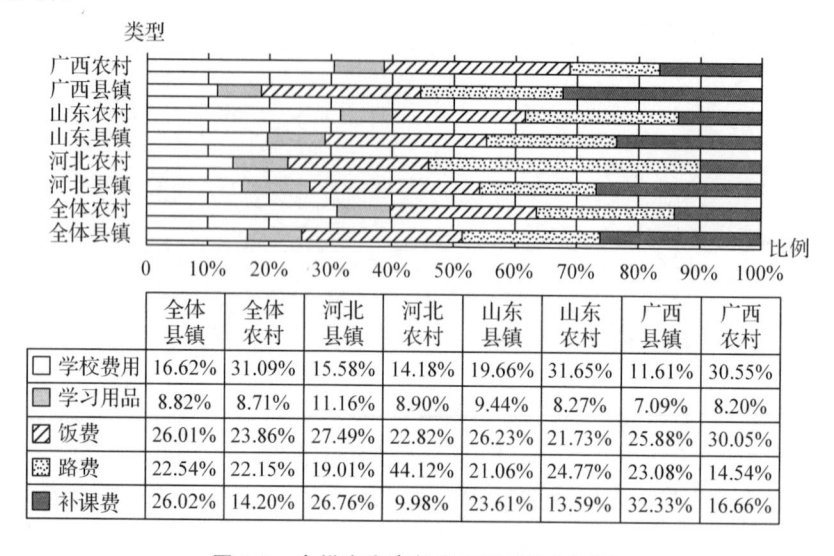

	全体县镇	全体农村	河北县镇	河北农村	山东县镇	山东农村	广西县镇	广西农村
学校费用	16.62%	31.09%	15.58%	14.18%	19.66%	31.65%	11.61%	30.55%
学习用品	8.82%	8.71%	11.16%	8.90%	9.44%	8.27%	7.09%	8.20%
饭费	26.01%	23.86%	27.49%	22.82%	26.23%	21.73%	25.88%	30.05%
路费	22.54%	22.15%	19.01%	44.12%	21.06%	24.77%	23.08%	14.54%
补课费	26.02%	14.20%	26.76%	9.98%	23.61%	13.59%	32.33%	16.66%

图8-1 全样本家庭教育支出结构(小学)

(1)全样本家庭教育支出一般在两三千元，山东省偏高，河北省偏低。

从表8-2中可以发现，不同省份的家庭在支出结构上有所不同。比如同样是县镇，河北省和山东省的家庭都在饭费上支出最多(27.49%和26.23%)，而广西壮族自治区的家庭则是在补课费上支出最多(32.33%)。

与省际支出结构差异相比，县镇和农村之间的支出结构差异要更加明显一些。以河北省为例，县镇家庭最大的教育支出在饭费上，而对于农村家庭来说，最大的支出则在路费上。这可能是由于农村学校布局调整的原因，导致很多农村家庭的孩子上学更远，因此在家校之间往返所需的费用也更多，达到1 340.74元。相比之下，县镇家庭的路费开支仅为477.11元。这也是河北省的农村家庭在教育总支出上要超过县镇家庭的主要原因。

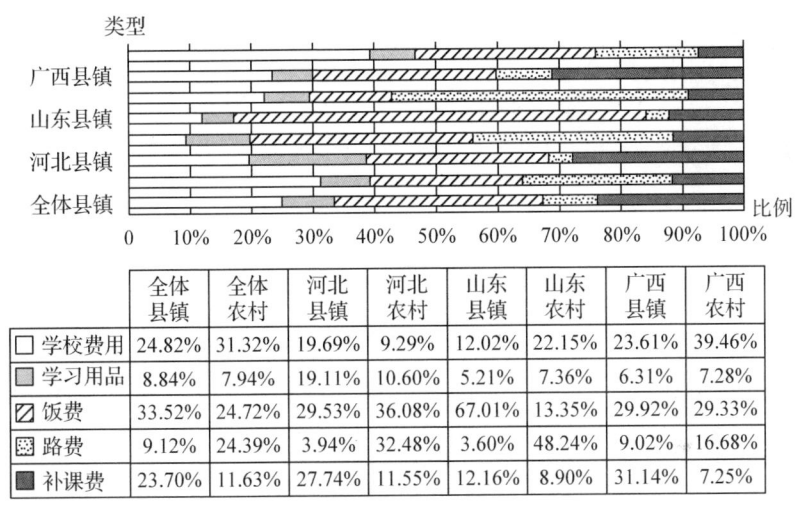

类型	全体县镇	全体农村	河北县镇	河北农村	山东县镇	山东农村	广西县镇	广西农村
□学校费用	24.82%	31.32%	19.69%	9.29%	12.02%	22.15%	23.61%	39.46%
▨学习用品	8.84%	7.94%	19.11%	10.60%	5.21%	7.36%	6.31%	7.28%
▨饭费	33.52%	24.72%	29.53%	36.08%	67.01%	13.35%	29.92%	29.33%
▨路费	9.12%	24.39%	3.94%	32.48%	3.60%	48.24%	9.02%	16.68%
■补课费	23.70%	11.63%	27.74%	11.55%	12.16%	8.90%	31.14%	7.25%

图 8-2 低保家庭教育支出结构(小学)

(2)低保家庭教育支出普遍要低于全样本家庭，在河北省尤其明显。

与(1)中类似，农村低保家庭也受到学校布局调整的影响，普遍存在路费较高的问题。在山东省的农村特别明显，其路费支出达到1 760元，约占教育总支出的一半。低保家庭的饭费占教育总支出的比重也较高，这一问题在县镇尤为凸显。河北省县镇和广西壮族自治区县镇低保家庭的饭费占教育总支出的比例均约30%。

与全样本家庭相比，低保家庭在补课费上的支出明显偏低，这说明家庭经济条件在一定程度上限制了家庭对子女的接受课外教育的投入程度。值得注意的问题是，在河北省和山东省，低保家庭交给学校费用都明显要低于全样本家庭，但是在广西壮族自治区，低保家庭交给学校的费用反而超过全样本家庭。这说明，在广西壮族自治区，低保政策落实不到位，没有能够切实减轻低保家庭的负担。

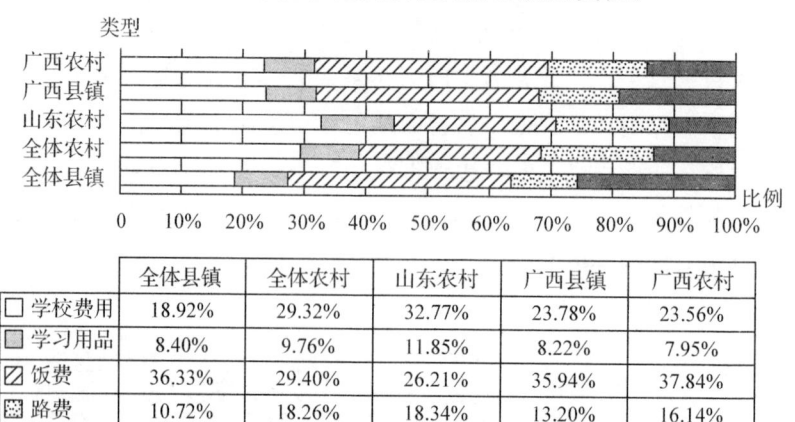

	全体县镇	全体农村	山东农村	广西县镇	广西农村
□ 学校费用	18.92%	29.32%	32.77%	23.78%	23.56%
学习用品	8.40%	9.76%	11.85%	8.22%	7.95%
╱ 饭费	36.33%	29.40%	26.21%	35.94%	37.84%
路费	10.72%	18.26%	18.34%	13.20%	16.14%
■ 补课费	25.63%	13.26%	10.83%	18.87%	14.51%

图 8-3　寄宿家庭教育支出结构（小学）

(3) 对于寄宿家庭来说，饭费仍然是教育支出中占比重最大的一块。

对于农村寄宿家庭来说，交给学校的费用偏高(29.32%)。这在山东省尤其明显，由图 8-3 可知，山东省农村寄宿家庭交给学校的费用占整个教育支出的 32.77%，超过了饭费(26.21%)。

在广西壮族自治区，县镇和农村的差别非常明显。在县镇，寄宿家庭向学校支付的费用要明显比全样本家庭高出 50%，而在农村，寄宿家庭向学校支付的费用却要低 50%。我们推测，这可能与不同地方的学校寄宿成本有关。另外，值得注意的是，寄宿制在提高住校成本的同时，大幅降低了交通成本。最明显的是广西壮族自治区县镇，小学寄宿生的交通费用仅为全样本小学生的 50%。而在广西壮族自治区和山东省的农村，寄宿生的交通费用也比其他学生少支出 25%。因此，从某种程度上来说，寄宿制还是能够减轻家庭教育支出负担的。

8.3.1.2　初中家庭教育支出结构

表 8-3 与表 8-2 类似，按照交给学校的费用、购买学习用品的费用、饭费、路费和补课费五项对初中生的教育开支情况进行统计。从总体上来看，县镇全样本家庭的饭费支出比例最高，占 36.27%；其

次是补课费，占24.6%；然后是交给学校的费用，约占20.79%；剩下的路费和学习用品费用加起来才18.33%。对于农村全样本家庭，伙食费和交给学校的费用两项占比较多，分别为37.39%和29.87%，其余三项都在15%以下。可见，农村家庭都面临着学校收费偏高的情况。

对于低保和寄宿家庭，县镇和农村也存在这较大的结构差异。在县镇，无论是低保还是寄宿家庭，都以伙食费为最大支出，约占一半，特别是寄宿家庭，高达52.76%。而在农村，饭费也是最大支出，但只占三分之一，还有三分之一是交给学校的费用。

表8-3 各类家庭教育支出结构（初中） 单位：元

省	区位	类型	学校费用	学习用品	饭费	路费	补课费	合计
三省	县镇	全样本	906.49	332.09	1 581.40	467.13	1 072.51	4 359.61
		(%)	20.79	7.62	36.27	10.71	24.60	
		低保家庭	633.94	204.57	1 546.38	364.76	602.57	3 352.23
		(%)	18.91	6.10	46.13	10.88	17.98	
		寄宿家庭	618.79	203.86	1 776.94	292.70	475.56	3 367.84
		(%)	18.37	6.05	52.76	8.69	14.12	
	农村	全样本	979.83	271.57	1 226.33	335.91	466.13	3 279.77
		(%)	29.87	8.28	37.39	10.24	14.21	
		低保家庭	787.25	240.12	1 062.50	355.63	358.57	2 804.07
		(%)	28.08	8.56	37.89	12.68	12.79	
		寄宿家庭	908.26	290.81	1 246.43	312.91	511.20	3 269.61
		(%)	27.78	8.89	38.12	9.57	15.63	
河北	县镇	全样本	755.34	312.93	1 528.14	607.58	1 300.00	4 503.99
		(%)	16.77	6.95	33.93	13.49	28.86	
		低保家庭	—					
		(%)						
		寄宿家庭	600.00	114.14	1 222.78	191.19	345.00	2 473.11
		(%)	24.26	4.62	49.44	7.73	13.95	
	农村	全样本	411.36	214.51	1 106.12	384.38	320.39	2 436.75
		(%)	16.88	8.80	45.39	15.77	13.15	
		低保家庭	350.00	266.92	771.43	540.00	300.00	2 228.35
		(%)	15.71	11.98	34.62	24.23	13.46	
		寄宿家庭	200.00	196.50	1 100.00	733.33	500.00	2 729.83
		(%)	7.33	7.20	40.30	26.86	18.32	

续表

省	区位	类型	学校费用	学习用品	饭费	路费	补课费	合计
山东	县镇	全样本	866.00	505.56	1 705.31	192.50	1 104.00	4 373.36
		（%）	19.80	11.56	38.99	4.40	25.24	
		低保家庭	—	—	—	—	—	—
		（%）						
		寄宿家庭	775.00	218.57	2 247.43	280.00	325.71	3 846.71
		（%）	20.15	5.68	58.42	7.28	8.47	
	农村	全样本	1 072.17	342.01	1 275.90	400.42	552.04	3 642.54
		（%）	29.43	9.39	35.03	10.99	15.16	
		低保家庭	640.86	319.17	1 079.17	350.00	500.00	2 889.19
		（%）	22.18	11.05	37.35	12.11	17.31	
		寄宿家庭	978.04	340.36	1 288.51	374.30	537.75	3 518.95
		（%）	27.79	9.67	36.62	10.64	15.28	
广西	县镇	全样本	919.50	230.24	1 583.04	330.12	480.44	3 543.34
		（%）	25.95	6.50	44.68	9.32	13.56	
		低保家庭	658.71	213.93	1 474.81	287.00	609.60	3 244.05
		（%）	20.31	6.59	45.46	8.85	18.79	
		寄宿家庭	607.22	242.50	1 983.86	367.39	1 000.00	4 200.97
		（%）	14.45	5.77	47.22	8.75	23.80	
	农村	全样本	814.04	199.28	1 238.77	272.63	365.00	2 889.73
		（%）	28.17	6.90	42.87	9.43	12.63	
		低保家庭	1 058.57	163.82	1 170.59	342.31	405.00	3 140.29
		（%）	33.71	5.22	37.28	10.90	12.90	
		寄宿家庭	644.74	209.59	1 155.51	260.91	319.09	2 589.84
		（%）	24.89	8.09	44.62	10.07	12.32	

注：同表 8-2。

为了进一步对家庭教育支出结构进行分析，我们按照不同类型绘制了条形图（见图 8-4 到图 8-6）。

（1）对于全样本家庭来说，无论是河北省、山东省还是广西壮族自治区，饭费支出都是最高的，在农村地区尤其明显。

在河北省，县镇全样本家庭初中生伙食支出占教育支出的 33.93%，而农村全样本家庭伙食支出占 45.39%，比县镇高出 20% 多，接近整个教育支出的一半。通过比较其他支出项目可以发现，这一差距主要是由河北省农村初中生补课费支出较低造成的。

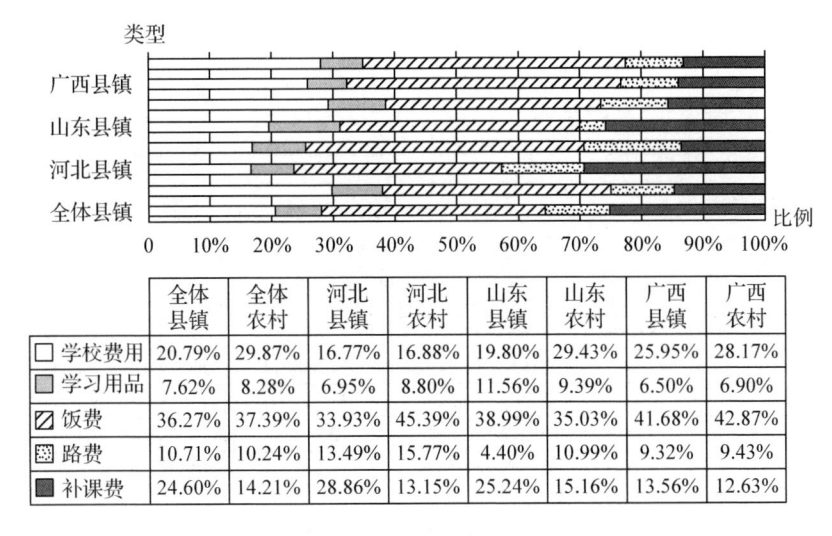

第8章 "新机制"实施效果：三省六县农村家庭义务教育负担状况的评价 | 207

	全体县镇	全体农村	河北县镇	河北农村	山东县镇	山东农村	广西县镇	广西农村
□ 学校费用	20.79%	29.87%	16.77%	16.88%	19.80%	29.43%	25.95%	28.17%
▨ 学习用品	7.62%	8.28%	6.95%	8.80%	11.56%	9.39%	6.50%	6.90%
▨ 饭费	36.27%	37.39%	33.93%	45.39%	38.99%	35.03%	41.68%	42.87%
▨ 路费	10.71%	10.24%	13.49%	15.77%	4.40%	10.99%	9.32%	9.43%
■ 补课费	24.60%	14.21%	28.86%	13.15%	25.24%	15.16%	13.56%	12.63%

图 8-4 全样本家庭教育支出结构(初中)

山东省县镇家庭在教育支出结构上与河北省县镇较为类似，都是饭费和补课费偏高。这说明县镇家庭课外补习的意愿更强。而对于山东省农村家庭，饭费仍然是最高的，占 35.03%，交给学校的费用也非常高，占 29.43%。与山东省农村家庭类似的，还有广西壮族自治区农村家庭，在这里，初中生不仅伙食费支出高，超过 40%，而且交给学校的费用也高，达到 28.17%。这说明，对于农村家庭来说，交给学校的费用是造成他们教育负担率高的主要原因。

(2)对于低保家庭来说，由图 8-5 可知，在教育支出结构上，与全样本家庭相差并不大，但是饭费所占的比重明显提高。

特别是县镇，提高了将近 10%。在饭费之外，占比较大的就是交给学校的费用，这点在山东省农村和广西壮族自治区农村特别明显，分别为 22.18% 和 33.71%。说明在山东省和广西壮族自治区，低保家庭的教育负担比较重，无论是饭费和交给学校的费用，都造成了家庭较大的负担。

另外，值得注意的是，河北省农村的低保家庭在路费支出上的比重过高，占 24.23%，比其他地区高出将近一倍。这说明河北省农村学校布局调整可能存在一些不合理的地方，使得农村学生上学出现了一定困难，增加了他们的路费负担。

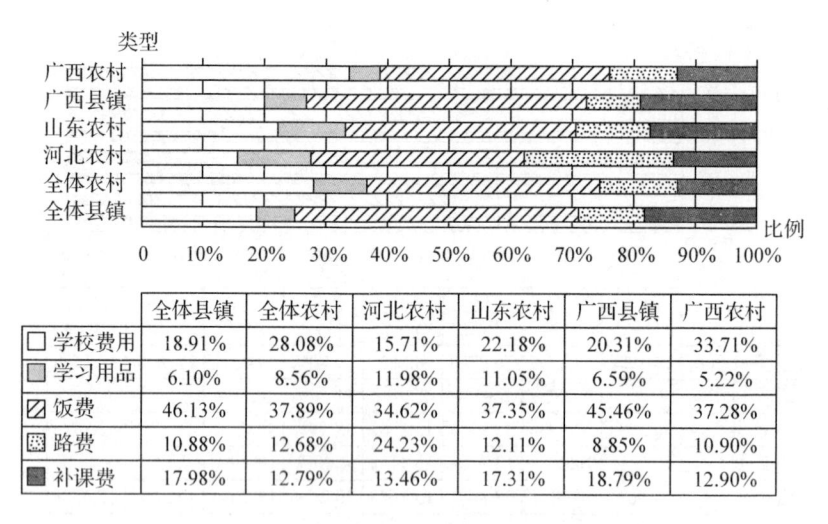

类型	全体县镇	全体农村	河北农村	山东农村	广西县镇	广西农村
学校费用	18.91%	28.08%	15.71%	22.18%	20.31%	33.71%
学习用品	6.10%	8.56%	11.98%	11.05%	6.59%	5.22%
饭费	46.13%	37.89%	34.62%	37.35%	45.46%	37.28%
路费	10.88%	12.68%	24.23%	12.11%	8.85%	10.90%
补课费	17.98%	12.79%	13.46%	17.31%	18.79%	12.90%

图 8-5 低保家庭教育支出结构（初中）

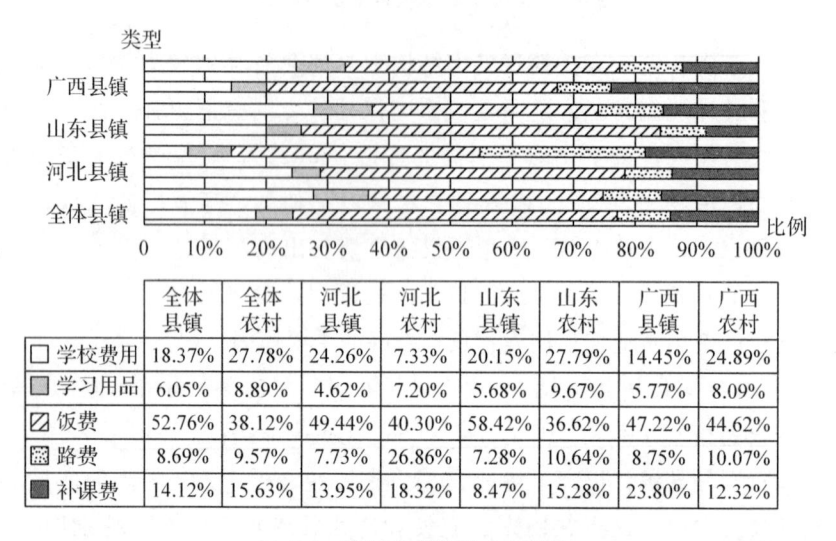

类型	全体县镇	全体农村	河北县镇	河北农村	山东县镇	山东农村	广西县镇	广西农村
学校费用	18.37%	27.78%	24.26%	7.33%	20.15%	27.79%	14.45%	24.89%
学习用品	6.05%	8.89%	4.62%	7.20%	5.68%	9.67%	5.77%	8.09%
饭费	52.76%	38.12%	49.44%	40.30%	58.42%	36.62%	47.22%	44.62%
路费	8.69%	9.57%	7.73%	26.86%	7.28%	10.64%	8.75%	10.07%
补课费	14.12%	15.63%	13.95%	18.32%	8.47%	15.28%	23.80%	12.32%

图 8-6 寄宿家庭教育支出结构

(3) 对于寄宿家庭来说，饭费仍然是最大的支出，而且明显比去全样本家庭和低保家庭还要高，在县镇为 52.76%，在农村为 38.12%。

饭费支出比例最高的山东省县镇地区，达到了 58.42%，超过了教育支出的一半。这显然会影响其他教育支出。在河北省和广西壮族自治区的县镇，饭费所占的比例也接近一半，分别为 49.44% 和 47.22%。因此，对于寄宿家庭来说，经济上的最大支出就在伙食费上，如果能够切实减轻寄宿家庭的伙食负担，整个教育负担也会得到有效的降低。

在伙食费以外，交给学校的费用所占比例也较高，这点在农村地区尤为明显，除了河北省农村为7.33%以外，山东省和广西壮族自治区分别为27.79%，24.89%，都高于县镇家庭。这说明，农村学校由于资金有限，更容易将成本转嫁给学生。

从图8-6中还可以看出，寄宿家庭的路费占比确实比全样本家庭要低1%～2%，说明寄宿制还是在一定程度上减少了学生的路途奔波，有利于他们在学校安心学习。

通过以上对样本县不同家庭教育支出结构的分析，我们发现，对于所有家庭来说，无论家庭经济条件如何，无论孩子是否寄宿，伙食费都是比重最大的一项支出，至少占整个教育支出的三分之一。而对于部分家庭来说，伙食费确实成为家庭经济的负担，这一点对于山东省县镇低保家庭的小学生和寄宿家庭的初中生来说，尤其如是，这两类学生的伙食支出都占总支出的50%以上。

在伙食费以外，我们发现农村家庭交给学校的费用明显比县镇高，这可能与农村地区学校"两免一补"政策的落实不到位有关，也与地方低保政策的执行力度有关。这点在广西壮族自治区农村地区体现的尤为明显，低保家庭交给学校的费用超过30%。

这些都说明，政府仍然有必要进一步加大对农村地区义务教育阶段学生的补助力度，特别是饭费。这方面，2011年年底实施的"营养改善计划"收到了很大的成效，将在下一节进行讨论。与此同时，对于贫困生和寄宿生的资助政策应该加大，特别是低保家庭的学生，应该实行"全包"的政策，才能保证他们正常学习。

8.3.2　家庭教育负担率分析

8.3.2.1　小学家庭教育负担率

表8-4呈现了调研省份各类家庭2010年的收支及义务教育负担的基本情况。从总体上来看，无论是县镇还是农村，全样本家庭的义务教育负担率都在10%左右，与既有文献的估算结果大致相当。不过，

我们也注意到，对于低保家庭和寄宿家庭来说，义务教育负担率明显高于平均水平，特别是县镇的低保家庭，义务教育负担率高达18.7%，而寄宿也使得家庭义务教育负担率提高了1~3个百分点。

表 8-4　各类家庭收支及教育负担率(小学)

省	区位	类型	年收入（元）	年生活费（元）	年教育支出（元）	义务教育负担率（%）	年教育支出/年生活费（%）
三省	县镇	全样本	31 836.48	16 366.78	3 389.92	10.6	20.7
		低保家庭	14 141.52	11 402.00	2 644.40	18.7	23.2
		寄宿家庭	27 171.49	18 159.56	3 101.28	11.4	17.1
	农村	全样本	27 284.29	14 319.57	2 891.58	10.6	20.2
		低保家庭	14 561.62	9 908.31	2 475.69	17.0	25.0
		寄宿家庭	18 930.97	11 065.07	2 638.93	13.9	23.8
河北	县镇	全样本	30 651.47	15 169.78	2 510.12	8.2	16.5
		低保家庭	16 800.00	12 119.44	1 523.93	9.1	12.6
		寄宿家庭	—	—	—	—	—
	农村	全样本	24 293.02	16 126.01	3 039.15	12.5	18.8
		低保家庭	22 375.00	13 633.33	2 771.35	12.4	20.3
		寄宿家庭	—	—	—	—	—
山东	县镇	全样本	39 241.27	17 292.19	3 733.89	9.5	21.6
		低保家庭	20 733.33	11 980.56	5 372.28	25.9	44.8
		寄宿家庭	—	—	—	—	—
	农村	全样本	34 424.66	15 531.11	3 266.57	9.5	21.0
		低保家庭	25 267.74	13 875.14	3 648.62	14.4	26.3
		寄宿家庭	30 026.16	16 075.47	3 533.42	11.8	22.0
广西	县镇	全样本	23 830.86	16 536.41	3 502.79	14.7	21.2
		低保家庭	10 008.04	10 614.13	2 951.77	29.5	27.8
		寄宿家庭	17 820.20	17 336.87	2 617.09	14.7	15.1
	农村	全样本	11 858.06	8 690.49	2 213.53	18.7	25.5
		低保家庭	9 992.58	7 474.38	2 069.05	20.7	27.7
		寄宿家庭	11 333.31	7 056.31	2 007.07	17.7	28.4

注：(1)"年收入"表示该家庭 2010 年的总收入；(2)"生活费"表示该家庭 2010 年的所有生活开支；(3)"年教育支出"表示该家庭 2010 年在子女教育上支出的费用，包括交给学校的费用、购买学习用品的费用、饭费、路费和补课费。为了数据计算的便利，这里仅考虑一个孩子的情况；(4)"义务教育负担率"也即"年教育支出占家庭年收入的比重"，用来衡量家庭收入中用于子女受教育支出的比

例；(5)"年教育支出/年生活费"表示年教育支出和年生活之间的比值，用来衡量子女受教育支出对家庭生活支出的影响。

为了更为直观地比较不同省份和区位之间的家庭收支差异情况，我们按照不同家庭类型绘制了条形图(见图8-7、图8-8和图8-9)。下面结合图表对家庭各项收支进行一些具体分析。

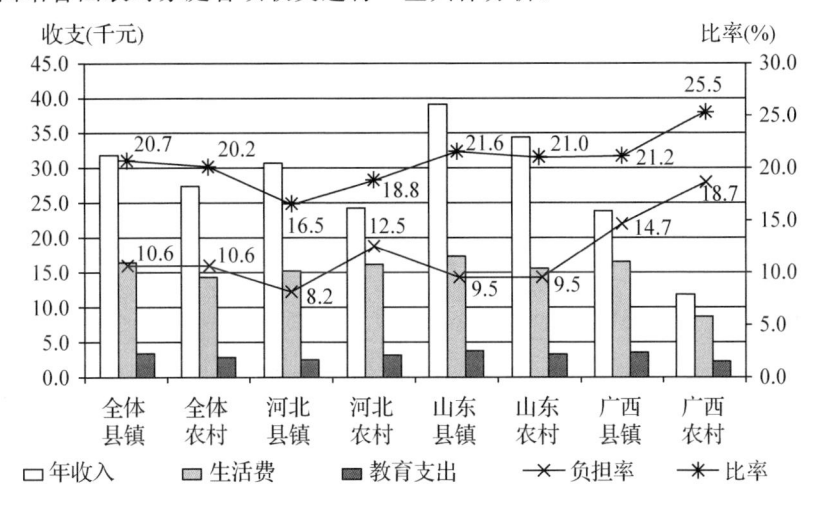

图 8-7 全样本家庭收支情况(小学)

注："比率"指"年教育支出"与"年生活费"之比，下同。

(1)对于全样本家庭，县镇的义务教育支出一般大于农村，但农村家庭的义务教育负担率往往更高。

以广西壮族自治区为例，县镇家庭教育支出在3 502.79元，而农村家庭教育支出为2 213.53元，比县镇低1 300元，但是从负担率上来说，县镇为14.7%，农村则高达18.7%。主要原因是由于县镇家庭的收入明显要高于农村家庭，在广西壮族自治区，两者之间相差超过一倍。另外，从表8-4中的最后一列也可以看出，在广西壮族自治区农村，教育支出与生活费之比要稍高，即与县镇家庭相比，农村家庭义务教育支出更容易挤占其生活开支。

在山东省，县镇家庭收入与农村家庭收入相差较小，不到14%，而县镇家庭义务教育支出也仅比农村家庭高出14.3%，因而两类家庭义务教育负担率基本相同，在9.5%左右。而在河北省，农村家庭教育支出高出县镇家庭很多(500元左右，约21.1%)，农村家庭年收入比县镇家庭低26.2%，因此其义务教育负担率比县镇家庭高出4.3%。而两类家庭年教育支出占年生活开支的比例相差无几，可见河北省农村家庭与县镇家庭对子女教育的重视和投入程度相当。

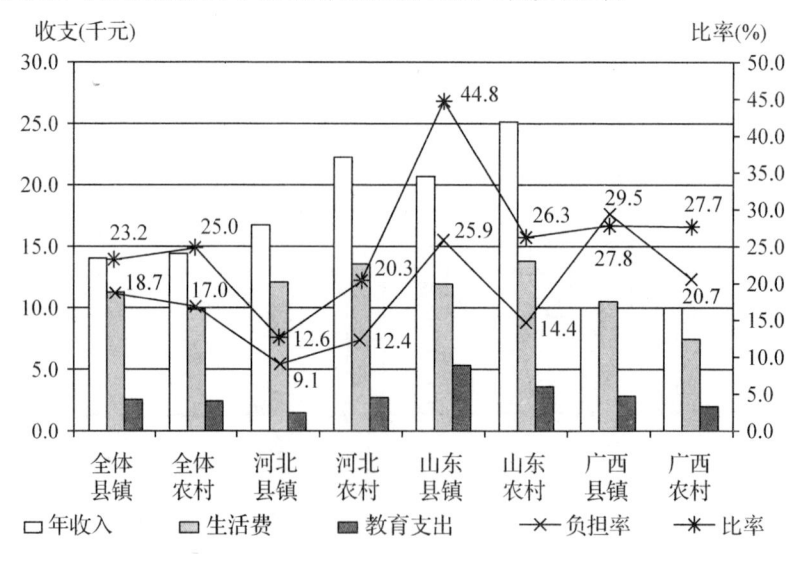

图 8-8 低保家庭收支情况(小学)

（2）对于低保家庭，广西壮族自治区和山东省的义务教育负担率都很高，但广西壮族自治区的教育支出相对低，而山东省的教育支出则比较高。

在广西壮族自治区，县镇低保家庭的教育支出接近3 000元，比全样本家庭低600元左右，但是与全样本家庭14.7%的负担率相比，低保家庭的负担率接近30%。农村低保家庭的负担率明显降低很多，但也在20%左右，比全样本低2个百分点。县镇和农村低保家庭的义务教育支出占生活开支的比例均高达28%，对低保家庭的生活水平影响较大。在山东省，县镇低保家庭的教育支出高达5 000多元，超过全样本家庭，而教育负担率更是高达25.9%，比全样本家庭高出16.4%。县镇低保家庭义务教育年支出占年生活开支比例已经高达45%，严重影响其家庭生活水平。对于农村低保家庭来说，教育支出也比全样本家庭高出400元，达到3 600多元，负担率比县镇低保家庭要低很多，仅为 14.4%。这与山东省农村低保家庭收入高于县镇低保家庭有关。在考虑统计误差的情况下，我们仍然有理由认为广西壮族自治区和山东省低保家庭在教育上的负担过重，特别是政府对城市贫困人口的转移支付力度不够，造成县镇低保家庭义务教育负担仍居高不下。

河北省的情况相对来说要好一些，县镇和农村低保家庭的教育负担率与全样本家庭基本相同，分别在 9.1%、12.4%，明显低于广西壮族自治区、山东省低保家庭的义务教育负担率。这与河北省县镇和农村低保家庭义务教育年开支占年生活开支比例较低有关（分别为 13%、20%），低于三省低保家庭平均水平，也低于三省县镇家庭平均水平。

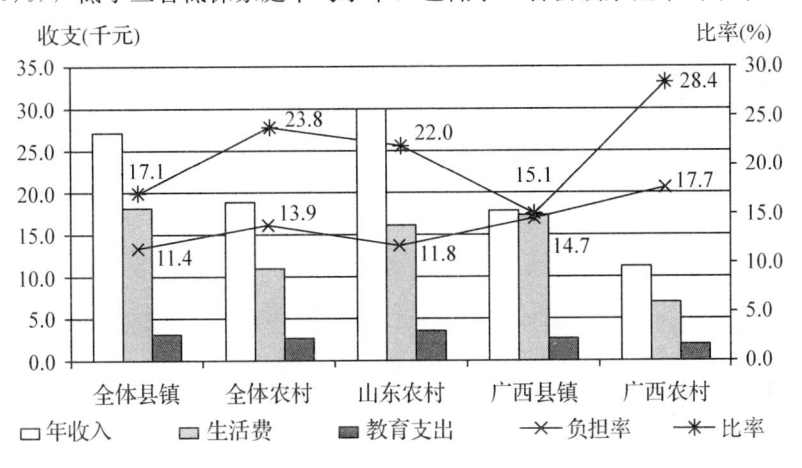

图 8-9 寄宿家庭收支情况（小学）

(3)对于寄宿家庭来说，由于样本量有限，图 8-9 仅呈现了总体、山东省农村和广西壮族自治区的情况。

从样本总体来看，县镇寄宿家庭教育支出比全样本家庭要低，但负担率高出 1%，农村寄宿家庭教育支出比全样本家庭低 200 元左右，但负担率高出 2%。以广西壮族自治区县镇为例，寄宿家庭教育支出为 2600 元左右，比全样本家庭少 900 元，但是在负担率上却相差无几。究其原因，我们发现，无论县镇还是农村，寄宿家庭的年收入均低于全样本家庭，而且农村寄宿家庭的年教育支出占年生活开支比例高出农村全样本家庭 4%。据此，寄宿家庭属于中低收入的比例较大。

而根据现有的对于寄宿生生活补助政策,并没有对减轻寄宿生家庭尤其是农村寄宿生家庭的义务教育负担产生显著成效。因而,政府理应继续提高对于寄宿生的生活补助标准,加大对于农村寄宿生的补助力度。

8.3.2.2 初中家庭教育负担率

从表8-5中可以看出,调研省份的县镇和农村在教育负担率上的差异不大,特别是全样本家庭,负担率都在12%左右。这一数值比小学的情况高出2%左右,但与既有文献13%的结果大致相当,我们认为还是比较合适的。但是不同类型家庭的教育负担仍然存在这较大的差别,特别是低保家庭的教育负担过重,县镇负担率达到20.5%,而在农村也有17.7%,因此,贫困家庭的学生补助仍然有待提高。另外,分县镇和农村来看,不同类型农村家庭的教育支出和教育负担率都要低于县镇家庭。这一方面说明了"新机制"确实保障了农民的受教育权利,减轻了农民受教育负担,另一方面也提示政府,县镇贫困家庭的受教育保障措施也应该得到重视。

我们也可以从教育支出与生活费的比重上看出教育开支对于家庭日常生活费的影响。表8-5的最后一列给出了相应的数据。从区位差异上来看,县镇比农村的值要高一些,这主要是因为县镇的家长更加重视教育,支付意愿也更强,特别是补习班之类的费用。从家庭类型上来看,低保家庭面临更多困难,教育支出与生活费之比偏高,在30%以上。

表8-5 各类家庭收支及教育负担率(初中)

省	县	类型	年收入(元)	年生活费(元)	年教育支出(元)	年教育支出/年收入(%)	年教育支出/年生活费(%)
三省	县镇	全样本	34 747.99	16 793.51	4 359.61	12.5	26.0
		低保家庭	16 377.03	10 396.55	3 352.23	20.5	32.2
		寄宿家庭	22 523.99	9 951.09	3 367.84	15.0	33.8
	农村	全样本	26 795.35	14 086.63	3 279.77	12.2	23.3
		低保家庭	15 808.54	8 435.71	2 804.07	17.7	33.2
		寄宿家庭	27 166.06	13 879.02	3 269.61	12.0	23.6

续表

省	县	类型	年收入（元）	年生活费（元）	年教育支出（元）	年教育支出/年收入（%）	年教育支出/年生活费（%）
河北	县镇	全样本	33 401.57	15 605.69	4 503.99	13.5	28.9
		低保家庭	—	—	—	—	—
		寄宿家庭	27 538.46	8 060.00	2 473.11	9.0	30.7
	农村	全样本	24 144.21	12 497.93	2 436.75	10.1	19.5
		低保家庭	22 357.14	10 330.77	2 228.35	10.0	21.6
		寄宿家庭	19 925.00	12 000.00	2 729.83	13.7	22.7
山东	县镇	全样本	63 012.35	25 330.86	4 373.36	6.9	17.3
		低保家庭					
		寄宿家庭	24 750.00	11 584.62	3 846.71	15.5	33.2
	农村	全样本	33 831.29	16 551.47	3 642.54	10.8	22.0
		低保家庭	12 286.36	7 423.08	2 889.19	23.5	38.9
		寄宿家庭	33 910.60	15 389.80	3 518.95	10.4	22.9
广西	县镇	全样本	16 485.78	11 549.04	3 543.34	21.5	30.7
		低保家庭	13 998.39	10 854.17	3 244.05	23.2	29.9
		寄宿家庭	16 277.68	10 593.75	4 200.97	25.8	39.7
	农村	全样本	14 140.31	10 741.12	2 889.73	20.4	26.9
		低保家庭	12 500.00	7 718.75	3 140.29	25.1	40.7
		寄宿家庭	14 235.57	10 912.44	2 589.84	18.2	23.7

注：同表8-4。

为了更为直观地比较不同省份和区位之间的家庭收支差异情况，我们按照不同家庭类型绘制了条形图（见图8-10、图8-11和图8-12）。下面结合图表对家庭各项收支进行一些具体分析。

(1)对于全样本家庭来说，河北省县镇比农村教育支出高，从而负担率也高；在山东省，县镇教育支出比农村高，但负担率低；在广西壮族自治区，无论县镇和农村的负担率都很高。

在河北省，县镇家庭教育支出在4 500元左右，是调研省份中最高的，其教育负担率是13.5%，比总体水平仅高出1%左右；农村家庭教育支出比县镇少1 100元，为2 400元左右，教育负担率也明显下降，为10.1%。这说明河北省的城乡教育发展较为均衡，特别是农民的受教育负担得到了有效地减轻。

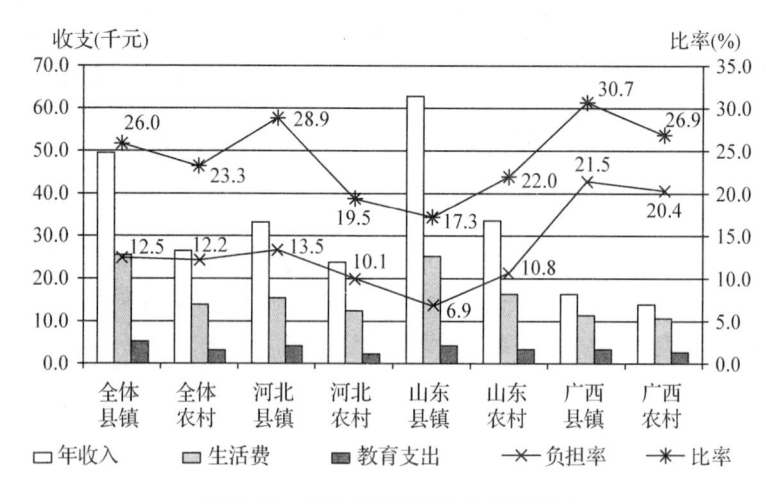

图 8-10　全样本家庭收支状况(初中)

在山东省，县镇家庭的教育支出明显较高，达到了 4 300 多元，但家庭负担率却最低，不到 9%。结合图 8-10 也可以看出，山东省县镇由于经费发达，生活支出和教育支出也都比较高。广西壮族自治区的家庭负担比较重，无论县镇和农村，教育负担率都在 20% 以上，县镇还要更高一些。这主要是由于当地的收入较低的缘故。在农村，家庭负担率也不高，接近 11%，还是比较合理的。

从以上的分析中可以看出，政府对于广西壮族自治区这样的经济欠发达地区的教育投入还应该再加强。

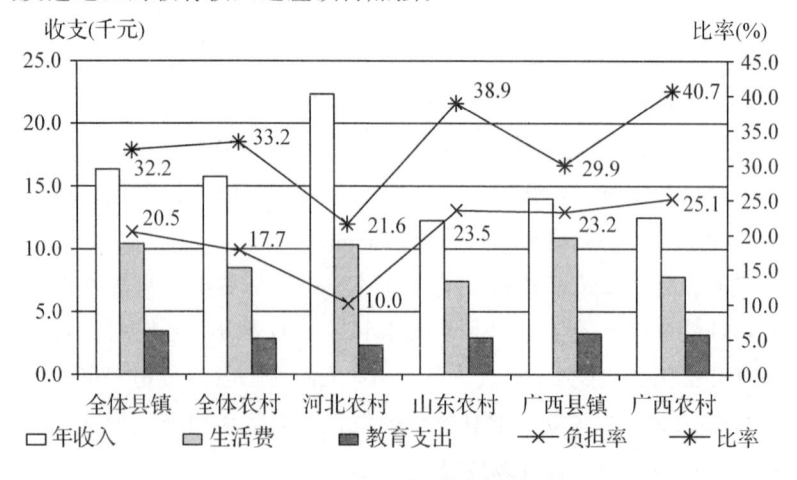

图 8-11　低保家庭收支状况(初中)

第8章 "新机制"实施效果：三省六县农村家庭义务教育负担状况的评价 | 217

(2)对于低保家庭来说，也是河北省的负担率最低，整体水平。在河北省的农村，低保家庭的教育支出在2 200元左右，负担率在10%。不仅如此，教育支出与生活开支之比也最低(21.6%)，说明家庭可支配资金较为充裕，教育支出没有明显挤占生活费。

在山东省，农村低保家庭的收入要明显低于河北省，与广西壮族自治区农村差不多。山东省农村低保家庭的教育支出在2 800元左右，比河北省高出30%左右(将近600元)，但负担率却高出将近一倍，达到了23.52%。

在广西壮族自治区，县镇低保家庭收入和农村低保家庭收入相差千元左右，在教育支出上相差百元。不过从教育负担率上来说，县镇家庭和农村家庭都在25%左右，没有很大的差别。

另外，山东省和广西壮族自治区在教育支出和生活费之比上也存在着很大的相似性，前者为38.9%，后者为40.7%，都大大超过河北省的水平。由此可以推测，在这两地，教育支出很可能会挤占生活费，影响家庭生活质量。

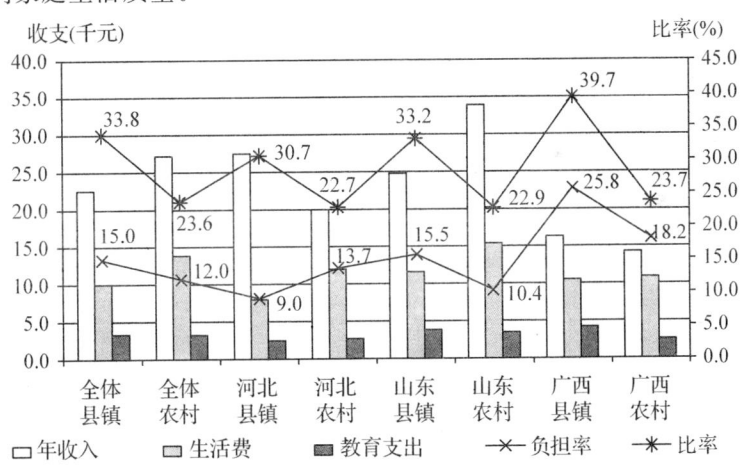

图 8-12 寄宿家庭收支状况(初中)

(3)对于寄宿家庭，河北省县镇家庭的负担率要低于农村家庭，山东省和广西壮族自治区则相反，农村家庭的负担率要低于县镇。在河北省，寄宿家庭的教育支出较为合理，县镇的负担率刚好为9%，农村负担率稍高，但也没有超过14%。通过图8-10可以发现，县镇家庭的收入高，教育支出却比农村家庭低，这是造成农村家庭教育负担率高于县镇家庭的主要原因。

在山东省，县镇家庭的教育负担率明显高于河北省，为 15.5%，而农村家庭的负担率明显低于河北省，仅为 10.4%。寄宿家庭负担最重的在广西壮族自治区，特别是县镇，教育支出高达 4 200 元，负担率达到 25.8%，所有地区、所有家庭类型中最高的。这说明寄宿政策给县镇家庭造成了比较大的负担。这一点从教育支出与生活开支之比可以看出，广西壮族自治区县镇在这一比重上的值最高，达到 39.7%，说明教育支出挤占生活费的现象十分严重。在广西壮族自治区农村地区，负担率为 18.2%，比广西壮族自治区县镇稍微减轻一些，但比整体水平明显还是要高出 5%。

通过对不同省份、区位的三类家庭进行对比，我们发现，总体来说河北省家庭的义务教育负担要合理一些，山东省地区收入虽然高，但教育支出也高，从而造成了家庭一些的教育负担。在广西壮族自治区，收入就比较低，但教育支出仍然高，就给家庭造成了过重的教育负担，而且还会挤占家庭的生活费。特别是对于低保和寄宿家庭，教育支出与生活开支之比明显接近 40%，明显高于其他普通家庭。

需要指出的是，我们这里考虑的教育支出比较窄，还有很多费用（比如通信费）没有包括进来，所以估算出来的负担率还比较低。在实际中，可能家庭的负担率会更高。

以上仅是针对教育支出和负担率进行的初步分析，还很难发现造成家庭教育负担的原因。下面，我们结合各类家庭的教育支出结果进行深入分析。

8.3.3 农村寄宿生生活开支及补助

通过前面的分析，我们注意到，对于农村家庭来说，义务教育负担率总体上仍较为合理。但是对于农村的某些家庭，特别是低保家庭和部分寄宿家庭，他们收入较低，但是教育支出的绝对量上并没有比普通家庭减轻很多，因而负担率大大加重了。这一点在广西壮族自治区的农村地区体现的尤为明显。

农村地区贫困生的生活困难问题，一直受到国家政策的高度关注，

2001年，中央明确提出"两免一补"。2005年，中央提出"新机制"，并下决心在2007年落实"两免一补"。这其中的"一补"都是指贫困寄宿生的补助。但是，与"新机制"中对"两免"政策资金分配方式的明确界定不同，"一补"政策所需资金由地方承担，而且补助对象、标准及方式由地方人民政府确定。这就容易造成政策覆盖面偏小、资金缺口大等困难[①]，也造成了各地方在"一补"政策上的差异。

表8-6是根据课题组在各省样本县调研所获得的相关数据整理而得的，由于省内标准比较统一，因此不再分县呈现。从表8-6中可以看出，各个省执行"一补"政策的差异还是比较大的。特别是在"新机制"尚未完全落实之前的2006年和2007年，山东省中小学贫困寄宿生的补助标准都是300元，而广西壮族自治区小学生的贫困寄宿生补助仅为100元，初中也才160元，分别为山东省的三分之一和二分之一。这说明，在"新机制"的早期，由于中央财政支持不到位，"一补"政策显得比较松散，缺乏约束。到了2008年，情况明显发生了变化，虽然我们没有广西壮族自治区的数据，但从河北省和山东省的情况来看，不仅补助额度有了大幅提升，而且充分考虑到了中小学生的身体发展需求。从2010年的数据，我们还看出，在中央再次明确提高"一补"标准的时候，各省的执行力度还是存在一些差别。如山东省在2010年就未落实，而河北省就很快的落实了。

表8-6　贫困寄宿生补助　　　　　　单位：元/年

省	学校类型	2006年	2007年	2008年	2009年	2010年
河北	小学	*	*	500	500	750
	初中	*	*	750	750	1 000
山东	小学	300	300	500	500	500
	初中	300	300	750	750	750
广西	小学	100	160	*	*	*
	初中	100	160	*	*	*

注："*"表示不详。

---

① 袁连生，刘泽云．我国义务教育贫困学生资助制度分析[J]．北京师范大学学报（社会科学版），2007(5)：117－123．

以上是从政策文本来分析"一补"的实施情况。除此之外，我们也在思考，所谓的"一补"究竟应该包含哪些内容，补贴额度是否足够？我们认为，"一补"如果仅仅只包含伙食费，那还远远不够。学校布局调整和由此带来的寄宿制的普及是好事，但是不能让学生及其家庭承担所有的负效用（如伙食费的增加和来回路费）。因此，更加合理的"一补"政策应该至少能够减轻贫困寄宿家庭在伙食费和路费上的负担。表8-7呈现了课题组相关调研结果。

我们发现，就农村地区寄宿生来说，小学生三餐的伙食费在5.09元，初中生在5.14元，按250天在校时间计算，则需花费1 271.83元和1 285.33元，就目前的"一补"标准来说，还比较勉强。如果再加上表格最后一列所显示的路费，所需补贴的额度接近2 000元一年，与"一补"的距离更加遥远。再看各省的情况，确实存在着比较大的差异，河北省、山东省和广西壮族自治区的小学明显偏高，仅广西壮族自治区的初中偏低。因此，我们认为，中央应该像支持"两免"一样，明确"一补"的财政责任分担。这样才能保证贫困寄宿生的生活。

表8-7　农村寄宿生伙食费和路费　　　　　　　　单位：元

		早餐	午餐	晚餐	三餐	年伙食费	年路费
全体	小学	1.45	1.64	2.00	5.09	1 271.83	590.70
	初中	1.19	1.98	1.97	5.14	1 285.33	456.18
河北	小学	1.33	2.67	1.17	5.17	1 291.68	800.00
	初中	1.90	2.43	2.14	6.48	1 619.08	733.33
山东	小学	1.77	2.52	1.95	6.24	1 559.68	648.06
	初中	1.15	2.31	2.22	5.69	1 421.33	374.30
广西	小学	1.27	1.13	2.03	4.43	1 107.23	324.04
	初中	1.19	1.17	1.38	3.75	936.30	260.91

注：(1)"三餐"表示寄宿生在学校一日三餐的合计开支，由前三项"早餐""午餐"和"晚餐"加总得到；(2)"年伙食费"按照一年250天计算。

令人高兴的是，2011年年底，中央拨出专项资金启动了"农村义务教育学生营养改善计划"，按照每生每天3元，小学贫困寄宿生为每天4元，初中生贫困寄宿生每天5元的标准为试点地区义务教育学校学生提供免费伙食。以250天在校计算，一般中小学生每年享受伙食补贴 750 元,小学贫困寄宿生生为 1 000 元,初中贫困寄宿生为 1 250 元。按照表 8-7 中的数据,在考虑轻微通货膨胀的情况下,该额度仍然能够满足大部分学生的伙食需求。因此,这项政策非常值得坚持。

8.4 本章小结

从前面的分析可以看出,总体上"新机制"各项政策确实为解决农村孩子上学难、上学贵的问题提供了有效保障。从家庭教育负担率来说,无论小学还是初中,这三个省在总体上都表现出了合理的水平。按照涂瑞珍和林荣日(2009)利用 2008 年上海城乡调查数据,小学的家庭教育负担率为 11.84%,初中的家庭教育负担率为 13%[①]。根据对三省总体状况的估计,县镇小学和初中的负担率分别为 10.7% 和 12.6%,而农村小学和初中的负担率分别为 10.6% 和 12.2%,都比上海的情况要好。在考虑到上海发达程度的情况下,我们认为目前样本县的家庭教育负担率在总体上还是较为合理的。特别是河北省,家庭收入虽然没有山东省那么高,但由于政策到位,各类家庭在负担率和支出结构上都更为合理。而在广西壮族自治区,农村家庭收入本来就很低,而教育支出负担率却特别重,小学和初中都将近 20%,低保家庭甚至在 25%。在各项支出中,学校费用过高是造成家庭负担的主要原因。对于西部贫困地区,应该进一步规范学校收费行为,增加低保家庭学生的生活补助,减免这些家庭应交给学校的各项杂费。

从具体的政策来说,我们认为"营养改善计划"做得比较成功。根据前面的分析,政府的补贴力度刚好能够满足义务教育学生每天必需的营养需求。另外,从教育支出结构上我们也可以看出,寄宿制也有效地节约了家长每天远途接送孩子上学的时间和费用问题,合理地减轻了家庭负担。

总结前面的分析,本书认为仍有以下两点政策值得改进。

(1)对部分地区来说,寄宿制在节约学生通勤成本的同时,还会增

---

① 涂瑞珍,林荣日. 上海城乡居民家庭教育支出及教育负担状况的调查分析[J]. 教育发展研究,2009(21):21—25.

加学生在校生活的成本。但就目前的政策来看，政府对这一部分的补贴力度仍然不够。这也是造成广西壮族自治区和山东省农村家庭教育负担率偏高的主要原因。另外，从数据分析中我们也注意到，农村地区普遍存在向学校缴纳费用过多、过高的现象，这可能与农村学校相关管理规定落实不够严格有关。而且对于寄宿生，学校在得不到相应经费支持的情况下，只有通过向寄宿生收取额外的费用来解决。这也在一定程度上造成了寄宿家庭的负担。因此，建议生均拨款应该将寄宿制学校与非寄宿制学校分开制定，并且提高寄宿比例高的学校的拨款额度。

（2）营养改善计划的覆盖范围有待扩大，贫困寄宿生营养补贴标准需实施差异化制定。目前，营养改善计划实施不久，成效十分明显。但覆盖范围仍然有限，而且政府的支持力度也有限，这就造成了很多义务教育阶段的学生不能获得充分的营养保障。从前面的分析中我们也看到，对于农村学家庭来说，伙食费在教育支出中所占的比例很高，一般在三分之一左右。如果能够在现有应该改善计划的覆盖范围上做大做好，对于减轻农村家庭教育负担无疑是非常有意义的。特别地，对于寄宿生和贫困生来说，学校伙食决定了他们的营养状况，目前提高1元的做法非常有限。应该在充分调研和论证的基础上，考虑到省际差异区别对待。此外，无论是对寄宿生还是非寄宿生，营养补贴都应逐年增长，且增长率至少不应该低于当年的通货膨胀率。

第 9 章 "新机制"实施效果：黑龙江省县级面板数据的双重差分模型评价

前面主要利用描述性统计手段，针对政策实施目标，考察和评价了样本县"新机制"政策的实施效果。本章将基于黑龙江省2005—2009年县级面板数据，利用"新机制"政策实施时点先后设计了干预组和控制组，构建双重差分的准实验设计方法，尽可能剥离干扰因素的影响后，寻找政策干预的"净"效应。

9.1 黑龙江省"新机制"实施情况梳理

9.1.1 黑龙江省"新机制"政策的内容

黑龙江省位于我国东北端，是我国最北的边疆省份，经济发展处于全国中后水平。黑龙江省从2007年开始全面开展"新机制"改革。2007年2月2日，省人民政府颁布了《黑龙江省人民政府关于印发〈黑龙江省农村义务教育经费保障机制改革实施方案〉的通知》(黑政发〔2007〕10号)，明确了改革的主要内容(如表9-1所示)。

表9-1 黑龙江省"新机制"政策内容

项目	分担机制	分担比例	地方负担机制
免除学杂费	中央和地方	中央和地方按6∶4的比例分担	地方负担部分全部由省级财政负担
免费教科书	中央全额承担		
补助寄宿生生活费	地方自行承担		由省级财政和地市、县(市)财政按照7∶3的比例分担

续表

项目	分担机制	分担比例	地方负担机制
中小学公用经费	中央和地方	中央和地方按6∶4的比例分担	享受一般性转移支付的地市、县(市、区)及国家、省扶贫工作重点县,由省级财政全部负担;其他地市、县(市、区)由省级财政负担80%
中小学校舍维修改造	中央和地方	中央和地方按5∶5比例共同承担	省级财政按照中央财政补助额度1∶1比例安排和落实资金,不足部分由地市、县(市、区)通过预算安排或用足额落实的中小学公用经费中适当提取的校舍维修、维护资金解决
中小学教师工资	省级政府继续加大对财力薄弱地区转移支付力度		

资料来源：根据《黑龙江省人民政府关于印发〈黑龙江省农村义务教育经费保障机制改革实施方案〉的通知》(黑政发〔2007〕10号)等文件绘制而成。

按照国务院文件的规定,在免除学杂费和提高公用经费两个项目上,黑龙江省所需的资金由中央承担60%,地方承担40%;为学生提供免费教科书所需的资金由中央全额承担;贫困寄宿生的补助由地方自行负责,由省级财政和地市、县(市)财政按照7∶3的比例分担;学校的维修改造费用由中央和地方对半承担;对于教师工资,文件中强调了省级政府要加大对薄弱地区的转移支付力度,即省级财政要加大对教师工资的投入力度。

9.1.2 黑龙江省"新机制"政策的实施步骤

按照文件要求,黑龙江省的农村"新机制"改革,从2007年农村中小学春季学期开学起正式实施,分年度、分步骤实施,如表9-2所示。

表 9-2 黑龙江省"新机制"改革实施步骤

年份	实施内容
2007 年	开始实施后,首先全部免除农村中小学生学杂费;农村中小学生均公用经费全部达到"一费制"确定的生均公用经费基本标准,即农村小学 305 元、初中 354 元,县镇小学 390 元、初中 470 元;建立中央、省、市、县四级共同负担的农村义务教育阶段农村中小学校舍维修改造长效机制;继续为农村义务教育阶段贫困学生提供免费教科书;扩大农村义务教育阶段贫困寄宿生生活费补助范围,提高补助标准
2008 年	扩大免费教科书的覆盖范围;继续扩大农村义务教育阶段贫困寄宿生生活费补助范围,提高补助标准
2009 年	提高农村义务教育阶段中小学公用经费保障水平,按照国家规定的农村义务教育阶段中小学公用经费基准定额;农村义务教育阶段贫困寄宿生生活费补助范围达到 25% 左右的比例,标准达到每生每年 400 元
2010 年	2010 年,继续提高农村义务教育阶段中小学公用经费保障水平,全部达到国家规定的基准定额

资料来源:根据《黑龙江省人民政府关于印发〈黑龙江省农村义务教育经费保障机制改革实施方案〉的通知》(黑政发〔2007〕10 号)等文件绘制而成。

在具体实施过程中,经财政部和教育部研究决定,2006 年秋季在黑龙江省等七省选择一个县开展农村义务教育经费保障机制改革试点工作,为 2007 年全面推行新机制打好基础。为此,财政部和教育部下达了《财政部 教育部关于在中部地区开展农村义务教育经费保障机制改革试点工作的通知》。经过财政部、教育部与各省的协商,确定黑龙江省依安县为 2006 年秋季试点县之一。同时,在省级层面,经研究讨论决定随机选择通河县、鸡东县、萝北县、肇源县、克山县和北安市一同参加试点工作。因此,从 2006 年秋季学期开始,黑龙江省依安县、通河县、鸡东县、萝北县、肇源县、克山县和北安市 7 个县(市)开展了农村义务教育经费保障机制改革的试点工作。而其余的 56 个县(市)区在 2007 年才开始实施"新机制"政策。

9.1.3 黑龙江省"新机制"改革试点县基本情况

本小节将依次介绍黑龙江省率先实施新机制的 7 个县(市)区基本情况。

1. 依安县

依安县隶属于黑龙江省齐齐哈尔市，位于黑龙江省的西部，2006年农业人口占人口总数的82%，主要经济拉动力为农业收入，县级财政比较困难，负担重。2006年全县共有中小学233所，其中初中28所，小学204所①；义务教育总投入16 087.6万元，其中财政预算内义务教育投入15 875.5万元。农村义务教育经费保障机制投入共2 247.1万元（用于公用经费1 580.3万元，助学补助139万元，校舍维修改造527.8万元），其中中央财政投入1 145.7万元，省级财政投入863.2万元，县级财政投入238.2万元②。

2. 通河县

通河县隶属于哈尔滨市，位于黑龙江省中部，该县是省级贫困县。2006年全县共94所中小学，其中初中15所，小学78所③；义务教育总投入11 669.4万元，其中财政预算内义务教育投入11 157.7万元。农村义务教育经费保障机制投入共1 491.2万元（用于公用经费1 295万元，助学补助93.4万元，校舍维修改造102.8万元），其中中央财政投入821.6万元，省级财政投入586.2万元，县级财政投入83.4万元。

3. 鸡东县

鸡东县隶属牡丹江地区，位于黑龙江省东南部，2006年农业人口占人口总数的比例为69%。2006年全县共40所中小学，其中初中18所，小学22所④；义务教育总投入11 348万元，其中财政预算内义务教育投入10 558.2万元。农村义务教育经费保障机制投入共2 352.6

---

① 当年在校生总计46 149人，其中初中18 327人，小学27 698人，初中在校职工数1 952人，小学在校职工数2 754人。数据来源：依安县人民政府网。http://www.hljyian.gov.cn/index/.

② 数据来源：《黑龙江省教育经费统计(2006)》，下同。

③ 当年在校生总计36 136人，其中初中14 711人，小学21 387人，初中在校职工数1 570人，小学在校职工数2 018人。数据来源：中国通河政府门户网站。http://www.hrbtonghe.gov.cn/.

④ 当年在校生总计30 214人，其中初中13 463人，小学16 751人。初中在校职工数1193人，小学在校职工数1 312人。

万元(用于公用经费1 080.3万元,助学补助83.9万元,校舍维修改造1 188.4万元),其中中央财政投入942.3万元,省级财政投入747.3万元,县级财政投入663万元。

4. 萝北县

萝北县隶属鹤岗市管辖,位于黑龙江省东部。2006年全县共42所中小学,其中初中22所,小学20所[①];义务教育总投入24 653.7万元,其中财政预算内义务教育投入5 436万元。农村义务教育经费保障机制投入共1 773万元(用于公用经费1 277.7万元,助学补助36.9万元,校舍维修改造458.4万元),其中中央财政投入867万元,省级财政投入623万元,县级财政投入283万元。

5. 肇源县

肇源县隶属于大庆市管辖,位于黑龙江省西南部、松嫩两江左岸。2006年全县共204所中小学,其中初中13所,小学190所[②];义务教育总投入18 343.4万元,其中财政预算内义务教育投入17 149.1万元。农村义务教育经费保障机制投入共2 459.5万元(用于公用经费1 467.1万元,助学补助94.3万元,校舍维修改造898.1万元),其中中央财政投入1 124.6万元,省级财政投入855.8万元,县级财政投入479万元。

6. 克山县

克山县隶属于齐齐哈尔市,位于黑龙江省西部。2006年全县共171所中小学,其中初中19所,小学152所[③];义务教育总投入16 963.9万元,其中财政预算内义务教育投入14 523.6万元。农村义务教育经费保障机制投入共2 076.7万元(用于公用经费1 397.7万元,

---

[①] 当年在校生总计30 930人,其中初中24 286人,小学6 644人。初中在校职工2 825人,小学在校职工数585人。数据来源:萝北县人民政府网。http://www.luobei.gov.cn/.

[②] 当年在校生总计42 279人,其中初中21 128人,小学21 074人,初中在校职工1 627人,小学在校职工数2 556人。数据来源:中国肇源政府网站。http://www.zgzy.gov.cn/.

[③] 当年在校生总计40 507人,其中初中16 376人,小学24 070人,初中在校职工1 256人,小学在校职工数2 034人。

助学补助113.2万元，校舍维修改造565.8万元），其中中央财政投入969.2万元，省级财政投入716.9万元，县级财政投入390.6万元。

7. 北安市

北安市隶属于黑龙江省黑河市，位于黑龙江省正北方。2006年全县共133所中小学，其中初中28所，小学105所[①]；义务教育总投入21 674.1万元，其中财政预算内义务教育投入18 423.1万元。农村义务教育经费保障机制投入共3 634.8万元（用于公用经费1 790.5万元，助学补助104.5万元，校舍维修改造1 739.8万元），其中中央财政投入1 442.3万元，省级财政投入1 109.7万元，县级财政投入1 082.8万元。

总的来看，先行试点的7个县，地理位置分布分散，有的是边境县，有的是内陆县，各自隶属不同的市。经济发展情况也不尽相同，有经济发展较好的农业县和能源县，也有经济比较落后的贫困县，县区的财政能力有着很大的差别。从义务教育的情况看，首先这7个县的教育规模不同，规模较大的有几百所中小学，而规模较小的只有几十所，学生和教职工的数量自然有很大的差别。从这些特征也可以判断出，在选择试点县的时候，确实遵循了随机的原则，并没有按照一定的特征规律进行挑选。

9.2 评估的研究设计与数据描述

9.2.1 研究设计

我们将从增量和均衡分配两个维度来评价"新机制"政策实施对黑龙江省农村义务教育发展带来的影响。由于"新机制"改革主要作用于教育经费的投入，因此，考察的重点指标为生均教育经费水平和办学条件。在增量的评价维度，我们利用双重差分模型考察每个县经费投入和办学条件的增长变化情况。在均衡分配的评价维度，则利用调整

[①] 当年在校生总计49 944人，其中初中21 304人，小学28 579人。初中在校职工2 020人，小学在校职工数2 530人。

第9章 "新机制"实施效果：黑龙江省县级面板数据的双重差分模型评价 | 229

的极差率(分布的上 90％与下 10％分位点之比)、变异系数和 Gini 系数这三个指标[①]来测量县域间均衡程度的变化。研究设计如图 9-1 所示。

```
                    "新机制"改革效果评估
                    ┌──────┴──────┐
                 增量效果      均衡分配效果(县域间)
                    │              │
              "准实验"设计      调整的极差率
              双重差分模型       变异系数
                                  Gini系数
                    
         生均教育经费水平          办学条件
        ┌──────┼──────┐        ┌────┴────┐
     生均财政  县本级生均财政  生均公用   生均专用  生均图书数
     预算内支出 预算内支出    经费支出    设备
```

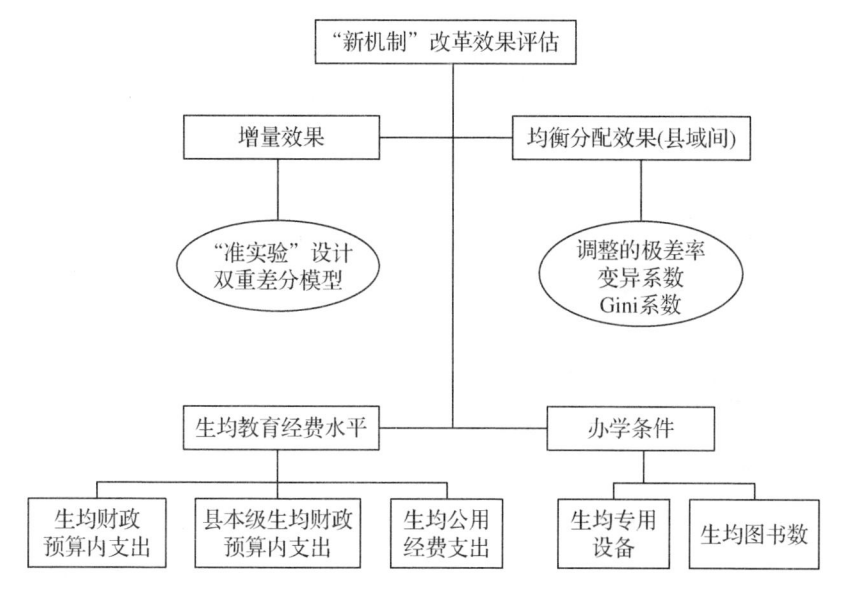

图 9-1 黑龙江省"新机制"实施效果评价的研究设计

具体来看，本章将重点回答下述问题：
问题1："新机制"改革对生均教育经费水平产生了什么影响？
问题2：改革是否缩小了县域间生均预算内支出水平的差异？
问题3：改革是否缩小了县域间生均公用经费的差异？
问题4："新机制"改革对学校办学条件产生了什么影响？
问题5：改革是否缩小了县域间办学条件的差异？

---

① 计算这三个均衡指标的过程中，均用学生数进行了加权，如果不进行加权，则得出的结果无论从数值上还是时间变化趋势上都有着很大的差别。用学生数加权的计算方法真正体现了公平是以每名学生可获得的教育资源的差异来衡量的(杜育红、孙志军，2009)。

9.2.2 模型设定

9.2.2.1 指标选择

首先，针对"新机制"保障农村义务教育经费投入、提升办学水平的政策目标，从教育经费和办学水平两个维度选择政策评价的结果变量。基于相关文献和政策文本，我们选择了生均预算内经费支出和生均公用经费支出两项指标衡量教育经费状况，选择了生均专用设备和生均图书数两个指标衡量办学条件状况。

在教育经费状况维度，财政预算内经费支出等于预算内事业性支出加上基建经费，是反映财政对教育投入的一个最全面的指标，而公用经费支出用于维持学校的正常运转，这两个指标基本可以完整地刻画学校经费保障状况的全貌。由于教育经费支出的目标主体是在校学生，因此对上述指标均取生均值。

在办学条件状况维度，在文献综述中提到，衡量办学条件的指标有：生均校舍建筑面积、生均教学仪器设备值、危房比例、教学仪器达标率（翟博，2006）；生均教学及辅助用房面积差异、生均运动场（馆）面积差异、生均教学仪器设备值差异、生均近三年信息化经费投入差异、每百名学生计算机拥有台数差异（袁振国等，2010）；生均校舍建筑面积差异，内含生均教学及辅助用房面积差异、生均体育运动场馆差异、危房面积所占比率（李继星，2010）；生均校舍建筑面积、危房比例、D级危房比例、课桌椅配齐率（胡咏梅，2010）。鉴于数据的可得性和指标的权威代表性，本文选取了经费统计中专用设备及一般图书这两个指标来反映学校办学条件。

本章的研究视角是义务教育的均衡发展，重点关注教育经费和办学条件的差异，因此在用这些指标作为因变量进行双重差分回归的同时，还会测量它们的调整极差率、变异系数和Gini系数，以反映教育资源均衡分布的情况。

其次，为了评价"新机制"的政策效果，本章研究的核心自变量为政策干预变量，即政策处理效应"二值"变量。如果样本县接受了"新机制"政策干预，则该指标取值为1；反之，如果样本县没有接受"新机制"政策干预，则该指标取值为 0。

最后，为了尽可能获得政策干预的净效应，我们还需控制可能对估计结果产生干扰的地区经济发展水平、财政收入水平两个变量。

具体来看，经济发展水平可能会对当地的教育发展水平产生直接或间接的影响，如果想剥离改革产生的效果，应该控制地区经济水平，因此，我们在模型中放入人均 GDP 作为控制指标。同时，在回归中还会将 GDP 分为高、中、低水平三组，以进一步剥离不受经济水平影响的改革效果。此外，地方财政收入水平也可能影响教育政策的落实效果和政府努力程度，因此，我们在模型中放入人均地方财政收入指标作为控制变量。

表 9-3 评价模型的变量说明

变量分类		变量的测度
因变量	生均教育经费	生均财政预算内经费支出
		县本级生均财政预算内经费支出
		生均公用经费支出
	办学条件	生均专用设备
		生均图书数
政策干预变量	是否接受了处理（新机制改革）	接受了处理，值为 1
		没接受处理，值为 0
控制变量	县经济水平	人均 GDP
	地方财政能力	人均地方财政收入
	人口	县人口数

9.2.2.2 计量模型

根据 9.1 小节对黑龙江省"新机制"改革实施步骤的梳理得知，2006 年有 7 个县(市)区先行试点改革政策，早于其他县区实施。其他县(市)区在 2007 年春季学期才开始实施改革政策，在这一过程中，就有先后实施新机制改革的时间差。这样就可以把黑龙江省的新机制改革视作一场自然实验，通过比较受到改革影响的县(treatment group)和未受到改革影响的县(control group)就可以了解"新机制"改革产生的影响，基本的模型为式(9-1)：

$$y_{it} = \alpha + \beta\,policy_{it} + \gamma D_t + \alpha_i + u_{it} \qquad (9\text{-}1)$$

其中，下标 i、t 分别表示个体和时期。y 是结果变量；$Policy$ 是政策干预变量，如果实施了改革则值为 1（当且仅当实验组接受了实验取值为 1），如果没有实施则值为 0；α 表示个体不随时间变化的特征；D_t 为时期虚拟变量，改革前取值为 0，改革后则取值为 1；u 表示误差项。

如果"处理"组和"对照"组的分配并非完全随机的，那么 $policy_{it}$ 很可能与被遗漏的个体特征 α_i 相关，从而导致 OLS 估计不一致。由于此处使用了面板数据，因而可以用 2007 年的数据减去 2006 年的数据对 (9-1) 进行一阶差分消除 α_i，

$$\Delta y_i = \beta policy_i + \gamma + \Delta u_i \tag{9-2}$$

进而，使用 OLS 估计或者再进行一次差分得到政策效应的一致估计，

$$\beta = \Delta y_{treat} - \Delta y_{control} = (y_{treat,07} - y_{treat,06}) - (y_{control,07} - y_{control,06}) \tag{9-3}$$

这时对它的估计量便称为"双重差分估计量（difference in difference estimator）"，它是对改革效果的一个无偏估计。同时，也可以在 (9-2) 中引入其他控制变量，以增加模型的拟合优度。双重差分估计的优势在于，它可以消除实验组和对照组本来就存在的系统性差异。

最后，运用双重查分模型必须注意的一个问题在于，控制组和实验组在实验前具有相同的变化趋势，本章中试点县区与非试点县区的教育经费支出变化趋势在改革前基本一致（见图 9-2），各个县区不存在系统性的差异，因而本章使用 DID 来估计"新机制"的实施效果是恰当的。

9.2.2.3 数据与样本

本章使用的数据主要是 2005—2009 年黑龙江省的教育经费基层报表数据，即《全国教育经费统计》基表数据汇总生成的县级层面的小学和初中的面板数据。有关每个县区的经济水平和财政能力水平的数据来源于相应年份的统计年鉴。

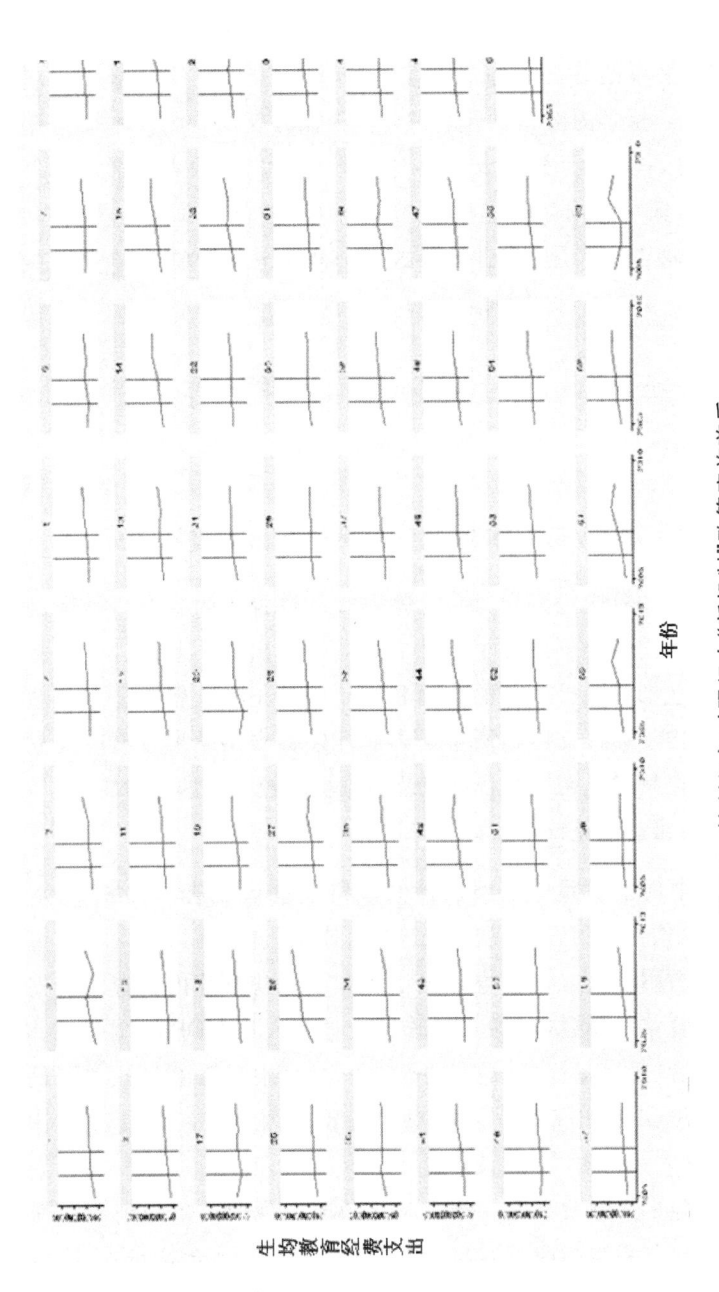

图 9-2 控制组与对照组在"新机制"政策实施前后(2005—2009 年)生均教育经费支出变化趋势

黑龙江省的经费统计基表数据包含了全省县(市)区的县级层面数据。在 2006 年以前，共有 65 个县(市)区，2006 年以后，由于阿城市的行政隶属关系改变，由独立的县变成了哈尔滨市的一个区，因此 2006 年以后，每年的数据共包含 64 个县(市)区，因此，本文运用的数据从一开始就剔除了阿城市。在删除个别数据和缺省值后，即每年运用 63 个县区的数据，样本量共 310 个。依安县、通河县、鸡东县、萝北县、肇源县、克山县和北安县这 7 个县被定义为在 2006 年受到改革影响的县，其他 56 个县则为没有进行改革的县。

9.3 "新机制"政策对黑龙江省义务教育经费支出的影响

9.3.1 "新机制"对生均预算内教育经费支出的影响效应

生均财政预算内经费支出是反映财政教育投入的一个最全面的指标。财政预算内经费支出等于预算内事业性支出加上基建经费。教育事业性支出包括了人员经费的支出和维持学校正常运转的公用经费支出，而预算内事业性支出则衡量了事业性经费支出中来自财政拨款的部分。基建经费则是用于学校修建改造维护学校建设的基本支出。

9.3.1.1 增量效果实证分析结果

表 9-4 中列出了差分模型估计的政策变量系数值，衡量了"新机制"改革在生均预算内经费支出上产生的效果。模型(1)中含有政策变量和人均地方财政收入、人均 GDP、人口和人均预算内教育经费支出这几个控制变量。模型(2)加入了政策变量与人均 GDP 的交互项。模型(3)验证了政策变量与高(最高的 30%)、中(中间的 40%)、低(最低的 30%)地方 GDP 水平的交互项对生均预算内教育经费支出有什么影响。

改革变量的系数含义是，当它是正值时，说明改革起到了正面的效果，这个正的系数是改革后与改革前相比的生均支出增量；反过来，如果这个值是负的，则说明改革起到了负面效果，没有引起生均支出的增加，反而减少了。

对生均财政预算内经费支出的差分回归结果见表 9-4。

表 9-4 "新机制"对生均预算内教育经费支出的影响效应模型

	模型(1)	模型(2)	模型(3)
政策干预变量	1 214*** (3.419)	1 308*** (3.121)	
人均 GDP	0.025 9*** (2.433)	0.032 6 (1.101)	
人均地方财政收入	0.061 9 (0.581)	0.105 (0.437)	0.025 2 (0.193)
县人口数	−0.279*** (−5.579)	−0.284** (−5.750)	−0.291** (−4.911)
财政预算内经费支出	0.883 (0.976)	0.887 (0.972)	0.995 (1.010)
公用经费支出	1.498 (0.810)	1.485 (0.820)	1.646 (0.852)
改革变量 * 人均 GDP		−0.006 85** (−0.226)	
改革变量 * 低人均 GDP			1 333*** (3.080)
改革变量 * 中等人均 GDP			1 299* (1.820)
改革变量 * 高人均 GDP			1 398* (1.956)

注：*、**、*** 分别表示显著水平为 0.1、0.05、0.01，以下相同；样本量为 310，以下相同；括号内为标准差，下同。

模型(1)的估计结果为正，数值比较大，并且在统计上是显著的。改革变量的系数可以解释为改革引起的义务教育生均财政预算内教育经费支出增长量为 1214 元，这个增量中包含事业费的增长，保障农村中小学教师工资水平；也包含公用经费和基建经费的增长，尤其是对危房改造和校舍维修改造长效机制的投入有所增长。模型(2)中加入了政策变量与人均 GDP 的交互项，其系数的估计结果统计上比较显著，但是得到的结果是一个很微小的数值，说明地方 GDP 水平对于政策有一定的负向影响，但是这种影响是很小的。在这个模型中对政策变量的估计结果为正，数值依然比较大，在统计上显著。

模型(3)将地方 GDP 分为高中低三个组，三组的回归结果均为正值。GDP 低的组与政策变量的交互项回归结果为显著的正值，数值达到 1333，说明政策在经济水平落后的地区起到了显著的正面作用；GDP 中等组与政策变量的交互项回归结果为正值，数值比前一组低，为 1299，但在统计上不显著；GDP 高的那一组与政策变量的交互项回归结果为正值，数值为 1398，在统计上并不十分显著。从这三组估计值可以看出改革政策并没有体现出经济水平越落后改革效果越好的规律，也就是说改革并没有向贫困落后地区倾斜，对缩小县域间财政预算内经费投入的差异贡献不大。

9.3.1.2 均衡指标分析结果

从极差率(分布的上 90%与下 10%分位点之比)、变异系数和 Gini 系数三个系数(见表 9-5)的时间变化趋势来看，县域预算内经费支出不平等的程度在 2005—2009 年间总体呈下降趋势。2005 年，开始实施"十一五"规划以后，三个系数都有明显的下降，2006 年略有回升。但 2007 年黑龙江省所有县(市)区都落实"新机制"改革的政策后，三个系数再次下降。说明改革政策对这项教育资源的均衡分布起到了一定的作用。

表 9-5 生均财政预算内经费支出均衡指标测算

指标名称	测量指标	2005 年	2006 年	2007 年	2008 年	2009 年
生均财政预算内经费支出	调整的极差率	4.361	3.350	3.453	3.011	2.866
	变异系数	0.742	0.444	0.458	0.413	0.420
	Gini 系数	0.354	0.213	0.208	0.198	0.202

从调整的极差率的变化趋势来看，从 2005 年的 4.361 下降到了 2009 年的 2.866。从 2005 年到 2006 年下降的幅度很大，2006 年略有回升，但 2007 年"新机制"的实施只使这一系数再次下降，到 2008 年，这一系数已经降至 3.011，2009 年更是下降到 3 以下。整体上看，2007 年以后的差异均小于 2007 年以前。

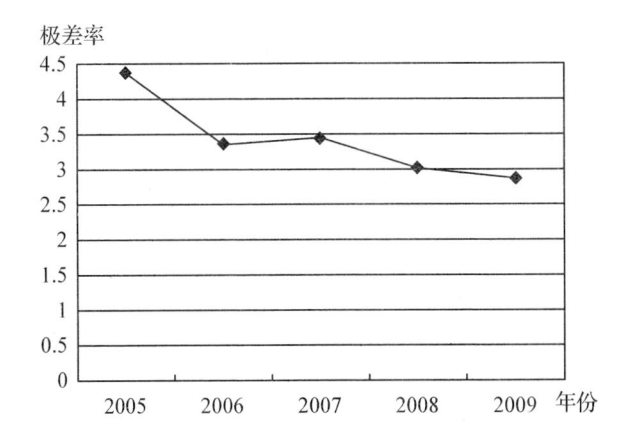

图 9-3 2005—2009 年生均财政预算内经费支出极差率变动趋势

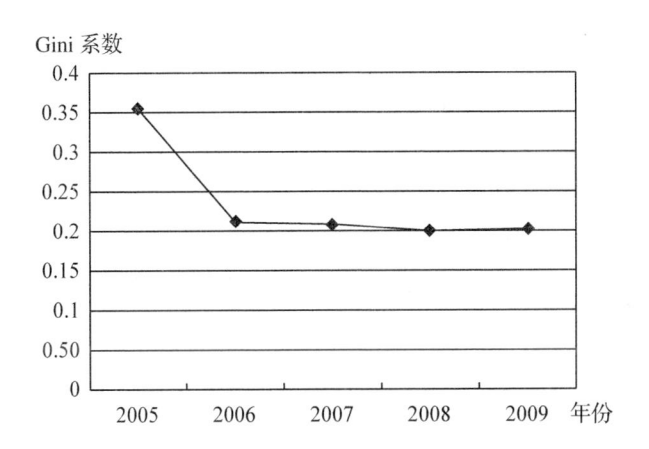

图 9-4 2005—2009 年生均财政预算内经费支出 Gini 系数变动趋势

从 Gini 系数来看，2005—2009 年生均财政预算内经费支出的 Gini 系数在 0.19～0.36。从变化趋势来看，总体呈下降的趋势，2005—2006 年下降的程度最大，2006 年以后则比较稳定，每年略有下降。2007—2008 年下降的幅度很小，说明"新机制"改革对缩小经费支出差异的正面影响并不十分明显。另外，五年来的数值均在 0.1 以上，而根据 Odden 和 Picus(2000)的研究，Gini 系数等于或小于 0.05，是最好的情况。由此看来，生均预算内经费支出的不平等程度距离理想情况还有一定的距离。

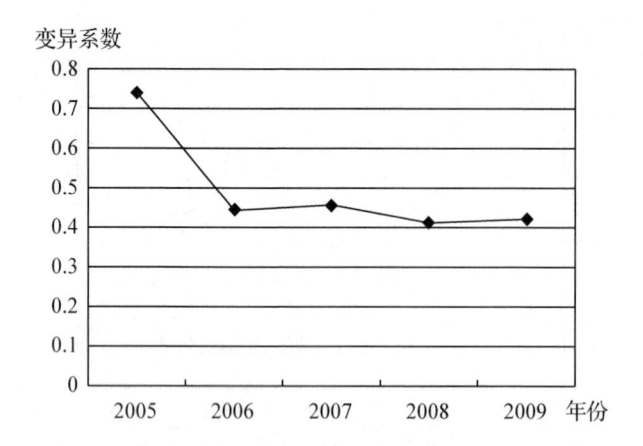

图 9-5 2005—2009 年生均财政预算内经费支出变异系数变动趋势

从变异系数的变化趋势来看，总体也是下降的。从 2005 年的 0.742 下降到 2009 年的 0.420。总体的变化趋势与极差率相同，2005 年骤降以后，在 2006 年略有回升，但"新机制"改革的实施使得系数再次降低到 0.412。整体上看，2007 年以后的差异水平均小于 2007 年以前的。然而，Odden 和 Picus(2000)根据美国的经验，制定了判断变异系数的标准，即如果这个指标的取值等于或小于 0.1 时，不平等的程度是比较理想的。由此来看，黑龙江省生均财政预算内经费支出的变异系数虽然在时间变化趋势上是下降的，但整体取值都在 0.4 以上，远远超过 0.1 的理想情况，也就是说这项教育资源分布的均衡和公平的程度还亟待提高。

9.3.2 "新机制"对县本级生均财政预算内教育经费支出的影响效应

从预算内经费支出的来源结构来看，这项支出部分来源于中央和省级财政的转移支付，部分来源于县级财政本身的支出。这项支出会受到县区本身的经济实力和财政能力影响，同时，也能够反映出政策出台后，中央和省级政府的转移支付是否带动了地方自身的支出，提高地方政府的努力程度。

9.3.2.1 增量效果实证分析结果

表 9-6 中列出了差分模型估计的政策变量系数值,衡量了"新机制"改革对生均财政预算内经费县本级支出的影响。模型(1)中含有政策变量和人均地方财政收入、人均 GDP、人口和人均预算内教育经费支出这几个控制变量。模型(2)加入了政策变量与人均 GDP 的交互项。模型(3)验证了政策变量与高(最高的 30%)、中(中间的 40%)、低(最低的 30%)地方 GDP 水平的交互项对生均预算内教育经费的县本级支出有什么影响。

模型(1)的估计结果为正,并且在统计上是显著的。改革变量的系数可以解释为改革引起的义务教育生均财政预算内经费的县本级支出增长量为 353.3 元。模型(2)中加入了政策变量与人均 GDP 的交互项,其系数的估计结果虽然是一个很小的正值,但在统计上比较显著,说明在县本级支出上,地方 GDP 水平对于政策是有一些影响的。在这个模型中对政策变量的估计结果为正,数值依然比较大,在统计上显著。

模型(3)将地方 GDP 分为高中低三个组,三组的回归结果均为正值。GDP 低的组与政策变量的交互项回归结果为显著的正值,数值为 305.3,说明政策在经济水平落后的地区起到了显著的正面作用;GDP 中等组与政策变量的交互项回归结果为正值,数据比前一组要高,达到了 373.9,但在统计上并不很显著;GDP 高的那一组与政策变量的交互项回归结果为正值,数值为 468,在统计上显著。从这三组估计值可以看出对于县本级的预算内经费支出,改革的效果体现出了在经济水平越好的县区改革效果越好的规律,这跟县本级教育支出本身受地方财政能力影响有关。经济发展好一些的县区,财政收入更高,能够支出的财政资金也就越多,在改革政策的带动下会进一步提高对教育的投入,这样的发展模式对教育资源的均衡分配很不利。

表 9-6 "新机制"对县本级生均财政预算内经费支出的影响效应模型

	模型(1)	模型(2)	模型(3)
改革变量	353.3*** (4.210)	425.3*** (5.999)	
人均GDP	0.044 5*** (2.932)	0.093 9*** (3.049)	
人均地方财政收入	0.160 (1.036)	0.168 (0.788)	0.234 (1.325)
县人口数	−0.043 6** (−2.327)	−0.067 4** (−2.937)	−0.056 7** (−2.395)
财政预算内经费支出	0.562 (1.152)	0.556 (1.198)	0.746 (1.278)
公用经费支出	0.333 (1.101)	0.302 (1.323)	0.355 (1.877)
改革变量 * 人均GDP		0.522** (2.276)	
改革变量 * 低人均GDP			305.3** (2.205)
改革变量 * 中等人均GDP			373.9* (2.078)
改革变量 * 高人均GDP			468** (2.564)

注：*、**、*** 分别表示显著水平为 0.1、0.05、0.01，以下相同；样本量为 310，以下相同；括号内为标准差，以下相同。

9.3.2.2 均衡指标分析结果

从极差率（分布的上 90% 与下 10% 分位点之比）、变异系数和 Gini 系数三个系数（见表 9-7）的时间变化趋势来看，各县本级的预算内经费支出的差异总体上在缩小。尤其是在 2007 年实施"新机制"改革以后，三个指标系数都急剧下降。

表 9-7　县本级生均财政预算内经费支出均衡指标测算

指标名称	测量指标	2005 年	2006 年	2007 年	2008 年	2009 年
生均财政预算内经费支出	调整的极差率	6.821	7.673	7.502	6.046	6.811
	变异系数	0.842	0.814	0.829	0.733	0.751
	Gini 系数	0.470	0.464	0.501	0.376	0.473

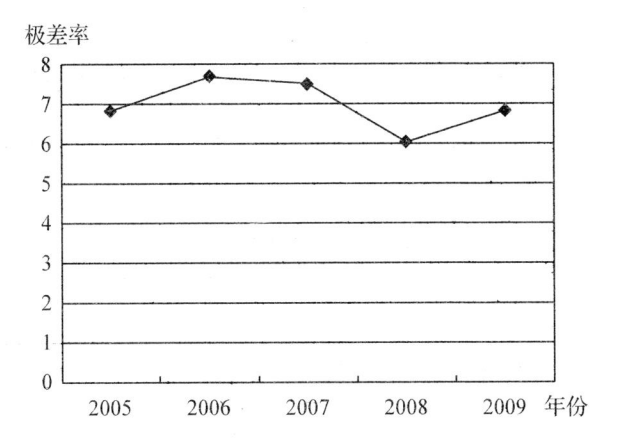

图 9-6　2005—2009 年县本级生均财政预算内经费支出极差率变动趋势

从调整的极差率的变化趋势来看，2005 年到 2006 年数值增大，2007 年依然保持在一个很高的位置，说明这几年，各县区的本级教育支出差异是很大的，主要是受当地的财政收入和财政支出情况影响，财政情况好的就支出的多，财政情况差的就少。但这种情况，在 2007 年"新机制"改革实施以后，得到了一定的改善，但是这种改善并没有得到保持。

从变异系数和 Gini 系数的变化趋势也可以得出相同的结论。2007 年"新机制"改革实施以后，到 2008 年，两个系数的值都降到了最低。说明"新机制"改革的政策不仅降低了县域间预算内经费投入总额的差异，也降低了县域间县本级支出的差异，带动了县区自身的投入。但是这种下降的趋势到 2009 年被打破，两个系数的值再次上升。

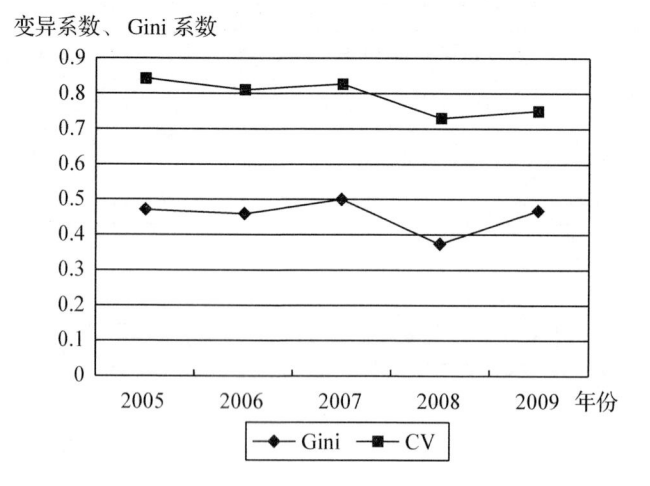

图 9-7　2005—2009 年县本级生均财政预算内
经费支出变异系数、Gini 系数变动趋势

9.3.3 "新机制"对生均公用经费支出的影响效应

公用经费衡量的是学校维持正常运转中除去人员经费的支出。具体支出范围涵盖教学业务与管理、教师培训、教学实验、文体活动、水电、取暖、交通差旅、邮电、仪器设备及图书资料购置、房屋及仪器设备的日常维修维护等，但是不得用于人员经费、基础建设、偿还历史债务。在黑龙江省"新机制"改革的内容中，对于生均公用经费标准做出了明确的规定：农村义务教育阶段中小学生均公用经费全部达到"一费制"确定的生均公用经费基本标准，即农村小学 305 元、初中 354 元，县镇小学 390 元、初中 470 元。

9.3.3.1　增量效果实证分析结果

"新机制"改革的内容中明确的规定了农村义务教育阶段的生均公用经费标准。表 9-8 中列出了差分模型估计的政策变量系数值，衡量了改革政策对生均公用经费的影响。模型(1)中含有政策变量和人均地方财政收入、人均 GDP、人口和人均预算内教育经费支出这几个控制变量。模型(2)加入了政策变量与人均 GDP 的交互项。模型(3)验证了政策变量与高(最高的 30％)、中(中间的 40％)、低(最低的 30％)地方 GDP 水平的交互项对生均公用经费有什么影响。

表 9-8 "新机制"对生均公用经费支出的影响效应模型

	模型(1)	模型(2)	模型(3)
改革变量	329.5***	314.9***	
	(4.717)	(3.345)	
人均 GDP	0.010 3	0.008 00	
	(0.734)	(0.487)	
人均地方财政收入	−0.052 9	−0.068 3	−0.013 2
	(−0.325)	(−0.445)	(−0.091 9)
县人口数	−0.056 3**	−0.055 2**	−0.062 9**
	(−3.149)	(−3.466)	(−3.022)
财政预算内经费支出	0.724	0.724	0.760
	(0.867)	(0.864)	(0.871)
公用经费支出	0.643	0.599	0.701
	(1.301)	(0.896)	(0.866)
改革变量 * 人均 GDP		0.002 45	
		(0.136)	
改革变量 * 低人均 GDP			418.3***
			(4.345)
改革变量 * 中等人均 GDP			383.9*
			(2.940)
改革变量 * 高人均 GDP			261***
			(3.665)

注：*、**、***分别表示显著水平为 0.1、0.05、0.01，以下相同；样本量为 310，以下相同；括号内为标准差，以下相同。

模型(1)的估计结果为正，并且在统计上是显著的。改革变量的系数可以解释为改革引起的生均公用经费增长量为 329.5 元，这个增量比较大，主要原因在于危房改造费用和日常校舍维修维护的费用在公用经费中进行列支。模型(2)中加入了政策变量与人均 GDP 的交互项，其系数的估计结果是一个很小的正值，在统计上不显著，说明提高生均公用经费的政策并没有受到县区的经济发展情况影响。在这个模型中，改革变量的回归结果是 314.9，依然在统计上显著。

模型(3)将地方 GDP 分为高中低三个组，三组的回归结果均为正值。GDP 低的组与政策变量的交互项回归结果为显著的正值，数值达到 418.3，说明政策在经济水平落后的地区起到了显著的正面作用；GDP 中等组与政策变量的交互项回归结果为正值，数据比前一组要低，达到了 383.9，但在统计上并不很显著；GDP 高的那一组与政策变量的交互项回归结果为正值，数值进一步降为 261，在统计上显著。从这三组估计值可以看出对于生均公用经费支出，改革的效果体现出了在经济水平越落后的县区改革效果越好的规律。这说明，改革政策使原本生均公用经费很低的县区得到了提高，一方面，中央和省级财政的转移支付使它们达到了政策规定的标准；另一方面，政策带动了县本级的教育支出；而那些本身就在标准之上的县区的生均公用经费则可能维持原状或小幅度的提高。这样，政策就对生均公用经费的公平程度做出了一定的贡献。

9.3.3.2 均衡指标分析结果

从三个系数（见表 9-9）的时间变化趋势来看，生均公用经费支出的不平等程度在 2005—2009 年总体呈下降趋势。2005 年，开始实施"十一五"规划以后，三个系数都有明显的下降。但 2007 年后，三个系数的值又都有所上升。

表 9-9 生均公用经费均衡指标测算

指标名称	测量指标	2005 年	2006 年	2007 年	2008 年	2009 年
生均财政预算内经费支出	调整的极差率	6.665	3.188	3.130	3.540	2.834
	变异系数	0.944	0.553	0.485	0.679	0.479
	Gini 系数	0.499	0.254	0.262	0.285	0.286

由于三项均衡指标的变动趋势基本一致，因此，我们仅在图 9-8 中呈现了生均公用经费的 Gini 系数。Gini 系数在 0.2～0.5 变动。从变化趋势来看，2005 年的系数值最高，达到 0.499，但在 2006 年急剧下降至 0.3 以下，2007—2008 年的系数值小幅度上升，此后几年始终高于 2006 年的水平。总的来看，改革对缩小生均公用经费的县域间差异没有起到正面的作用，这与生均财政预算内支出这个大口径指标的变化趋势基本相同。

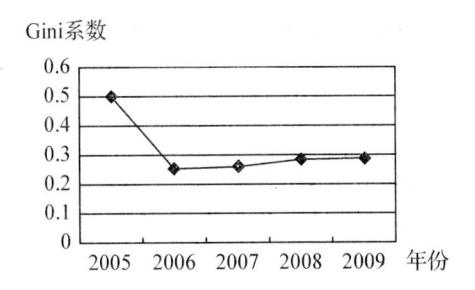

图 9-8　2005—2009 年县本级生均财政预算内
经费支出变异系数、Gini 系数变动趋势

9.4 "新机制"政策对黑龙江省办学条件的影响

办学条件是学校的各项资源中最直观的表现,它反映的是一个学校教育资源存量的差异(杜育红、孙志军,2009)。通过在文献综述中对指标的整理,本章选取生均专用设备和生均图书数来考察学校办学条件的差异。

9.4.1 生均专用设备

9.4.1.1 增量效果实证分析结果

由于初中和小学的学科设置和对专用设备的需求有很大的不同,因此,在这一部分,将初中和小学分别进行回归估计。表 9-10 和表 9-11 中列出了差分模型估计的政策变量系数值,衡量了改革政策对生均专用设备的影响。模型(1)中含有政策变量和人均地方财政收入、人均 GDP、人口和人均预算内教育经费支出这几个控制变量。模型(2)加入了政策变量与人均 GDP 的交互项。模型(3)验证了政策变量与高(最高的 30%)、中(中间的 40%)、低(最低的 30%)地方 GDP 水平的交互项对生均专用设备有什么影响。

表 9-10 "新机制"对初中生均专用设备的影响效应模型

	模型(1)	模型(2)	模型(3)
政策干预变量	127*** (2.667)	141 (1.649)	
政策干预变量 * 人均GDP		−0.000 002 3 (−0.268)	
政策干预变量 * 低人均GDP			91.6*** (2.675)
政策干预变量 * 中等人均GDP			−12.4 (−1.007)
政策干预变量 * 高人均GDP			12.6 (1.436)

注：*、**、***分别表示显著水平为0.1、0.05、0.01，以下相同；样本量为310，以下相同；括号内为标准差，以下相同。

表 9-11 "新机制"对小学生均专用设备的影响效应模型

	模型(1)	模型(2)	模型(3)
政策干预变量	65.8** (2.255)	80.9 (1.520)	
政策干预变量 * 人均GDP		−0.000 002 55 (−0.508)	
政策干预变量 * 低人均GDP			62.6 (1.655)
政策干预变量 * 中等人均GDP			31.6 (−0.405)
政策干预变量 * 高人均GDP			49.9 (1.181)

模型(1)中，初中的估计结果为正，并且在统计上是显著的。改革变量的系数可以解释为由改革引起的生均专用设备增长量为127元。

小学的估计结果为正,值为 65.8,在统计上比较显著。模型(2)中加入了政策变量与人均 GDP 的交互项,初中和小学的估计结果都一个很微小的负值,在统计上也不显著,说明在生均专用设备上,改革政策并没有受到县区的经济发展情况影响。在这个模型中,改革变量的回归结果是初中 141,小学 80.9,在统计上不显著,不显著的原因可能是因为专用设备的投资具有一定的滞后性。

模型(3)将地方 GDP 分为高中低三个组。GDP 低的组与政策变量的交互项回归结果中,初中和小学均为正值,但是只有初中的估计值在统计上是显著的。GDP 中等组与政策变量的交互项回归结果以及 GDP 高的那一组与政策变量的交互项回归结果在统计上都不显著,无论是初中还是小学。从这三组估计值可以看出对于生均专用设备,改革的效果与县区的经济发展水平无关,也没有体现出向贫困落后地区倾斜的效果,对于缩小学校的办学条件差距没有起到什么作用,这与分析 Gini 系数变化趋势得到的结论基本一致。

9.4.1.2 均衡指标分析结果

从表 9-12 所呈现三个均衡指标的结果来看,初中和小学的数值整体偏大,说明不平等的程度比较高。从时间变化趋势来看,无论是初中还是小学,系数的值都越来越大,呈现出不平等程度越来越严重的趋势。这在一定程度上说明,在黑龙江省,"新机制"政策的实施对于办学条件均衡程度的改进效果并没有完全体现出来。

表 9-12 生均专用设备均衡指标测算

测量指标		2005 年	2006 年	2007 年	2008 年	2009 年
调整的极差率	初中	7.566	6.179	18.900	14.252	14.205
	小学	9.256	9.681	12.996	12.996	13.391
变异系数	初中	0.797	0.798	1.183	1.039	1.015
	小学	0.836	0.854	0.962	0.940	0.846
Gini 系数	初中	0.373	0.397	0.534	0.469	0.467
	小学	0.421	0.449	0.466	0.441	0.418

9.4.2 生均图书数

9.4.2.1 增量效果实证分析结果

生均图书也是一个被普遍使用的反映学校办学条件的指标，能够直观的反映出学生得到的资源。在这一部分，也对初中和小学进行分别回归估计。表 9-13 和表 9-14 中列出了差分模型估计的政策变量系数值，衡量了改革政策对生均图书数的影响。模型(1)中含有政策变量和人均地方财政收入、人均 GDP、人口和人均预算内教育经费支出这几个控制变量。模型(2)加入了政策变量与人均 GDP 的交互项。模型(3)验证了政策变量与高(最高的 30%)、中(中间的 40%)、低(最低的 30%)地方 GDP 水平的交互项对生均图书数有什么影响。

在模型(1)中，初中的估计结果为正，但数值极小，在统计上并不是十分显著，说明改革对初中产生了正面的影响，但十分微弱。小学的估计结果为负，在统计上完全不显著。模型(2)中加入了政策变量与人均 GDP 的交互项，初中和小学的估计结果都一个很微小的正值，在统计上也不显著，说明在生均图书方面改革政策并没有受到县区的经济发展情况影响。在这个模型中，改革变量的回归结果是 0.000 686，在统计上不显著。模型(3)将地方 GDP 分为高中低三个组。三组交互项的回归结果在统计上都不显著，无论是初中还是小学。从这三组估计值可以看出对于生均图书，改革的效果与县区的经济发展水平无关，也没有体现出向贫困落后地区倾斜的效果，对于缩小学校的办学条件差距没有起到什么作用。

表 9-13 "新机制"对初中生均图书数的影响效应模型

	模型(1)	模型(2)	模型(3)
政策干预变量	0.000 762* (0.708)	0.000 686 (0.672)	
政策干预变量 * 人均 GDP		0.000 000 012 9 (0.192)	
政策干预变量 * 低人均 GDP			0.001 63 (1.597)

续表

	模型(1)	模型(2)	模型(3)
政策干预变量 * 中等人均 GDP			−0.002 55 (−0.986)
政策干预变量 * 高人均 GDP			0.000 778 (0.599)

表 9-14 "新机制"对小学生均图书数的影响效应模型

	模型(1)	模型(2)	模型(3)
政策干预变量	−0.000 322 (−0.434)	−0.000 530 (−0.651)	
政策干预变量 * 人均 GDP		0.000 000 035 5 (0.500)	
政策干预变量 * 低人均 GDP			0.000 117 (0.125)
政策干预变量 * 中等人均 GDP			0.000 095 4 (0.052 6)
政策干预变量 * 高人均 GDP			−0.000 523 (−0.452)

总的来看,"新机制"改革对黑龙江省学校办学条件的影响相对有限。一方面,没有带来非常明显的增量效果;另一方面,在缩小县域间学校办学条件的差异上没有起到明显和持续的作用。

9.4.2.2 均衡指标分析结果

从三个系数(见表 9-15)的数值来看,初中和小学的数值整体偏大,说明不公平的程度比较高。从时间变化趋势来看,无论是初中还是小学,系数的值都在 2007 年急剧下降,但在此后,又再次上升。

以 Gini 系数的变化趋势来看,初中和小学的变化趋势基本一致。2007 年以前都呈现出上升的趋势,在 2007 年急剧下降至五年中的最低水平。然而这种低水平并没有一致保持,2008 年,两个系数又再次上升到高水平。这说明"新机制"改革的政策使生均图书的县域差距在短时间内缩小了很多,但是政策的持续性较差。从数值的大小上看,小学的系数值普遍高于初中，即使是在最低的 2007 年，也明显的高于初中的数值。说明在学生拥有的图书数上，小学的不平等程度高于初中。

表 9-15　生均图书均衡指标测算

测量指标		2005 年	2006 年	2007 年	2008 年	2009 年
调整的极差率	初中	10.000	10.281	10.824	8.971	8.514
	小学	10.061	8.789	9.352	10.340	9.373
变异系数	初中	0.746	0.761	0.689	0.721	0.729
	小学	0.769	0.752	0.718	0.748	0.737
Gini 系数	初中	0.343	0.365	0.317	0.345	0.343
	小学	0.362	0.363	0.344	0.363	0.362

9.5　本章小结

本章围绕"新机制"的政策目标，从增加经费投入、提升办学水平两个角度，通过构建双重差分模型及测算均衡指数，评价"新机制"政策的增量效果和对均衡程度的改善。主要得到如下结论：

第一，"新机制"政策有力地提升了黑龙江省教育经费保障水平。无论是生均预算内教育经费支出水平，还是县本级生均财政预算内教育经费支出水平，抑或是生均公用经费支出水平，都因"新机制"改革而产生了一定的增量，并且在数值上是非常显著而可观的。带来增量的主要原因在于改革政策使教育经费投入水平得到了提高，如改革补助了免除学杂费的资金、提高了生均公用经费、建立了校舍长效维修机制、提高了省级财政对薄弱地区教师工资的转移支付，这些都会在全口径的经费指标中有所体现。

第二，虽然县本级支出在改革政策的带动下，整体公平程度有所好转，促进了教育资源的均衡分布，但"新机制"改革在缩小黑龙江省县域间教育经费支出差距方面起到的作用相对有限。一方面，黑龙江省教育经费保障水平的提升更多体现在整体层面，没有体现出在经济越落后的地方效果越好的规律，说明政策的实施并没有向贫困落后的县区倾斜；另一方面，从极差率(分布的上 90% 与下 10% 分位点之比)、变异系数和 Gini 系数三个系数的测量结果来看，教育资源分配的不公平程度很高。

第三，"新机制"政策有力地提升了黑龙江省办学条件。本章主要通过生均专用设备和生均图书数两个指标来考察办学条件，DID 模型的估计结果说明，政策实施为上述两方面办学条件改善带来一定的增量。但是，相对教育经费支出的改进效果，办学条件的增量效果并不十分明显。这可能跟经费投入是更加直接的政策干预，而办学条件改善在某种意义上具有时间上的滞后性。

第四，县际间办学条件均衡程度的改善主要体现在"新机制"政策实施的最初一两年，在缩小黑龙江省县域间办学条件差距方面起到的作用较为有限。改革的效果几乎没有呈现出任何与地方经济水平相关的规律，没有体现出在经济落后的地区效果更好的规律。从均衡指标的测量结果来看，生均专用设备的均衡配置程度在"新机制"改革以后非但没有上升反而下降了，在初中和小学都得到了相同的结果。生均图书的均衡配置程度在 2007 年改革实施以后明显改善，但却没有保持持续的效果。

综上所述，无论在教育经费支出水平上还是在办学条件上，县域间的差距都还很大，教育资源的均衡配置程度亟待提高。这种紧迫性更多的体现在办学条件上，应该尽快根据办学标准的要求，对相应的经费支出的标准进行科学的核算，制定合理的投入标准，以保证学校间的办学条件均衡的发展。

第 10 章 结论与政策建议

"新机制"的实施,是我国义务教育发展史上具有里程碑意义的重大改革。对这样一项惠及面广、投入金额大、影响深远的改革进行全面系统的监测与评价,有利于及时总结改革的经验与成效,为改革的进一步深入和完善提供实证依据。本研究对我国农村义务教育经费保障体制改革的历史进行了系统梳理,并对"新机制"的实施背景、具体步骤进行了详细介绍,在此基础上构建了一套系统监测与评价农村义务教育经费保障机制的指标体系。然后,本研究利用全国层面、省级层面教育统计数据和课题组在抽样县的调研数据对"新机制"的实施效果进行了评价。本章主要对全书的结论进行总结,并对"新机制"的进一步完善提出政策建议。

10.1 "新机制"实施成效总结

10.1.1 农村义务教育经费持续增加

2000 年至 2010 年,全国义务教育经费总量从 1 887 亿元增长到 8 372 亿元,增长 3.4 倍,平均年增幅 16.1%。其中,农村义务教育经费总量从 920 亿元增长到 5 018 亿元,增长 5.5 倍,平均年增幅 18.5%。相对于全国义务教育经费总量来说,农村义务教育经费的增幅更大。如果以"新机制"的实施作为一个时间节点,可以发现,不管是经费总量还是生均经费,在 2005 年之前,农村义务教育经费的增长波动很大,而且增速较缓;而在 2005 年之后,增速得以较大幅度提升,基本在 2007 年前后达到峰值。事业性经费以及其中人员经费和公用经费支出三项指标的变化状况,均与农村义务教育经费总量的变化保持同样趋势。

从课题组调研结果来看,"新机制"实施以后,样本县的义务教育经费,无论是经费收入还是支出,无论是总量指标还是生均指标,都实现了较大幅度的上升。尤其是"新机制"政策涉及的几项重要经费(例如公用经费、教师工资等),均实现了稳步增长。这些都说明,"新机制"有力地提高了农村义务教育经费保障的水平,较好地解决了以往在国家税费体制改革和"以县为主"的财政体制改革后农村义务教育经费严重短缺的问题。

10.1.2 农村义务教育经费的财政保障力度不断增强

"新机制"实施后,财政性教育经费逐渐成为农村义务教育经费的主要来源。农村小学和初中生均经费支出中预算内所占比重有大幅提升。生均事业经费以及其中的生均人员经费和生均公用经费中预算内所占比重均有不同幅度的增长,生均公用经费在"新机制"实施后得到财政保障的力度最为明显。从三省六县的调研结果来看,"新机制"实施后,教育经费投入中财政性教育经费所占比重、预算内教育经费所占比重在样本县呈逐年上升趋势。到2010年,各样本县小学和初中教育经费投入中绝大部分都来自于财政性教育经费(所占比重都在94%以上),预算内教育经费所占比重都在76%以上。可见,"新机制"将农村义务教育全面纳入公共财政的保障范围,我国农村义务教育真正实现了由"人民办"到"政府办"的转折。

10.1.3 义务教育公共财政保障的城乡差距、地区差距缩小

"新机制"按照先农村后城镇、先西部后东部的实施步骤,按照"中央和地方分项目、按比例分担"的机制,旨在缩小义务教育经费的城乡差距、促进区域义务教育均衡。本研究通过城乡利益归宿的分析发现,在生均财政性教育经费和预算内教育经费上,农村地区都由公共教育支出的受损者逐渐转变为受益者。而且,公共支出对于农村义务教育阶段教育需求的满足程度均有较大幅度提高。对泰尔指数进行分解发现,"新机制"对于缩小城乡差距的作用明显,小学和初中生均预算内

教育经费支出在城乡之间的分配更加公平。农村小学生均预算内教育经费支出的地区差异缩小也非常明显。因此,"新机制"在相当程度上实现了缩小义务教育经费的城乡差距和地区差距,促进财政性教育经费投入均衡的目标。

10.2 "新机制"改进方向分析

10.2.1 县级政府义务教育投入努力程度仍待提高

基于省级层面数据的分析,中央和省级政府确实加大了对农村义务教育财政支持力度,但如何确保县本级教育投入不被"挤出",这是制约"新机制"实施成效的关键。计算 2005 教育财政年 6 个样本县中小学预算内教育事业费支出占县级财政支出的比重发现,"新机制"实施最初几年,该比重普遍呈波动中上升的趋势,6 个县的初中均值从 2005 年的 4.5% 提高到 2007 年的 5.8%,小学均值从 2005 年的 10.7% 提高到 2007 年的 11.1%;但 2007 年后,该比重却在波动中有所下降,初中下降到 2010 年的 5.4%,小学下降到 2010 年的 9.2%,这一下降趋势在经济水平较低的县更为明显。考虑以上波动可能源于学生规模变动,我们又以样本县生均预算内教育事业经费支出和县级人均财政支出重新计算该比重,基本得到同样的结果。这说明,在"新机制"政策实施力度逐年增强的同时,县级政府义务教育财政投入存在不同程度的"挤出效应",尤其在经济水平较低的县。

10.2.2 县级政府教育经费配置的校际公平性有待改进

从样本县调查结果看,尽管学校基本运营经费都能得到满足,但学校仍存在不同程度经费困难,而不同类型学校反映的突出难题差异明显:县镇和农村优势学校集中反映校园文化建设和 ICT 教学设备等配套经费不足;县镇和农村薄弱学校集中反映取暖经费、校舍维修经费及基础设施更新等仍存在一定困难,尤其是在小规模农村学校。以上差异说明,县域内教育经费保障水平的差异不仅体现在城乡间,更体现在城镇和农村内部的薄弱校和优势校之间,这应成为未来攻克义务教育财政公平性问题的重点和难点。

10.2.3 农村教师收入仍然不高，地区差距悬殊，教师补偿性收入、社会保障等保障机制有待完善

教师队伍是决定教育公平的根本，探讨农村教育财政投入公平性问题不可避免会涉及人员经费保障问题。"新机制"实施之初，农村教师待遇问题凸显[1]，但随着绩效工资改革等配套措施的出台，教师工资保障水平有所提高。对比样本县中小学教师工资福利支出总量、教师人均工资福利支出和教师工资支出结构三项指标在2005绩效工资改革年间年度变动趋势，2008年之后样本县中小学教师工资福利总支出有明显提高，特别是四个落实绩效工资改革的样本县，其农村中小学教师年度工资提高幅度为29%～62%不等。但课题组同时发现，各县教师工资福利保障水平地区差距较大，水平最高的山东省某县师均工资福利支出超出其他各县4倍，这与杜育红和孙志军(2009)[2]、庞丽娟等(2010)[3]研究结果一致；而各县教师工资差距主要体现在津补贴和社保经费方面，除收入水平最高上述山东省某县外，其他5县农村中小学教师社会保障支出水平较低、"三险一金"未能提供齐全。

10.2.4 教师老龄化与结构断层问题严重，整体性超编和结构性缺编并存，在农村学校尤其严重

受编制所限，部分样本县10年未引进新教师，各县教师平均年龄在40岁以上；而农村学校中相对优秀和年轻教师往往努力通过各种途径流向城镇或农村优势校，这加剧农村教师队伍年龄结构问题(部分农村校教师校均年龄超过50岁)，而优秀教师单向流动加剧农村教育系

---

[1] 杜育红，孙志军. 中国义务教育财政研究[M]. 北京：北京师范大学出版社，2009.

[2] 杜育红，孙志军. 中国义务教育财政研究[M]. 北京：北京师范大学出版社，2009.

[3] 庞丽娟，韩小雨，谢云丽，李琳，夏婧. 完善机制 落实义务教育教师绩效工资政策[J]. 教育研究，2010(4)：40−44.

统内部老龄教师不能自我消化与转移，而结构性缺编岗位无法补缺与平衡，进一步加剧了农村学校教师队伍质量下滑。根据相关经验，实施补偿性教师工资制度是吸引、留住人才的重要手段。从调研结果看，部分样本县也出台了相应政策。以河北省某县为例，为推进城乡间、校际间教师双向流动，实行农村地区生活补贴政策，将所有乡镇划分为5类地区，不同类别地区执教的教师将获得30～90元/月不等地区生活补贴，但从执行效果来看，由于收入层级差距不明显，发展资金和激励资金缺乏，政策在增强农村教育对优秀师资吸附力、推进教师双向流动中的效果并不明显。

10.2.5　农村地区学生家庭教育负担仍需进一步减轻，学生资助制度需要完善

"新机制"的实施实现了"人民教育政府办"的本质性转变，整体减轻了农民群众家庭教育负担。但是，在农村人口流动、学校布局结构调整以及寄宿生数量增加的新背景下，部分家庭义务教育负担仍然较重，农村地区学生家庭教育负担问题仍待进一步减轻。对家庭教育支出在学校缴纳费用、学习用品购置、伙食费、交通费和补习费五个维度的支出结构进行分析得出以下内容。第一，学校缴纳费用构成比例相对较高，尤其是在小学。要进一步了解学校缴纳费用构成比例较高的现象，我们需回答学校到底收取了哪些费用，哪些是必需的，哪些收费项目对农村家庭造成较大压力，哪些费用需要进一步加以规范。回答上述问题需更深入的调查资料为支撑，这应成为后续研究关注点。第二，学生伙食费支出比例相对较高，尤其是在初中，其原因可能在于初中寄宿生构成比例较高。第三，小学阶段交通费占比较高，其原因可能在于小学生寄宿比例相对不高，但随着学校布局结构调整带来家校距离的增加，孩子往返学校需额外支付交通费用，若考虑部分父母因为接送子女所间接支付的隐性成本则实际交通费占比会更高。

进一步，三省区农村寄宿生家庭年教育支出占年生活开支比例比全样本家庭平均高出4个百分点，这在一定程度上反映孩子住校发生的宿舍成本加大了农村家庭教育支出负担。分析学生资助信息发现：

第一，来自贫困家庭的寄宿生确实能获得一部分生活补助，但补助额度不足以满足寄宿生伙食费等基本生活需求开支，尤其是在初中，资助额度亟待调整；第二，对于来自非贫困家庭的寄宿生以及非寄宿生，由于缺乏常规补助渠道，数量有限的社会资助不仅覆盖小且金额有限，可以说杯水车薪，事实上，这类群体同样因为住校以及家校距离增加而加大家庭教育支出，部分家庭教育负担同样很重，对这类群体的常规资助同样需引起重视。

10.2.6 "校财局管"的教育经费管理体制仍需进一步创新

"新机制"实施后，财政部、教育部要求对农村中小学实行"校财局管"。这是一种与农村义务教育"以县为主"管理体制相适应的经费管理体制，实行的是"集中管理，分校核算"。所谓"集中管理"是指，在一个县的区域内，设置教育经费管理中心，统一管理区域内中小学的财务活动，学校只设报账员，统一向教育经费管理中心报账。所谓"分校核算"是指，各校的财务收支由各个学校核算，学校要有完善的"收支两条线"的预算编制。① 义务教育经费实行"校财局管"的管理模式，有利于加强对学校的财务监督，提高资金的使用效率，规范学校的收费行为，从源头上预防经济违法、违规行为。

但是，"校财局管"在执行过程中产生了一系列问题。例如，学校报账员需要到县教育经费管理中心报账，有的地方路途遥远，交通不便，给报账员的工作带来了麻烦，有时甚至影响教育经费的及时到账和学校的正常运转；中小学撤销会计机构后，报账员基本由教师兼任，或由不担任教学任务的教师转岗而来，这部分人员缺乏专业的会计知识和业务能力培训，导致学校基层财务架空，不利于学校内部会计监督的实现和学校自身财务管理能力的建设；财政管理权限上移后，学校丧失了对经费管理的自主权，不利于办学主体积极性的发挥；乡镇政府以前集农村中小学财权、人事权于一身，现在一下子变得"一无所有"，积极性也大大降低，不利于农村义务教育事业的发展。这些问题

---

① 何龙安，马红坤. 对农村义务教育经费"校财局管"的新理解[J]. 老区建设，2008(12)：16-17.

若得不到妥善解决，将直接影响"校财局管"的实际成效。

10.2.7　农村义务教育基本建设投资缺乏固定渠道

基本建设支出包括土建支出和大型仪器设备（5万元以上）的购置费用。"新机制"实施以来，中央根据农村义务教育阶段中小学在校生人数和校舍生均面积、使用年限、单位造价等因素，分省（区、市）测定每年校舍维修改造所需资金，提供的是属于公用经费支出的"修缮费"，数量不大，难以支撑大型的改造和设备更新。

课题组在三省六县的实地调研表明，样本县中小学校的基本建设费用来源不稳定，有些县甚至连续多年都没有基本建设费用。六个样本县的中小学校都不同程度地存在一定比例的危房校舍，寄宿制学校的学生生活配套设施（如水房、厕所、卫生室）等亟待改善。对全国层面的教育经费数据进行分析也表明，农村义务教育生均基建经费增长状况呈现非常大的波动，表现出与生均人员经费支出、生均公用经费支出几乎完全不一样的年度增长变化趋势。尽管农村地区基建投入经费基本来源于公共投入，但由于对农村义务教育经费干预力度最强的"新机制"尚未关注到基建经费，使得基建经费保障水平较低。考虑到校舍安全直接关系到我国近两亿名中小学生、1 300多万名教职工的生命安全，而且农村撤点并校后建立起的许多寄宿制学校也迫切需要改善学生住宿条件和相配套的生活设施，这些都需要有充足的基本建设费作为经费保障。

10.3　完善义务教育财政保障机制的对策思路

结合大规模调查数据和公开数据进行研究和分析，我们认为，"新机制"政策取得了巨大成效，相关政策目标很大程度得以实现。尽管如此，农村义务教育财政体制仍待进一步完善，特别是在当前农村社会经济环境发生巨大变化的背景下。基于此，本书提出如下政策建议。

第一，以高质量的教育产出为导向，制定合理的义务教育经费保障标准；认真测算纳入"新机制"各项经费的地区差异与差额，提高各项经费的保障标准和水平。在目前的保障水平基础上，各地区根据农村义务教育学校办学条件现状和建设成本、教师工资水平、学校运转所需公用经费、保证学生最低营养生活费需求等情况，结合当地物价水平，合理测算各项经费的差额。在设置保障标准时，一方面应该考虑不同类型学校的实际成本，实施差异化、分权重的拨款标准，充分考虑边远地区学校、高寒地区学校、寄宿制学校等主体的额外或新增办学成本，在设计拨款权重时向这一类学校合理倾斜，确保其正常运转；另一方面，应该建立经费保障与价格上涨指数联动机制，保证纳入机制保障的各项经费年度增长幅度明显高于物价上涨指数，切实做到"三个增长"，为实现《国家中长期教育改革与发展规划纲要（2010—2020年）》确定的目标提供殷实保障。

第二，在继续加大中央和省级政府对农村义务教育转移支付力度的同时，完善对各级政府公共教育投入的监测与评价，确保各级政府教育投入的努力程度，避免基层政府配套资金不到位等问题，切实提高经费使用的效率、效益和效果。对各级政府落实教育投入法定增长、提高财政教育支出比重、拓宽财政性教育经费来源渠道等政策的执行情况进行监测分析，及时发现和解决政策执行中的相关问题。建议制订义务教育县域内校际均衡发展的监测与评价指标体系，对县级政府对义务教育均衡发展的努力程度进行动态分析，激励县级政府更加关注义务教育校际均衡发展。

第三，从教师工资、教师编制、教师流动制度、教师继续教育等多方面入手，提高农村教师的工作待遇和工作条件，使他们安居乐教。"以省为主"承担农村教师工资，根据物价水平、经济增长速度及社会其他行业的工资增长水平，逐步提高教师工资待遇，缩小地区、行业差距，完善农村中小学教师基本养老保险、社会失业保险等社会保障制度，解决农村教师的后顾之忧。对农村地区、偏远地区教师，应设计更合理的补偿性工资收入政策，通过教师特殊津补贴制度，增强农村教育对优秀师资的吸引力，激励教师城乡间及校际间的双向流动。对农村中小学急缺的音乐、体育、美术、英语、计算机等学科的教师及心理健康教师，应该补足配齐。采取顶岗置换研修、校本研修、远程培训等多种模式，大力开展农村教师培训，促进农村教师的专业发展。

第四，完善学生资助政策，降低农村家庭教育负担。减轻农民家庭教育负担是"新机制"公平目标的重要内涵，尽管其实施回归了义务教育"政府办"的本质、减轻了农村家庭教育负担，但随着社会经济快速发展变化，新形势下农村家庭教育负担问题又有所显现。在未来城乡教育一体化建设和农村学校布局结构调整过程中必须科学论证，避免可能加重的农村家庭教育负担；同时，重视完善农村贫困学生教育资助制度，应借鉴其他领域扶贫手段，积极探索更有效方式，瞄定贫困生群体，提高资助项目合理性，提高财政性教育资助资金的投入效率和效果；继续提高贫困寄宿生的生活补助标准，加大对于农村寄宿生的补助力度，保证寄宿制学生拥有良好的生活、学习条件。

第五，及时理顺和解决"校财局管"中出现的问题。对于没有银行网点或离银行网点远的学校可以增加学校备用金额度，不必全部采取银行直达的办法，满足学校小型采购需求。组织中小学校长培训和学校报账员培训，提高校长的财务管理能力和报账员的财务工作水平。此外，一定要认识到，"校财局管"是由县级财政部门、教育行政部门以及农村中小学校共同组织实施的一项财务管理制度，三者各负其责，各司其职，缺一不可。为了保证"校财局管"的实施效果，为农村义务教育的发展提供强有力的支持，三者应该充分意识到自身的职责、权利与义务。同时，深化农村学校预算编制改革，以公平性为原则、以满足学校需求为导向，切实提高预算编制的科学性与合理性，同时，加强管理力度，保证经费支出的约束性，严格落实专款专用。

第六，重视农村中小学基本建设投入财政保障水平的提升。厘清各级政府的责任，扩大国家基本建设支出中教育基本投资的比例，并适当扩大教育事业支出范围，增加对教育基本建设的支持力度。考虑到我国中西部省份一些贫困县的中小学所需新建和维修经费缺口较大，在该项支出筹资责任划分上，国家级贫困县的项目支出经费由中央、省和县按比例负担，非国家级贫困县的项目支出，由省根据县财政能力按一定比例对县进行配套。通过政策激励、税费减免、加大投入等措施安排转移支付资金的补偿和奖励，帮助学校化解建设债务，维持市、县两级政府兴办教育的热情和积极性，确保校舍维修改造工作的持续推进。

参考文献

[1] Odden A, Picus L O, Picus L. School Finance: A Policy Perspective [M]. New York: McGraw Hill, 2013.

[2] Development Assistance Committee. Glossary of key terms in evaluation and results-based management [J]. Organisation for Economic Co-operation and Development, Paris, 2002.

[3] Hovhannisyan S. Benefit incidence analysis in Armenia [J]. Washington, DC: World Bank, 2006.

[4] McPhail K. Impact Evaluation of World Bank Agriculture and Rural Development Projects: Methodology and Selected Findings [J]. *Community Development Journal*, 1991, 26(4): 306—311.

[5] Operations Policy Department, World Bank, Performance Monitoring Indicators: A Handbook for task managers [M]. Washington D.C., 1996.

[6] UNDP. Handbook on Planning, Monitoring and Evaluating for Development Results[M]. UNDP Evaluation Office, New York, NY, 2009.

[7] World Bank. The Logframe Handbook——A Logical Framework Approach to Project Cycle Management [EB/OL]. http://wbln1023/OCS/Quality.nsf/Main/MELFHandBook/$File/LFhandbook.pdf, 2008-11-12.

[8] 财政部驻安徽专员办课题组. 惠民政策成效初显 存在问题仍需完善——对安徽省部分地区农村义务教育经费保障机制运行情况的调研报告[J]. 财政监督, 2007(17): 75—77.

[9] 迟巍,钱晓烨,吴斌珍. 我国城镇居民家庭教育负担研究[J]. 清华大学教育研究,2012(3):75-82.

[10] 丁小浩,薛海平. 我国城镇居民家庭义务教育支出差异性研究[J]. 教育与经济,2005(4):39-44.

[11] 丁延庆,薛海平,王莉红."农村义务教育经验保障新机制"改革效果初探[J]. 教育与经济,2008(4):46-78.

[12] 丁延庆,薛海平. 我国义务教育基本建设费保障机制研究[J]. 中国教育学刊,2008(3):11-15.

[13] 杜育红 主编. 教育政策的监测与评价研究——以"西部地区基础教育发展"项目影响力评价为例[M]. 北京:人民教育出版社,2011.

[14] 杜育红,孙志军. 中国义务教育财政研究[M]. 北京:北京师范大学出版社,2009.

[15] 范丽萍,李祥云. 我国义务教育经费保障"新机制"分析[J]. 中南财经政法大学学报,2010(5):68-73.

[16] 范先佐,付卫东. 农村义务教育新机制:成效、问题及对策[J]. 华中师范大学学报(人文社会科学版),2009,48(4):110-120.

[17] 冯羽,胡咏梅. 我国农村义务教育办学条件省际差异及特殊地区差异研究[J]. 北京师范大学学报(社会科学版),2011(6):98-105.

[18] 付卫东,崔民初."新机制"实施后农村义务教育经费"挤出效应"研究[J]. 现代教育管理,2010(10):24-27.

[19] 何龙安,马红坤. 对农村义务教育经费"校财局管"的新理解[J]. 老区建设,2008(12):16-17.

[20] 胡咏梅,卢珂."新机制"对义务教育普及影响的增值性评价——基于西部五省区县级入学率的分析[J]. 北京大学教育评论,2010(4):131-146,191.

[21] 胡咏梅,吴爽. 北京市居民家庭义务教育负担实证研究[J]. 教育科学研究,2008(6):28-32.

[22] 黄超英. 河南某县农村家庭教育负担实证研究[J]. 上海教育科

研,2007(6):24—27.

[23] 雷万鹏,钟宇平.中国农村家庭教育支出的实证研究:1985—1999[J].教育理论与实践,2003(7):38—42.

[24] 李祥云.税费改革前后义务教育公共支出利益归宿比较——基于省级数据的实证分析[J].华中师范大学学报(人文社会科学版),2008(5):115—120.

[25] 刘新芳.农村义务教育学生营养改善计划实施问题分析[J].基础教育研究,2012(14):3—4.

[26] 刘亚荣.对当前新义务教育财政体制实施的制度困境研究[A].中国教育学会教育经济学分会.2008年中国教育经济学年会会议论文集[C].中国教育学会教育经济学分会,2008:6.

[27] 马国贤,赵宏斌.我国农村义务教育财政政策:现状与思考[M].镇江:江苏大学出版社,2011.

[28] 庞丽娟,韩小雨,谢云丽,李琳,夏婧.完善机制 落实义务教育教师绩效工资政策[J].教育研究,2010(4):40—44.

[29] 全国农村中小学现代远程教育办公室.架起通向未来的桥梁[M].北京:人民教育出版社,2008:45.

[30] 桑贾伊·普拉丹.公共支出分析的基本方法[M].北京:中国财政经济出版社,2000.

[31] 沈百福,李芙蓉.我国部分省(区)义务教育财政投入缺口分析[J].教育发展研究,2004,24(z1):1—5.

[32] 孙百才,常宝宁.西部农村义务教育实施"两免一补"的政策效应分析[J].教育与经济,2008(3):14—18.

[33] 孙志军,杜育红,李婷婷.义务教育财政改革:增量效果与分配效果[J].北京大学教育评论,2010(1):83—100,190—191.

[34] 涂瑞珍,林荣日.上海城乡居民家庭教育支出及教育负担状况的调查分析[J].教育发展研究,2009(21):21—25.

[35] 王嘉毅,常宝宁.西部农村义务教育实施"新机制"的成效、问题与对策[J].教育与经济,2008(2):11—15.

[36] 王文宏.农村义务教育公共财政转移支付模式研究——基于公共

财政理念对县级财政的审视[J]. 大连大学学报,2007,28(1):123-128.

[37]邬志辉. 农村义务教育经费保障新机制[M]. 北京:北京大学出版社,2008.

[38]吴春霞,郑小平. 农村义务教育及财政公平性研究[M]. 北京:中国农业出版社,2009:3.

[39]薛海平,丁延庆. 我国农村义务教育经费保障机制改革的成效、问题与对策[J]. 教育科学,2009,25(4):6-14.

[40]袁连生,刘泽云. 我国义务教育贫困学生资助制度分析[J]. 北京师范大学学报(社会科学版),2007(5):117-123.

[41]张瑛,路宏. 农村家庭义务教育支出与负担实证分析研究——基于四川、湖北两省八县的调研报告[J]. 中国农业教育,2007(3):5-8.

[42]张宝文. 进一步完善农村义务教育经费保障机制浅探——基于黑龙江省实施情况的思考[J]. 经济研究导刊,2011(20):24-26.

[43]张丽华,汪冲,杨树琪. 西部农村义务教育投入保障制度研究[M]. 北京:经济科学出版社,2011.

[44]张良才,孙继红. 国内外教育指标体系分析与比较[J]. 教育学报,2009(6):60-68.

[45]赵海利,赵海龙. 谁是我国初等教育公共支出的受益者[J]. 经济社会体制比较,2007(4):141-144.

后　记

　　《农村义务教育经费保障新机制的监测与评价：理论、方法与经验研究》一书是在北京师范大学教育学部教育经济研究所"农村义务教育经费保障机制的监测与评价"项目（2012—2013 年）研究报告的基础上加工深化完成。在此，要感谢本项目团队每一名研究成员的热忱参与和坚持不懈的努力。在本书的编写过程中，杜育红构思了全书的研究设计和结构框架，课题组成员参与了本书各个章节的撰写工作。具体的人员分工如下：

　　第 1 章　引论　胡咏梅　梁文艳　唐一鹏

　　第 2 章　农村义务教育经费保障体制改革：历史与现状　唐一鹏　胡咏梅

　　第 3 章　"新机制"的实施：步骤、总体成效与问题　周镭　胡咏梅

　　第 4 章　"新机制"的监测与评价体系：理论、实践与改进　卢珂

　　第 5 章　"新机制"实施效果：全国财政性教育经费保障水平和均衡性分析　梁文艳

　　第 6 章　"新机制"实施效果：三省六县义务教育经费投入状况的评价　范文凤　胡咏梅

　　第 7 章　"新机制"实施效果：三省六县义务教育办学条件的评价　曹浩文　梁文艳

　　第 8 章　"新机制"实施效果：三省六县农村家庭义务教育负担状况的评价　姜金秋　梁文艳

　　第 9 章　"新机制"实施效果：黑龙江省县级面板数据的双重差分模型评价　张宝文　梁文艳

第 10 章　结论与政策建议　梁文艳　曹浩文

在全书编写完成后，胡咏梅、梁文艳和唐一鹏参与了本书的统稿工作，梁文艳和李涛对全书进行了文字校对，杜育红对全书进行了最后的把关。

本书把北京师范大学教育学部教育经济研究所"农村义务教育经费保障机制的监测与评价"项目（2012—2013 年）研究成果呈现给读者，期望能够对教育财政、公共政策评价等领域的研究有所裨益。但受研究时间、研究资源、研究能力等限制，书中难免有疏漏和错误之处，诚挚欢迎大家提出意见和建议。

杜育红

2016 年 10 月

图书在版编目（CIP）数据

农村义务教育经费保障新机制的监测与评价：理论、方法与经验研究/ 杜育红主编，胡咏梅，梁文艳副主编. —北京：北京师范大学出版社，2017.5
ISBN 978-7-303-22221-6

Ⅰ.①农… Ⅱ.①杜… ②胡… ③梁… Ⅲ.①乡村教育－义务教育－教育经费－研究－中国 Ⅳ.①G522.3

中国版本图书馆 CIP 数据核字（2017）第 054815 号

国家自然科学基金重点项目"中国教育资源配置理论与重大现实问题研究"（项目编号：71133002）

营 销 中 心 电 话　010-58805072　58807651
北师大出版社学术著作与大众读物分社　http://xueda.bnup.com

NONGCUN YIWU JIAOYU JINGFEI BAOZHANG XINJIZHI JIANCE YU PINGJIA: LILUN、FANGFA YU JINGYAN YANJIU

出版发行：	北京师范大学出版社　www.bnup.com
	北京市海淀区新街口外大街 19 号
	邮政编码：100875
印　　刷：	大厂回族自治县正兴印务有限公司
经　　销：	全国新华书店
开　　本：	787 mm×1092 mm　1/16
印　　张：	17
字　　数：	260 千字
版　　次：	2017 年 5 月第 1 版
印　　次：	2017 年 5 月第 1 次印刷
定　　价：	68.00 元

策划编辑：陈红艳	责任编辑：薛　萌
美术编辑：袁　麟	装帧设计：袁　麟
责任校对：陈　民	责任印制：马　洁

版权所有　侵权必究

反盗版、侵权举报电话：010-58800697
北京读者服务部电话：010-58808104
外埠邮购电话：010-58808083
本书如有印装质量问题，请与印制管理部联系调换。